生态产品
第四产业概论

宋有涛　王夏晖　等　编著

科学出版社
北　京

内 容 简 介

本书以生态产品第四产业理论和发展框架为指引，基于长期的生态产品价值研究工作，结合国内外相关研究成果编写而成。全书共 10 章，第 1 章为绪论，主要介绍生态产品第四产业的提出、战略指引、理论实践溯源、制度支撑，第 2~10 章分别介绍生态产品第四产业的理论基础、基本内容、发展机制、资产核算、产值核算、资本损耗核算、供给与需求、生态反哺机制及支撑保障体系。

本书理论指导实践，前后连贯，案例充实，可供普通高等学校环境、生态、经济类专业本科生、研究生学习参考，也可供生态环境、自然资源及相关领域的技术和管理人员借鉴参考。

图书在版编目(CIP)数据

生态产品第四产业概论/宋有涛等编著. —北京：科学出版社，2022.8
ISBN 978-7-03-072810-4

Ⅰ.①生… Ⅱ.①宋… Ⅲ.①生态经济–研究–中国 Ⅳ.①F124.5

中国版本图书馆 CIP 数据核字（2022）第 139794 号

责任编辑：林 剑／责任校对：樊雅琼
责任印制：吴兆东／封面设计：无极书装

科学出版社 出版
北京东黄城根北街 16 号
邮政编码：100717
http://www.sciencep.com
北京建宏印刷有限公司 印刷
科学出版社发行 各地新华书店经销
*
2022 年 8 月第 一 版　开本：720×1000　1/16
2023 年 1 月第二次印刷　印张：16
字数：320 000
定价：168.00 元
（如有印装质量问题，我社负责调换）

《生态产品第四产业概论》
编 写 组

(以姓名笔画为序)

王　宽　王子超　王欣若　王夏晖
文一惠　朱天姝　朱京海　华妍妍
刘星卓　刘桂环　李维峰　宋有涛
宋效中　张国徽　郑　蕴　赵　斌
袁　宇　黄立强

前　言

　　人类社会为什么不断发展和变革呢？我们如何划分不同的发展阶段呢？下一轮社会变革的驱动力和发展方向是什么？以上问题如此重要，但长久以来，一直缺少广泛认可的答案。1980年，美国未来学家阿尔文·托夫勒（Alvin Toffler）撰写了一本至今在全球影响力依然很大的著作——《第三次浪潮》。他把人类科学技术的每次巨大飞跃作为一次浪潮，认为每次新的浪潮都冲击着前一次浪潮的文明，并建立起与其相应的经济类型，从而决定社会面貌。第一次浪潮是农业革命，即从原始采集渔猎过渡到农业和畜牧业；第二次浪潮是工业革命，即从农业过渡到以工厂、机器等为代表的工业生产。他认为当时经济发达国家正孕育着第三次浪潮，这次浪潮主要以后工业时代的电子、信息、宇航、海洋和生物技术等为代表，与此相适应的社会结构的主要特征将是多样性和多元化的领导制度、生产经营中的矩阵组织及人与自然和睦相处等。碍于当时历史和社会发展水平的限制，托夫勒忽视了生产力和生产关系的变化，把技术变革作为引领社会发展的决定性因素，这种观点是有局限性的，他对第三次浪潮的具体革命性技术内容的预测值得商榷，但他对技术变革将引起社会变革的分析有不少可取之处。

　　生态文明可能是回答"新一轮社会变革的驱动力是什么"的更合理答案。从社会发展史来看，人类文明已经历了原始采集文明、农业种植文明和工业生产文明三个阶段。在当今所谓的后工业文明时代，人类取得了前所未有的辉煌成就，但也遇到了前所未有经济的、社会的、政治的，尤其是生态环境的危机。在既有的社会制度框架内，人类无法有效消除这些危机和困境，因此人类必须寻找一条新的发展道路，"生态文明"的提法在这个时期脱颖而出。从定义上看，它主要包括两个层面的内容：狭义上的生态文明是指人类在改造自然以造福自身的过程中，为实现人与自然之间的和谐所做的全部努力和所取得的全部成果，它标志着人与自然相互关系的进步状态；而从广义上来讲，生态文明是人类文明发展的一个新阶段，即工业文明之后的人类文明形态，它是指人类不再单纯地通过改造自然世界创造物质和精神财富以满足美好生活需要，而是人类与自然生态系统和谐共生，共同提供优质生态产品以满足人们的优美生活环境需要。如果说以工业产业为核心的文明是工业文明，那么生态文明就是以生态产业（即生态产业化、产业生态化的延展）为主要特征的文明形态。在中国特色社会主义发展的新阶段，生态文明已经成为与物质文明、政治文明、精神文明、社会文明协调发展的人类文明新形态的重要组成部分之一。

如果从托夫勒的技术引领变革观点来看，生态产业的核心技术是什么？笔者认为就是人类与自然生态系统共同创造生态产品（供给服务或物质产品、调节服务、支持服务和文化服务）的技术，主要包括绿色能源技术、绿色材料技术、资源回用技术、生态恢复技术、清洁生产技术和生物工程技术等我们现在能想象到的和想象不到的技术的合集，而由这些革命性技术衍生形成的产业，我们将其称为生态产品第四产业——这是一个漫长但并不遥远的实践过程。2020 年，中国工程院院士、中国环境科学学会理事长王金南在"绿水青山就是金山银山"理念提出 15 周年研讨会上首次提出生态产品第四产业的概念——围绕着生态产品生产、开发、经营、交易等经济活动的集合，笔者对此开辟性的理论创新深表赞同并很荣幸加入王金南院士领导的"生态产品第四产业团队"，围绕该方向开展了系列理论研究和应用实践。

本书内容建立在坚实的科研成果和教学实践的基础上，以王金南院士提出的生态产品第四产业理论和发展框架为指引，基于笔者长期的生态产品价值实现研究工作，结合最新的相关生态产品价值核算、生态环境损害鉴定评估等研究成果，并在宋有涛教授主编完成普通高等教育"十四五"规划教材《环境经济学》和《环境损害司法鉴定概论》之后，历时两年方定稿，是面向普通高等学校环境、生态、经济类专业本科生的一本启蒙性创新读物，以适应国家的"新工科"和"新文科"建设需求，同时期待本书也可作为环境、生态、经济等专业研究生及生态环境、自然资源管理人员、技术人员的学习参考用书。中国对外开放的脚步正在加快，本书有助于中国更好地走向世界，也可让世界更好地了解中国。

本书是编写组成员集体智慧的结晶，特别感谢辽宁大学经济学院原博士生导师、日本山口大学经济学部原客座教授宋效中教授，在经济学理论和书稿修改方面做出的重要贡献；感谢原辽宁省环境保护厅厅长、辽宁省环境科学学会理事长朱京海教授，在生态环境产业和管理方面做出的指导；感谢生态环境部环境规划院刘桂环研究员、文一惠副研究员、华妍妍博士，复旦大学的赵斌教授，辽宁大学的王子超教授、张国徽研究员、王宽副教授、黄立强博士、李维峰博士，以及辽宁省生态环境厅袁宇博士为本书撰写做出的贡献。感谢科学出版社编辑为本书出版付出的辛勤劳动。另外，在本书撰写期间，辽宁大学人口资源与环境经济学博士研究生孙玉阳、尹浙霖，金融学博士研究生张莹，环境科学与工程博士研究生朱天姝、王欣若、郑蕴、纪嘉阳、樊雨，硕士研究生刘星卓、李玉慧、夏宏丽、蒋颜艺等，都曾参与收集、整理资料及书稿校对等工作。在此对他们的鼎力相助表示由衷的感谢。

在本书撰写过程中，我们参阅了大量国内外相关教材、专著和论文等文献，得到了不少信息和启发，受益匪浅，从而使本书得以按计划完成。所有参考文献我们尽可能在书中列出，如有遗漏，敬请谅解，我们将在再版时进行勘误。借本书出版之际向各位作者表示衷心的感谢。

　　受笔者能力所限，本书仍有诸多不足之处，敬请广大读者、专家、同行朋友惠予指正。

| 目　　录 |

前言
第1章　绪论 ·· 1
　1.1　生态产品第四产业的提出 ·· 1
　1.2　生态产品第四产业的战略指引 ·· 6
　1.3　生态产品第四产业的理论和实践溯源 ································· 17
　1.4　生态产品第四产业的制度支撑 ·· 21
第2章　生态产品第四产业的理论基础 ·· 25
　2.1　环境经济学的理论基础及作用 ·· 25
　2.2　环境经济学研究的主要内容 ··· 28
　2.3　环境物品的经济学属性 ··· 31
　2.4　生态经济学的产生与发展 ·· 38
第3章　生态产品第四产业的基本内容 ·· 44
　3.1　生态产品概述 ·· 44
　3.2　生态产品价值的实现 ·· 48
　3.3　生态产品第四产业内涵及特征 ·· 53
　3.4　生态产品第四产业发展指标体系 ······································· 57
　3.5　我国生态产品第四产业发展状况评估 ································· 64
第4章　生态产品第四产业的发展机制 ·· 66
　4.1　产业发展的关键环节概述 ·· 66
　4.2　从生态资源转化为生态产品的路径 ···································· 67
　4.3　生态产品的价值化与市场化 ··· 75
　4.4　生态产品的市场化交易 ··· 78
　4.5　案例：余姚市和厦门市的生态产品价值实现 ······················· 84
第5章　生态产品第四产业的资产核算 ·· 88
　5.1　生态资产价值核算理论 ··· 88
　5.2　生态资产价值核算框架 ··· 94
　5.3　生态资产核算内容及指标 ·· 96
　5.4　生态资产价值核算方法 ··· 98

5.5 案例：我国的生态资产核算 …………………………………………… 101

第6章 生态产品第四产业的产值核算 …………………………………………… 106
 6.1 国内外生态产品价值核算的研究 ……………………………………… 106
 6.2 国内外生态产品价值核算体系 ………………………………………… 108
 6.3 GEP核算体系的构建 …………………………………………………… 113
 6.4 GEP核算方法 …………………………………………………………… 117
 6.5 案例：国内外生态产品价值核算 ……………………………………… 118

第7章 生态产品第四产业资本损耗核算 ………………………………………… 136
 7.1 生态产品第四产业资本损耗的含义 …………………………………… 136
 7.2 自然资源耗减价值核算 ………………………………………………… 138
 7.3 生态环境退化价值核算 ………………………………………………… 139
 7.4 生态环境损害价值核算 ………………………………………………… 143
 7.5 案例：资本损耗和环境损害价值核算 ………………………………… 147

第8章 生态产品第四产业的供给与需求 ………………………………………… 153
 8.1 生态产品供给与需求主体 ……………………………………………… 153
 8.2 生态产品供需的经济学分析 …………………………………………… 156
 8.3 提高生态产品供给的途径 ……………………………………………… 166
 8.4 提高生态产品消费需求途径 …………………………………………… 170
 8.5 案例：苏州市提升生态产品供需能力 ………………………………… 176

第9章 生态产品第四产业生态反哺机制 ………………………………………… 181
 9.1 生态修复 ………………………………………………………………… 181
 9.2 生态建设 ………………………………………………………………… 190
 9.3 生态保护补偿 …………………………………………………………… 199

第10章 生态产品第四产业支撑保障体系 ………………………………………… 207
 10.1 建立生态产品价值考核机制 ………………………………………… 207
 10.2 创新发展绿色金融支持体系 ………………………………………… 214
 10.3 其他支撑保障体系建设 ……………………………………………… 222

参考文献 ……………………………………………………………………………… 227
附录 名词解释 ……………………………………………………………………… 237

第1章 绪 论

所谓产业,是对国民经济体系中各部门及各行业的总称。一般来看,国际上主流的产业分类法主要有三种:产业功能分类法、要素集约度产业分类法和三次产业分类法。其中,产业功能分类法是指根据各个产业在国民经济中的作用地位和产业相互间的联系,分为主导产业、关联产业、基础性产业等类别。要素集约度产业分类法是指根据产业对资源、资本、劳动力、技术等生产要素的依赖程度划分产业类型,分为资源密集型产业、资本密集型产业、劳动密集型产业、技术密集型产业等。费希尔和克拉克提出的三次产业分类法是最负盛名的,它把全部的经济活动分成第一产业、第二产业和第三产业。当前由联合国颁布、国际通用的产业分类方法就是基于该方法衍生出来的标准行业分类法。本章将从三次产业分类开始,结合国内外政治、经济、社会形势的发展变化,介绍生态产品第四产业首先在我国提出的背景。

1.1 生态产品第四产业的提出

产业是社会分工的产物,参与了人类生存、繁衍和发展的全过程,产业发展的历史就是一部人类奋斗史和成长史。一万年前,农业的问世让人类走出了原始生活,进入了农业文明时代;三百年前,工业革命让人类开创了物质财富迅速积累的工业文明,突破了经济、人口周期性震荡的"马尔萨斯陷阱";20世纪中叶,服务业迅速崛起,成为后工业文明时代经济增长的最大动能和支柱产业。1981年,美国学者甘哈曼(Gamharman)在其著作《第四次浪潮》中首次提出"第四产业"这一新概念,"第四次浪潮来临之际,一个崭新的产业即'第四产业'必将在21世纪兴起"。由此可见,第四产业的产生是社会发展的必然。但是,生态产品产业为什么(怎么)成为第四产业的呢?本节内容主要结合桂文静和王容天(2011)的研究成果进行介绍。

1.1.1 三次产业分类法

1.1.1.1 三次产业分类法的提出

新西兰的经济学家费希尔(Fisher)在其1935年出版的《安全与进步的冲

突》一书中首次明确提出了"三次产业分类法"这一划时代的论述，即第一产业指的是直接来自于地球自然环境的农业领域，第二产业指的是人类的加工生产制造业领域，而第三产业指的则是服务业等非直接的物质生产领域。英格兰经济学家科林·克拉克（Colin G. Clark）继承并发展了这一理论，在其1940年出版的《经济进步的条件》一书中，他把整个社会经济的主要活动规范确立起来，并将其划分为第一产业、第二产业和第三产业，即所谓的"克拉克大分类法"。1966年，被誉为国民生产总值（GNP）之父的西蒙·史密斯·库兹涅茨（Simon Smith Kuznets）在《现代经济增长》一书中指出三次产业分类法的机理，即产业部门劳动生产率的差异推动了劳动力的产业间转移，引致资源在产业间的分配，这是产业分类和升级的关键。三次产业分类法从此得到了广泛的推广和应用。

1.1.1.2　三次产业分类法的发展

1971年，联合国有关部门基于"克拉克大分类法"制定了《标准行业分类》（又称为《全部经济活动国际标准行业分类》），它将国民经济划分为10个门类，在此之下又分为若干个大类、中类、小类和细类等，并在全球得到了推广应用。例如，我国2017年修订的《国民经济行业分类》中详细列出了我国三次产业的分类类别，总计为A到T共20个门类及97个大类：其中第一产业包括A 1个门类及5个大类，第二产业包括B、C、D、E 4个门类及47个大类，第三产业包括F、G、H、I、J、K、L、M、N、O、P、Q、R、S、T 15个门类及45个大类。

1.1.1.3　三次产业分类法的缺陷

三次产业分类法对产业经济结构和组织结构的优化调整都有重要的积极作用。可是在三次产业分类法的实行过程中，人们逐渐发现了它的两大缺陷：一是三次产业分类法的大类从属模糊问题，二是第三产业覆盖的内容过于繁杂问题。具体来说，三大产业中分别包括的类别主从关系有一些模糊不清，而且假如将除第一、第二产业以外的所有领域都划分为第三产业，则第三产业不但会规模过于庞大，而且还出现扁平化、重复化等问题。我国自2003年出台了《第三产业的划定规范》并进行了多次修订（最新的是2018版），规范除了继续坚持第三产业主要为服务产业的观念，还摒弃了原有的生活、生产、流通、科教、公共服务等二级层次的划分，第三产业覆盖的内容变得更加模糊。

1.1.2 第四产业的理论提出

1.1.2.1 第四产业概念的提出

美国学者甘哈曼于1981年在其著作《第四次浪潮》中首次提出"第四产业"这一新概念。甘哈曼设想的"第四产业"主要体现休憩和娱乐的内涵：①仪式性和艺术性的活动，还包括恢复原始的图腾制，提倡宗教戒律和传统习俗等；②自我活动，观光旅游、竞技比赛、举办和参观展览等；③美食活动，重温旧时欧洲贵族的生活方式和享乐主义；④体育娱乐活动，包括狩猎、垂钓、郊游及露营等；⑤学习和利用趣味性技能活动；⑥社交活动，包括举行各种讨论会、座谈会等；⑦福利保障、度假类活动；⑧集体性活动，包括宇宙活动、海底探险、改善环境及修建纪念碑等活动（侯文若，1986）。随后，日本学者增田米二在其著作《尖端社会——信息与机器人革命》中也提出了"第四产业"概念。他预测1990年后，工业社会将进入信息社会，产业结构将随之发生巨大变化，最突出的就是"第四产业"的兴起。其所谓的"第四产业"是一个产业群，又分为信息产业、知识产业、情绪产业、伦理产业等。

桂文静和王容天（2011）将"第四产业"理论的发展分为三个阶段，这个提法即使在目前来看，也是比较合理的。

(1) 第四产业概念的提出期（20世纪80年代）

在这个时期，逾半数的学者认可将信息产业作为第四产业。当时以电子计算机为核心的信息处理设备的发展，为知识信息产业的兴起奠定了物质基础。情报服务是这一产业的重要领域，涉及的行业除图书馆网络、情报中心外，还有专利局、广告业、信托业、企业顾问公司、统计局等各种知识和信息的专门服务部门。以知识为内涵的信息产业的规模正在不断扩大，所涉及的范围和内容也在发展中。

(2) 第四产业概念的过渡期（20世纪90年代）

1991年末苏联解体，世界格局发生巨大变化，全球逐渐向多极化方向发展。为了更好地发挥经济及国际影响力，世界各国对"第四产业"的讨论也变得越来越广泛。除了信息产业、情报产业、环保产业等在20世纪80年代初早已被列入了第四产业之外，园区工业、高科技工业、咨询服务行业、知识产业、精神经济业、智能化工业等一系列产业也被列入激烈讨论之中。这也是一个百花齐放、百家争鸣的过渡时期。

(3) 第四产业概念的确定期（环保产业为主流的21世纪以来）

在这一阶段，环保产业在讨论中被频频提出，占了一半以上的比例，另外休闲产业也被首次提出，并引起关注。这种变化，主要是因为进入21世纪以来，人们的物质生活得到极大丰富，越来越渴望能有时间和空间来享受精神上的愉悦。其实，从一定角度来看，休闲产业的物质基础也是环保产业——只有原生态、优美秀丽、干净清洁的自然环境，人们才有可能享受到真正的休闲。这就需要生态环境治理，更重要的是生态环境保护与建设。在这个方面，全社会对于生态环境的重要性，已经达成了共识，因此环保产业作为第四产业也得到了越来越多的认可。

1.1.2.2 第四产业的内涵

三次产业分类法的分类思想主要为两个方面，即依时间顺序和依门类层次，划分为第一产业、第二产业、第三产业。按照这个思想，存在着后续的第四产业及第N产业的可能性。另外，从三次产业分类法的定义来看，第一产业，即广义农业，是指以利用人类自然属性的劳动力为主来生产不必经过深度加工就可消费的产品或工业原料的产业部门，包括农、林、牧、渔业等；第二产业，即广义工业，是指需要通过对从自然界直接获取的原材料（或初级产品）进行一定加工来生产新产品的产业部门，包括制造业、能源产业、供应业、采掘业和建筑业等；第三产业，即广义服务业，是指除了第一、第二产业部门涵盖之外的所有产业。

从历史发展的角度看，三次产业的划分理念是：第一产业是从自然界直接获取自然资源，第二产业是将自然资源加工为商品，第三产业是为前两种产业服务。但这种划分格局存在一个问题——把自然环境资源排除在人类社会活动之外。世界整体环境质量的下降和资源的损耗表明单靠生态环境的自我修复能力已经不可能维护目前的环境-经济发展平衡，而整个地球人口的逐年增加和对物质需求的逐渐提升给生态环境带来巨大的压力，人类唯有跟自然和谐共存才能实现可持续发展。当前，联合国和世界各国政府不断出台有利于环境保护和资源节约的财政政策，以排污权、碳汇、水权、用能权等为代表的生态环境交易市场初步形成，为以生态产品为引领的第四产业的发展提供了必要的条件。

1.1.2.3 第四产业应该是生态环境类产业

首先，产业分类是一种人类社会文明形态的体现，它随着社会生产力的发展进步而逐步形成的，如农业文明时代对应着第一产业，工业文明时代对应着第二产业。新的文明时代必定有新的产业兴起，生态文明时代强调人与自然的和谐共生，因此生态环境产业作为第四产业也应是人类社会发展的必然。

其次，自然资源是影响产业分类最重要的因素之一，也是当前国际上通用的标准行业分类法的起点。但是，自然资源经历了人类数百年的开采使用，已经极度退化，而且面临枯竭的危险。

最后，从社会经济增长的角度来看，生态环境产业具有难以估量的经济价值，存在着广阔的市场前景。随着该领域科学技术的发展，将会带动生态环境产业市场化的程度进一步提升，该领域的劳动力就业也会越来越高。

因此，我们将第四产业内涵拟定为"生态环境类产业"。准确来讲，它是一种面向自然资源和生态环境的绿色"开发—利用—再生产"一体化的产业。图 1-1 中的箭头显示了从第一产业到第四产业资源流向的分化进程。

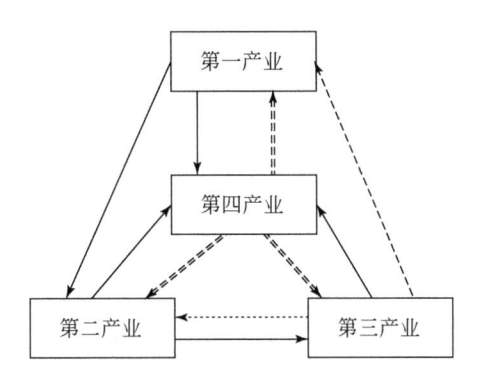

图 1-1　四类产业的关系图

首先，第一产业从自然界当中直接获取资源，属于资源的采集。其次，第二产业从第一产业之中分化出来，将其获取的资源（或初级产品）作为原料进行深度加工，属于资源的重组。再次，第三产业从第二产业之中分化出来，将其生产的产品在社会上进行流通、销售、使用等，属于资源的分配，它同时反过来为第一、第二产业提供服务。最后，第四产业从第三产业之中分化出来，它主要包含两个方面的转变：其一将生产力由人类扩展为自然生态系统；其二将前三个产业消耗的资源进行逆向重建，属于资源的再生，这也是第四产业与前三个产业的重要区别。

1.1.3　生态产品第四产业概念的提出

产业分类是社会分工的体现，其概念与内涵应随着社会生产力发展不断演化和发展。人与自然之间的物质运动和信息流存在人的生产、物质生产、环境生产三大系统中，三大系统物质流动的不平衡是环境、社会问题产生的根源。工业文明时代，人类只认识到物质生产和人的生产这两个环节以及它们之间的联系，而忽视了环境生产环节的存在，导致社会经济的不可持续发展。进入生态文明时代，经典的三次产业分类已不能满足社会发展的需求。叶文虎和韩凌（2000）提出将废物再利用定义为第四产业，以示对环境生产的重视，但把生态环境生产仅定义为废物再利用，过于狭义。为此，2020年王金南从生态产品的角度，首次提出了生态产品第四产业概念，在分类上将生态产品与农业产品、工业产品和服务产品并列，是为人与自然和谐所必需的"第四类"产品。

传统三次产业均是以满足人的需求为核心价值，而生态产品第四产业以包括人类与自然生态系统在内的人与自然生命共同体为服务对象，以促进人与自然和谐共生，增进人类福祉和生态系统服务价值的保值增值为根本目标。此外，从主导生产要素来看，传统三次产业主要以资本、劳动力等为核心，而生态产品第四产业则增加了生态资源这个核心主导要素（王金南等，2021a，2021b）。王金南提出，生态系统是价值创造者的核心组成部分，生态产品第四产业的发展水平可作为生态文明程度的重要标志，但长期以来并没有在传统经济体系中得到充分体现。

2021年4月，中共中央办公厅、国务院办公厅印发了《关于建立健全生态产品价值实现机制的意见》（以下简称《意见》），文件中明确提出"推进生态产业化和产业生态化，加快完善政府主导、企业和社会各界参与、市场化运作、可持续的生态产品价值实现路径"，首次将生态产品价值实现机制进行了目标化、系统化、市场化、实践化阐述，将"两山"理念落实到了制度安排和实践操作层面，确立了生态产品价值实现机制的"四梁八柱"，构成了推动生态产品价值实现的顶层设计，这为生态产品第四产业的提出和发展奠定了制度基础。对此，王金南在2022年全国人民代表大会期间接受采访时指出，生态产品第四产业是对传统国民经济三次产业体系的一次优化完善和重要调整，需要从顶层设计上进一步厘清生态产品第四产业的内涵、范围、发展定位和发展路径，建议在《意见》的总体框架下，制定促进生态产品第四产业发展的实施方案（缴翼飞，2022）。

1.2 生态产品第四产业的战略指引

习近平生态文明思想是习近平新时代中国特色社会主义思想的重要组成部分，是我国社会主义生态文明建设的理论指南。习近平生态文明思想回答了"为什么建设生态文明""建设什么样的生态文明""怎样建设生态文明"的问题。对于生态产品第四产业来说，在社会主义生态文明建设语境下，习近平生态文明思想为生态产品第四产业提供了总体上的战略指引，是发展生态产品第四产业的战略指南。

1.2.1 习近平生态文明思想的产生

1.2.1.1 习近平生态文明思想产生的历史背景

习近平生态文明思想是在中国特色社会主义进入新时代背景下产生的，新时代我国生态文明建设取得了辉煌成就，这是习近平总书记思考中国生态文明建设的历史出发点，习近平生态文明思想正是在新时代我国生态文明建设取得辉煌成就的背景下形成的。概括起来，新时代我国生态文明建设的突出成就主要有以下五个方面。

(1) 建设生态文明的主动性增强

党的十八大以来，习近平总书记始终重视抓住生态文明建设的"关键少数"，力主对现行的党政干部政绩考核制度进行改革。改革的重要内容就是把生态文明建设纳入考核体系，引导、激励领导干部贯彻落实绿色发展理念，重视生态文明建设。为此习近平总书记指出，"一定要彻底转变观念，再不以GDP增长率论英雄"，而是要把绿色发展、生态文明建设作为重要指标，努力减少"生态平庸"、拒绝"环境无为"。正是进行了这样的体制机制改革，全党全国贯彻落实绿色发展理念的主动性明显提高，积极主动贯彻绿色发展理念的领导干部越来越多，忽视生态环境保护的领导干部越来越少。

(2) 节约资源有效推进

党的十八大以来，我国在资源节约方面取得突出成果。2020年我国万元国内生产总值能耗率连续17年下降，由2010年的万元国内生产总值0.87吨标准煤下降到2020年的0.62吨标准煤。清洁能源消费量占能源消费总量比例从2012年的14.5%提升到2020年的20.7%。这表明我国正在摆脱原有的粗放型的经济发展模式，资源能源利用率正在不断提高，资源能源节约使用成效显著，清洁能源发展迅猛，这为我国进一步节约资源能源、走绿色发展之路奠定了重要基础。

(3) 生态环境保护修复进展顺利

党的十八大以来，我国自然生态系统保护力度不断加强，许多重大生态保护和修复工程顺利实施，在森林生态系统、湿地生态系统、荒漠生态系统等方面的修复工作取得了突破性进展。2020年我国森林总面积由2010年的19 545万公顷上升至21 668万公顷，森林覆盖率由2010年的20.36%提高到21.89%，年造林总面积由2010年的5 909 919公顷提升至7 883 695公顷。2020年我国湿地总面积由2010年的3848.5万公顷上升至5960.2万公顷，湿地占国土面积比例由2010年的4.01%提高到6.56%。这些数据有力地证明了我国在生态环境系统的保护与修复方面取得的成绩,这为进一步推进生态环境保护和修复工作提供了有利条件。

(4) 环境状况得到改善

党的十八大以来,习近平总书记高度重视与人民生产生活密切相关的环境改善问题,与民众日常生活密切相关的空气质量、水质量等问题得到了明显的改善。2020年,全国338个地级及以上城市可吸入颗粒物（PM_{10}）平均浓度比2013年下降20.7%。2020年我国二氧化硫排放总量由2012年的2118万吨降至802.85万吨,降幅之大前所未有。2020年我国水资源总量达到10年来历史最高的30 850亿立方米,人均水资源占有量也达到了10年来历史最高点的2287立方米。2020年全国危险废物产生总量控制在5347.3万吨的可控范围内,危险废物综合利用量则由2012年的2024.62万吨提升至2823.71万吨。无论从数据表现,还是从民众观感,我国民众生产生活环境质量总体上得到了改善,这是新时代我国生态文明建设领域取得的最为显著的成就。

(5) 引领全球生态文明建设

党的十八大以来,我国在全球气候治理领域的地位不断上升,已经成为国际社会认可的全球气候治理的领导者。美国学者大卫·格里芬评价道,中国正在用实际行动践行其减少碳排放的国际承诺,这为欧洲、美国及世界其他各国做出了表率。2020年,习近平主席在联合国大会上表达了"中国将于2060年实现碳中和"的决心,并于2021年,中央财经会议上决定把"2030碳达峰"与"2060碳中和"纳入我国生态文明建设的整体布局。此举得到了国际社会的高度评价,在中国的影响下,多个国家相继宣布了各自的碳中和目标。

1.2.1.2 习近平生态文明思想产生的理论渊源

习近平生态文明思想以170多年来马克思恩格斯生态文明思想的历史传承为思想根基,以70多年来中国共产党生态文明思想为根本依托,以5000年来中国传统生态智慧的历史积淀为文化血脉,回答了新时代建设什么样的生态文明,以及怎样建设生态文明的重大理论问题。

(1) 马克思恩格斯生态文明思想是习近平生态文明思想产生的思想根基

马克思恩格斯生态文明思想包括生态本体论、生态认识论及生态价值论三个方面。从生态本体论方面看,马克思恩格斯认为,人与自然在存在论的层面上乃是同一存在物,也即是说"人对人来说作为自然界的存在以及自然界对人来说作为人的存在"。据此,马克思恩格斯在存在论的意义上,提出了人就是自然,自然就是人,人与自然相同一的思想。人与自然是一种一体化的、相同一的关系,两者具有内在的原初关联性。从生态认识论方面看,马克思恩格斯以历史唯物主义作为基本分析框架来认识人与自然的本质关系,处理人与自然之间的矛盾,形成人与自然的和谐状态。当我们把历史唯物主义作为方法论用以把握自然界时,历史性就楔入到自然之中,自然不再是与人相分离的抽象物,而是成了"人化自然""历史的自然"。从生态价值论方面看,马克思恩格斯生态文明思想之价值论是在其生态本体论和生态认识论的基础上产生出来的,是本着关爱自然就等于关爱人类自身的原则建立起来的生态价值观,而践行这一生态价值观的途径就是以历史唯物主义认识论为原则实现人的生态幸福。

(2) 中国共产党生态文明思想是习近平生态文明思想的根本依托

我国的生态文明建设是一个不断演进的历史过程,不同时期我国面临不同的生态文明建设任务。毛泽东、邓小平、江泽民、胡锦涛在不同历史时期针对我国生态文明建设面临的问题提出了有针对性的解决方案,形成了中国共产党生态文明思想。毛泽东生态文明思想形成于新中国成立初期。长期战乱对我国自然环境造成极大破坏,以毛泽东为核心的党的第一代领导集体结合当时历史条件提出了一系列重要的环保举措,以"绿化祖国"为核心的绿化思想是其突出特点。改革开放初期全党工作重心转移到经济建设上,经济发展与生态环境的矛盾日益凸显。以邓小平为核心的党的第二代领导集体将"环境保护"确立为我国的一项基本国策。在此基础上倡导合理利用和开发资源,实现了从"经济增长"向"可持续发展"的转型。党的十三届四中全会以后,根据我国当时的政治经济发展状况,将我国现代化建设"三步走"战略与生态环境保护进行了有机结合。以江泽民为核心的党的第三代领导集体提出了可持续发展观,形成了人口、资源与环境相协调的现代化发展格局。党的十六大以后,胡锦涛同志提出"要将'促进人与自然的和谐'作为全面建成小康社会的目标之一",从科学发展的高度厘清了生态环境保护与经济发展之间的关系。科学发展观打破了以经济发展为主题的单一的发展模式,将发展看成包括环境保护在内的经济社会的整体性跃迁,体现了人与人、人与社会、人与自然的和谐统一。

(3) 中国传统生态智慧是习近平生态文明思想形成的文化血脉

习近平总书记对中国传统文化有着精深的理解,中国传统生态智慧对习近平生态文明思想的产生发挥了重要作用。中国古代传统文化蕴含了丰富的生态智慧,传达了人与自然相和谐的"天人合一"思想。例如,"有天地,然后有万物",天地即自然存在,先有天地再有天地之间的万物和人类,表达了人及人类社会对自然的依赖。孔子强调"天何言哉?四时行焉,百物生焉",四季交替、万物生长是自然规律,这个规律不受人的意志左右。董仲舒进一步发展了孔子这种人与自然相和谐的思想,认为"天、地、人,万物之本也。天生之,地养之,人成之。三者相为手足,各位成体,不可一无也",表达了自然是万物的根本,自然与人本为一体，缺一不可的思想。老子认为，"天长地久，天地所以能长且久者，以其不自生，故能长生"，道、天、地、人之间是一种平等关系，要求人类以无私的心去实现人与自然的合二为一。庄子则在老子的基础上进一步提出"天地者，万物之父母也""天地与我并生，万物与我为一"，强调人与自然相互依存，天地万物一体的观点。

1.2.2　习近平生态文明思想的基本内容

1.2.2.1　关于人与自然和谐共生的重要论述

习近平总书记关于人与自然和谐共生的重要论述是习近平生态文明思想的核心内容。党的十九大报告将"坚持人与自然和谐共生"作为新时代坚持和发展中国特色社会主义基本方略的重要组成部分。2018年，习近平总书记在全国生态环境保护大会上提出，新时代推进生态文明建设必须坚持的原则就是"人与自然和谐共生"。2021年世界环境日的中国主题就是人与自然和谐共生。建设社会主义生态文明是中华民族永续发展的千年大计，如何理解人与自然之间的关系问题又是建设生态文明必须首先搞清楚的前提性问题。党的十八大以来，中国特色社会主义进入新时代，新时代我们必须要回答的重大理论问题与实践问题是建设一个什么样的社会主义现代化和怎样建设社会主义现代化的问题。如果从社会主义生态文明建设的维度来看，就是要建设一个人与自然和谐共生的社会主义现代化。为此，习近平总书记强调指出，我国建设社会主义现代化具有许多重要特征，其中之一就是我国现代化是人与自然和谐共生的现代化，注重同步推进物质文明建设和生态文明建设。由此，如何正确认识人与自然和谐共生现代化将关系到我国能否顺利实现"十四五"时期及2035年远景目标。

习近平生态文明思想中关于"人与自然和谐共生"的相关论述是马克思恩格斯生态本体论的继承与发展，习近平总书记对马克思恩格斯的相关论述极为重视。2018年，在纪念马克思诞辰200周年大会上的讲话中，习近平总书记指出："马克思认为，'人靠自然界生活'，自然不仅给人类提供了生活资料来源，如肥沃的土地、鱼产丰富的江河湖海等，而且给人类提供了生产资料来源。自然物构成人类生存的自然条件，人类在同自然的互动中生产、生活、发展，人类善待自然，自然也会馈赠人类，但'如果说人靠科学和创造性天才征服了自然力，那么自然力也对人进行报复'。自然是生命之母，人与自然是生命共同体，人类必须敬畏自然、尊重自然、顺应自然、保护自然。"人是自然的一部分，人依赖自然而存在，人起源于自然界，是自然的一部分，并依赖于自然而存在发展，因此人要与自然和谐相处，协调发展。同时，人类应合理开发自然，否则就会遭到自然无情的报复，正如马克思在致恩格斯的一封信中所说："耕作如果自发地进行，而不是有意识地加以控制，接踵而来的就是土地荒芜，像波斯、美索不达米亚等地以及希腊那样。"恩格斯也说："我们不要过分陶醉于我们人类对自然界的胜利。对于每一次这样的胜利，自然界都对我们进行报复。"因此，人类应合理开发利用自然，实现人与自然和谐发展。

习近平总书记人与自然和谐共生理念的核心是，人就是自然，自然就是人，人与自然相同一。人依赖于自然，从自然界中获取生活资料来源，当人们善待自然、爱护自然时，自然也会回馈人类。人因自然而生，人与自然是一种共生关系，对自然的伤害最终会伤及人类自身。只有尊重自然，才能有效防止在开发利用自然时走弯路。反之，如果人类粗暴掠夺自然，自然就会对人类进行报复。对此，习近平总书记指出："人类发展活动必须尊重自然、顺应自然、保护自然，否则就会遭到大自然的报复。这个规律谁也无法抗拒。"总的来看，习近平总书记关于人与自然和谐共生的相关论述是对马克思恩格斯生态文明思想的继承发展，人与自然和谐共生是社会主义生态文明建设的核心理念。

1.2.2.2 关于"绿水青山就是金山银山"的重要论述

"绿水青山就是金山银山"，即"两山"理论，是习近平总书记在探究怎样处理我国经济发展与环境保护矛盾基础上提出的，是在深刻把握"绿水青山"与"金山银山"辩证关系的基础上提出的，是根据我国经济与生态建设实际状况做出的科学论断。"两山论"反映了人与自然之间协调发展、和谐共生的关系，想要实现人与自然和谐共生就必须要贯彻落实"两山论"的发展理念。"两山论"对于如何将生态优势转化为经济优势，推进生态文明建设具有重要的指导意义。要想深刻理解"两山论"首先要理顺"绿水青山"与"金山银山"之间的逻辑关系。习近平总书记指出："我们既要绿水青山，也要金山银山。宁要绿水青山，不要金山银山，而且绿水青山就是金山银山。"这体现了一种层层递进的关系，第一阶段的"既要绿水青山，也要金山银山"理念，确立了生态文明建设的发展目标，突出强调了正确处理好发展经济和生态保护两者关系的重要性，其重心在于"绿水青山"与"金山银山"并驾齐驱，生态效益与经济效益相统一，致力于实现两者的协调发展、和谐共生。第二阶段的"宁要绿水青山，不要金山银山"理念，阐明了在发展经济的过程中必须坚持把保护生态环境摆在首要的位置，在这一阶段着重强调生态保护的重要性，其重心在"绿水青山"。第三阶段的"绿水青山就是金山银山"理念揭示了经济与生态两者的辩证统一关系，其重心在和谐共生，实现生态效益与经济效益统筹兼顾。在这一阶段，人们对于经济与生态关系的理解更加透彻，对于自然生态系统的多重价值有了更深的体会。

"两山论"从发展绿色经济，提供生态产品的角度展现了习近平生态文明思想以人民为中心的价值立场。"两山论"强调通过发展绿色生产力使人民在生态文明建设中能够有所收获，享受生态红利，为实现生态幸福提供物质保障。"两山论"主张把良好的生态环境和丰沛的自然资源作为一项公共福利向公民进行供给，也就是习近平总书记在党的十九大上提出的"提供更多优质生态产品以满足人民日益增长的优美生态环境需要"的新要求。"两山论"注重生态文明建设的经济效益，主张为民众提供更多的绿色消费品，通过绿色发展来提升生产力水平，进而为民众提供实实在在的经济利益，改善人民生活水平。只有人民在生态文明建设中获得了实实在在的利益，生活水平得到了实实在在的改善，民众才能收获实实在在的幸福，生态文明建设才算成果显著。为此习近平总书记特别指出，"改善生态环境就是发展生产力""绿水青山就是金山银山"，要努力把生态环境保护与脱贫致富紧密地结合起来，"要科学布局生产空间、生活空间、生态空间，扎实推进生态环境保护，让良好生态环境成为人民生活质量的增长点"，通过生态环境保护来实现生态扶贫，使一部分贫困人口因生态环境保护而得到更多的经济实惠，成为绿色发展的受益者，能够真正享受生态红利。概括起来，"两山论"强调社会财富与自然财富紧密相连，人的生活离不开自然环境，自然环境离不开人的保护，竭尽全力守护我们的"绿水青山"，是实现生态治理、达到人与自然和谐共生的重要举措。

1.2.2.3 关于人与自然是生命共同体的重要论述

在党的十九大报告中，习近平总书记提出了"生命共同体"这一重要概念，提出了"人与自然是生命共同体"的重要命题，结合习近平总书记以往的相关论述，可以发现习近平总书记关于"人与自然是生命共同体"的重要论述蕴含丰富而深刻的生态伦理内涵，是适应了新时代社会主义生态文明建设要求的生态伦理学。习近平总书记的"生命共同体"概念在基本构成要素方面与生态伦理学视域中的"地球生命共同体"概念不谋而合，同时习近平总书记更加注重从整体上考察"生命共同体"，更加注重"生命共同体"内部各要素之间关系的阐释，并从多个角度揭示了"生命共同体"自身所具有的特征，丰富发展了"生命共同体"概念的内涵。

首先，习近平总书记认为"生命共同体"是一个包括人类、非人类生命、无生命环境在内的"有机生命躯体"，系统性是其基本特征。习近平总书记指出，"山水林田湖是一个生命共同体，人的命脉在田，田的命脉在水，水的命脉在山，山的命脉在土，土的命脉在树"。这表明"生命共同体"的基本要素既包含了人类、动物、植物等生命体，也包括了山、水、田、湖等无生命环境，且这些生命体之间以及生命体与无生命环境之间是相互依存、相互作用、相互创造、相互生成的关系，"生命共同体"作为一个整体，其内部各要素始终处于一种变动不居的动态平衡之中，系统性是"生命共同体"的基本特性。其次，习近平总书记认为"生命共同体"是一个永远处于发展、演化过程之中的自我生成、自我创造的生命聚合体，创造性是其重要特征。习近平总书记曾用中国古代先哲的辩证思维深刻地阐述了"生命共同体"产生、发展的基本过程，即"金木水火土，太极生两仪，两仪生四象，四象生八卦，循环不已"。这段话表明"生命共同体"作为一个整体具有自组织、自演化的能力，这种能力使得"生命共同体"产生了类似于人的"目的意识"，即"生命共同体"总是努力地朝着更为高级、复杂、有序、多样的组织形式发展。再次，习近平总书记认为，"生命共同体"是"人与自然和谐共生"的"地球美好家园"，平等性是其鲜明特征。习近平总书记在多个场合多次使用"地球美好家园"一词来形容"生命共同体"内部各生命体之间共生共荣的生存状态。既然"生命共同体"是一个"美好家园"，那么家庭成员之间就应该是一种和谐友善、公正平等的关系。"生命共同体"内部各要素之间存在着的相互依存、相互创造的生命支撑关系正是其平等性特征的内在根据。人与自然在"生命共同体"这个唯一可以栖身之所里处于平等的地位，他们相互支持，作为"道德代理人"（moral agent）的人类对作为"道德顾客"（moral patient）的自然有关心爱护的道德责任，就像马克思所主张的，人应该像一位"好家长"那样善待自然。

习近平总书记关于人与自然是"生命共同体"的重要论述以生命平等的生态伦理为原则，强调确立人与自然平等共生的新理念。人与自然是"生命共同体"的生态伦理观不仅是一种道德修养，更是一种实践规范，人类作为"生命共同体"中的成员，具有尊重自然的道德责任和道德义务，积极维护"生命共同体"的健康稳定是人类应尽的义务。

1.2.2.4 关于国际生态治理的重要论述

资源短缺、环境污染等生态问题是全人类面临的共同难题，生态文明建设关乎人类发展，需要全世界共同参与，据此习近平总书记提出了关于国际生态治理的重要论述，形成了"共商共建共享""共同但有区别"原则的国际生态治理观。

"共商共建共享"展现了人类对生态危机问题的最新认识，人类真正意识到"人类只有一个地球，地球是我们的共同家园，保护环境是全人类的共同责任"。

共商就是平等协商，反对少数国家专制，提倡生态治理主体间的交流协商，共同参与国际生态治理。共建就是各国共同参与、协力合作，共同应对全球生态危机，构建人类美好家园。共享就是平等共享发展机遇，让参与国际生态治理的各国公平地享有生态治理成果。共建的目的是共享，共享的核心是共赢，共享的实现离不开共建，共建与共享辩证统一，这一理念体现了国际生态治理的公平性。"共商共建共享"体现了共同、绿色、法治的国际生态治理理念。随着生态问题逐渐蔓延至全球，世界各国的命运愈加密切地联系在一起，因而"保护生态环境，应对气候变化，维护能源资源安全，是全球面临的共同挑战"。世界各国需要共同承担起解决全球生态问题的责任，生态问题的解决需要各国践行绿色发展理念，通过绿色科技创新和绿色产业升级等方式实现。同时，要制定体现公平正义的国际法规为国际生态治理提供制度保障，国际法规的制定要充分考虑不同国家的责任和能力，提高法规的公平性、合理性。"共商共建共享"的国际生态治理观以"一带一路"为国际生态治理的重要品牌项目，"一带一路"倡议以"共商共建共享"的国际生态治理观为基本原则。自2013年以来，我国始终坚持绿色发展原则，加强与"一带一路"沿线各国的生态合作；通过"一带一路"高峰论坛这一平台，提出了"一带一路"绿色发展国际联盟倡议，"一带一路"生态治理的国际合作顺应了联合国可持续发展理念，成为推动构建人类命运共同体的重要手段，也是"共商共建共享"国际生态治理观的集中体现。

国际生态治理还要坚持"共同但有区别"的行为原则。一方面，国际社会要加强国际生态环境治理合作，坚持"共同责任"原则。人类共同生活的地球是一个人类命运共同体，面对生态恶化问题仅仅依靠某个国家或地区是无法解决的，只有加强国际合作，广泛开展生态治理国际合作，才能应对复杂多变的生态危机形势。另一方面，应坚持"有区别的责任"原则，由于各国的发展阶段不同，因此应在坚持公平的基础上充分考虑能力与责任的匹配关系，在各国能力范围内承担相应的责任，共同应对生态问题。

总的来看，习近平总书记关于国际生态治理的重要论述是基于新时代新理念而提出的，综合考虑了大多数国家的共同利益，与人类命运共同体理念一脉相承，适应了新时代国际生态治理新要求，为中国积极参与国际生态治理提供了行动指南，体现了中国在国际生态治理体系中的大国担当。

1.2.3　习近平生态文明思想的思维方法

习近平生态文明思想蕴含着历史思维、战略思维、辩证思维、创新思维、底线思维等丰富的思维方法，彰显了马克思主义辩证唯物主义与历史唯物主义的哲学方法论意蕴。

1.2.3.1　历史思维：生态兴则文明兴，生态衰则文明衰

历史思维的核心要义是对过往经验的反思，是对一个国家、一个民族的形成、发展与兴亡的历史思考。习近平总书记认为"历史、现实、未来是相通的。历史是过去的现实，现实是未来的历史"。习近平总书记运用历史思维方法，探寻困扰人类的生态环境难题，把生态环境看成决定人类文明兴衰的关键因素。近代以来，资本主义社会化大生产创造了巨大的生产力和社会财富，与此同时也加重了对工人的剥削与压迫，加剧了生态环境的破坏。例如，20世纪西方世界出现的8次震惊世界的公害事件，充分证明了发源于资本主义社会的生态危机已经成为制约人类生存发展的巨大威胁，生态危机成为阻碍人类进步的最大障碍。历史上出现的生态危机警示我们：依靠资源过度消耗、生态环境的毁坏而实现的人类文明不会长久维持，人类最终必将付出惨痛代价。习近平总书记站在世界历史演变与人类社会演进的高度，运用历史思维对人类破坏生态环境所引发的一系列生态环境问题进行反思，创造性地提出了"生态兴则文明兴，生态衰则文明衰"的重要论断。建设社会主义生态文明必须运用历史思维，勤于总结、善于总结，既要充分向过去治理生态环境的成功经验学习，又要吸取历史上的惨痛教训，从而不断探索符合人民利益的社会主义生态建设道路。

1.2.3.2　战略思维：生态环境保护功在当代、利在千秋

战略思维的核心要义是高瞻远瞩、统揽全局，基于对事物发展总体趋势的科学把握，从而驾驭全局、深谋远虑地发现问题、分析问题、解决问题的思维方法。习近平生态文明思想正是这种战略思维方法的体现。首先，习近平生态文明思想揭示了建设生态文明的战略意义。习近平总书记强调生态环境保护是功在当代、利在千秋的事业，建设生态文明，关系人民福祉，关乎民族未来。习近平总书记的这一论断从战略意义出发，提醒全党建设生态文明意义重大，形势紧迫、任务艰巨，迫切需要全党立足当前、放眼长远，不断为生态文明建设做出正确的战略判断和战略决策。其次，习近平生态文明思想蕴含生态文明建设的战略目标与战略步骤。习近平总书记在党的十九大上提出了要把我国建设成为"富强民主文明和谐美丽的社会主义现代化强国"的目标，把"美丽中国"提高到国家战略的高度。同时，基于对我国外部国际形势及国内发展条件的科学研判，习近平总书记向全党全国提出了建设"美丽中国"的两步走战略，即力争在2035年生态环境根本好转，美丽中国目标基本实现；再到21世纪中叶的生态文明全面提升，建成美丽的社会主义现代化强国。

1.2.3.3 辩证思维：绿水青山就是金山银山

辩证唯物主义的核心要义就是运用矛盾分析法发现矛盾、分析矛盾、解决矛盾的思维方法，是我们正确认识世界的根本方法。习近平生态文明思想用辩证法的哲学智慧驳斥了经济发展与环境保护相对立的错误观点，揭示了经济发展与环境保护之间的辩证关系。习近平总书记提出"我们既要绿水青山，也要金山银山。宁要绿水青山，不要金山银山，而且绿水青山就是金山银山"。这段话揭示了经济发展与环境保护的辩证统一关系。一方面，经济发展与环境保护在特定历史时期展现出了某种对立性。例如，资本主义以牺牲环境为代价成就了它几百年的快速发展，这等于将"绿水青山"与"金山银山"对立起来。另一方面，在新时代新要求的背景下，经济发展与环境保护应该展现出更多的统一性。习近平总书记提出了我们到底应该怎样发展，采取什么样的发展方式才是合理的，发展的根本目的和宗旨是什么的时代追问，从辩证唯物主义的角度深刻阐释了经济发展与环境保护的辩证关系，牢固树立了保护生态环境就是保护生产力，改善生态环境就是发展生产力的理念，为实现经济发展与环境保护的双赢奠定了重要的方法论基础。

1.2.3.4 创新思维：创新绿色发展理念，形成绿色发展模式

创新思维的核心要义就是破除迷信，超越传统观念的束缚，不断开拓进取的思维方法，从本质上讲创新思维是唯物辩证法的必然要求，习近平生态文明思想体现了这种创新思维。首先，习近平生态文明思想推动了绿色发展理念的形成。习近平总书记对我国改革开放四十多年来取得的历史性成就与历史性变革进行了深度分析，发现了传统发展理念弊端，指出按照老路走下去，以高消耗高污染的生产模式发展经济是难以为继的。为此，习近平总书记在党的十八届五中全会上提出"创新、协调、绿色、开放、共享"的新发展理念，阐明了"保护生态环境就是保护生产力，改善生态环境就是发展生产力"的绿色发展理念。其次，习近平生态文明思想推动了绿色发展模式的形成。放眼世界，在习近平生态文明思想产生之前，人类处理经济发展与生态治理的关系主要有两种思路。一种是"先污染后治理"，另一种是"边污染边治理"。习近平总书记主张打破经济发展与生态保护二元对立的发展模式，探索适合中国国情的绿色发展模式。为此，习近平总书记指出，发展经济不能竭泽而渔，生态环境保护不能缘木求鱼。总体上看，习近平生态文明思想创新了绿色发展理念和绿色发展模式。习近平总书记认为我们要想建成人与自然和谐共生的现代化，建设社会主义生态文明，就必须坚持绿色发展理念，践行绿色发展模式，坚持"节约优先、保护优先、自然恢复

为主的方针，形成节约资源和保护环境的空间格局、产业结构、生产方式、生活方式，还自然以宁静、和谐、美丽"。

1.2.3.5 底线思维：把不损害生态环境作为发展的底线

底线思维的核心要义就是立足最低点，凡事都从坏处做准备，做到未雨绸缪、有备无患，牢牢把握住事物发展的主动权，以积极进取的姿态争取最优效果的一种思维方式，习近平生态文明思想正是这种底线思维的集中体现。当前，我国生态环境面临较大压力，因此绝不能随意践踏生态环境承载能力的红线，要留给自然充足的空间使其能够实现自我修复、自我净化。为此，习近平生态文明思想将底线思维运用到生态文明建设中，结合我国实际提出了"树立生态红线"理念，再三强调"在生态环境保护问题上，就是要不能越雷池一步，否则就应该受到惩罚"，坚持"把不损害生态环境作为发展的底线"。同时，习近平生态文明思想还针对过去生态治理存在的制度不严格、法制不严密、制度不到位、惩处不得力的状况，提出了让制度像"高压线"那样不可触碰，强化制度执行，要用最严格的制度规范和指引生态治理工作，坚决纠正只重经济建设、无视生态治理的片面政绩观。为此，习近平总书记指出，对于领导干部，"要给你们去掉紧箍咒，生产总值即便滑到第七、第八位了，但在绿色发展方面搞上去了，在治理大气污染、解决雾霾方面做出贡献了，那就可以挂红花、当英雄"。习近平总书记的此番讲话释放出了一种强烈的信号，为党员干部划出了生态文明建设决策的红线，指明了生态文明建设决策的方向。

1.3 生态产品第四产业的理论和实践溯源

生态产品第四产业的理论支撑是生态产品价值学说，其概念起源于中国的政策实践。本节结合俞敏等（2020）相关论述及中共中央办公厅、国务院办公厅的相关文件内容进行介绍。

1.3.1 国外生态产品价值学说研究概述

1.3.1.1 古典和新古典经济学

古典经济学和新古典经济学的西方主流经济学理论都认为自然不创造价值，并不构成价值来源。

古典经济学的价值基石是劳动，英国经济学家威廉·配第（William Petty）最先在其著作《赋税论》（1662）和《政治算术》（1672）中提出劳动价值论的一些基本观点。他用商品中包含劳动的比较量来确定其价值，商品的价值量决定于它所包含的劳动时间，且商品价值量与生产该商品的劳动生产率成反比例。配第还指出，即使作为土地报酬的地租，最终还是由劳动生产出来的。被誉为经济学之父的亚当·斯密（Adam Smith）在其经济学巨著《国富论》（1776）中也明确提出了劳动时间决定价值的观点，并首次提出土地的"自然力"参加了人类劳动而不要求报偿。

英国经济学家大卫·李嘉图（David Ricardo）在《政治经济学及赋税原理》（1817）中认为，空气等自然物尽管有使用价值，但没有交换，因而是没有价值的，也就是说，不构成价值来源；另一位英国经济学家约翰·穆勒（John Stuart Mill）在《政治经济学原理》（1848）中认可自然的博大和花草的美好，是无价的；法国经济学家费雷德里克·巴斯夏（Frédéric Bastiat）在《和谐经济论》（1850）中提出，"大自然给予的合作基本上是无偿的，而人给予的合作……是有偿的……无偿不可能有价值，实际上价值完完全全只是从提供的劳动中产生"。

新古典经济学理论的核心是主观价值论，也就是"边际效用价值论"，其代表人物弗里德里希·维塞尔（Friedrich Wieser）认为价值的来源不是劳动，而是效用（市场需求）。新古典经济学集大成者阿尔弗雷德·马歇尔（Alfred Marshall）在其著作《经济学原理》（1890）中提出的均衡价值理论把效用与交换价值视为同物。

1.3.1.2 马克思主义政治经济学

马克思在古典经济学和新古典经济学的基础上，扬弃了资本主义政治经济学的观点，从无产阶级角度，利用历史唯物主义和辩证唯物主义的方法，提出了以"剩余价值论"为代表的马克思主义劳动价值理论。马克思主义政治经济学认为，资本和土地不是价值来源，"劳动是唯一的价值源泉，'工资价格'和'利润价格'都是从这个价值源泉产生出来的"。资本和土地等生产要素，也不创造价值，不是价值的来源。资本不创造任何新价值。大自然只是提供一种基础，并不创造价值。"自然力不是超额利润的源泉，而只是超额利润的一种自然基础……价值是劳动，因此剩余价值不可能是土地创造的"。马克思在《资本论》（1867）中提出，"空气、处女地、天然草地、野生林等……不是通过劳动而对人有用……可以是使用价值而不是价值"。

1.3.1.3 西方的后现代经济学

20世纪中叶以后，西方一些后现代经济学家从保护自然的角度，分析并赋予自然价值。例如，英国环境经济学家大卫·皮尔斯（David Pierce）在其著作《绿色经济的蓝图》（1989）中首先提出"绿色经济"这一概念，他认可环境的价值，包括非使用价值，涉及人类未来使用的选择价值和自然自身的存在价值。美国经济学家赫尔曼·戴利（Herman Daly）延承古典经济学家穆尔"静态经济"和罗马俱乐部"增长的极限"的概念，针对主流经济学在环境问题上的传统缺失，在其著作《超越增长：可持续发展的经济学》（1996）中提出了一种有别于当时国际主流经济发展观的创新理论——基于"配置（效率）""分配（公平）"和"规模（可持续性）"的宏观环境经济学框架，并构建了"稳态经济"的设想和举措，用以保护自然。美国生态经济学家罗伯特·科斯坦萨（Robert Costanza）等在 Nature（1997）上发表论文《世界生态系统服务与自然资本的价值》，首次以货币的形式，向人们展示了全球陆地、海洋自然生态系统为人类提供的服务价值为 16~54 万亿美元/年（平均价值为 33 万亿美元/年），而当时全世界的地区生产总值（GDP）才不过 18 万亿美元。这是一场科学上的革命。

1.3.2 我国生态产品价值研究理论与实践

经过长期经济高速增长，我国经济社会进入了新的时期，面临的主要问题由人民日益增长的物质文化需求同落后的社会生产之间的矛盾转化为人民日益增长的美好生活需要和不平衡不充分的发展之间的矛盾。在新的历史时期，生态产品同农产品、工业产品、服务产品、文化产品一样，成为人们生活和发展所必需的产品。党的十九大报告提出，"既要创造更多物质财富和精神财富以满足人民日益增长的美好生活需要，也要提供更多优质生态产品以满足人民日益增长的优美生态环境需要"。

1.3.2.1 生态产品价值理论在我国的提出

"生态产品"这一名词首先在我国政府的系列政策文件中被提出，具有鲜明的中国特色，俞敏等（2020）将其发展分为两个阶段，笔者增加了第三阶段——"生态产品价值实现"。

(1) 生态产品概念形成（2010~2016年）

2010 年，国务院印发的《全国主体功能区规划》首次提出"生态产品"概念；2012 年，党的十八大报告进一步提出"要增强生态产品的生产能力"；2015 年，"十三五"规划中提出"为人民提供更多优质生态产品"，《生态文明体制改革总体方案》中提出，"自然生态是有价值的，保护自然就是增值自然价值和自然资本的过程，就是保护和发展生产力，就应得到合理回报和经济补偿"。2016

年，环境保护部《全国生态保护"十三五"规划纲要》进一步明确了生态产品内涵，并提出扩大生态产品供给、优化生态服务空间配置的要求。

（2）生态产品实践探索（2016~2020年）

2016年，《国家生态文明试验区（福建）实施方案》标志着我国开始了生态产品价值实现的试点工作；2017年，党的十九大报告正式提出"提供更多优质生态产品以满足人民日益增长的优美生态环境需要"；2018年，习近平总书记在深入推动长江经济带发展座谈会上要求，长江经济带要积极探索推广绿水青山转化为金山银山的路径，选择具备条件地区开展生态产品价值实现机制试点；2019年，《关于支持浙江丽水开展生态产品价值实现机制试点的意见》的出台，标志着生态产品价值实现开始从政策动议走向政策实践。

（3）生态产品价值实现（2021年至今）

2021年4月，中共中央办公厅、国务院办公厅印发了《关于建立健全生态产品价值实现机制的意见》，要求各地区各部门结合实际认真贯彻落实。文件指出，要建立"政府主导、企业和社会各界参与、市场化运作、可持续的生态产品价值实现路径"。文件提出的主要目标是：到2025年，生态产品价值实现的制度框架初步形成，比较科学的生态产品价值核算体系初步建立，生态保护补偿和生态环境损害赔偿政策制度逐步完善，生态产品价值实现的政府考核评估机制初步形成，生态产品"难度量、难抵押、难交易、难变现"等问题得到有效解决，保护生态环境的利益导向机制基本形成，生态优势转化为经济优势的能力明显增强。到2035年，完善的生态产品价值实现机制全面建立，具有中国特色的生态文明建设新模式全面形成，广泛形成绿色生产生活方式，为基本实现美丽中国建设目标提供有力支撑。

1.3.2.2　生态产品价值理论是对马克思主义劳动价值理论的深化和拓展

2016年习近平总书记指出，"保护生态环境就是保护生产力，改善生态环境就是发展生产力"。"两山论"关于环境生产力的科学认知，为人类收获自然红利、实现人与自然和谐发展提供了经济核算的理论依据。笔者认为，"两山"理论实践表明当前经济学理论和方法体系，越来越不适应于全球生态文明转型过程中的经济社会发展实际。基于生态文明的实践和"两山"理论，建立中国特色的政治经济学，不仅可以改进和重塑当前处于主导地位的西方经济学，对于全球可持续发展和落实巴黎协定目标尤为重要。更重要的是，生态产品价值理论在新的时代丰富了马克思主义劳动价值理论的内涵和外延，是对马克思主义劳动价值理论的深化和拓展。

1.4 生态产品第四产业的制度支撑

2021年4月，中共中央办公厅、国务院办公厅印发的《关于建立健全生态产品价值实现机制的意见》，明确提出了构建我国生态产品价值的评价机制、经营开发机制、保护补偿机制和实现保障机制，这构成了生态产品第四产业的制度支撑。

1.4.1 建立生态产品价值评价机制

1.4.1.1 建立生态产品价值评价体系

针对生态产品价值实现的不同路径，探索构建行政区域单元生态产品总值和特定地域单元生态产品价值评价体系。考虑不同类型生态系统功能属性，体现生态产品数量和质量，建立覆盖各级行政区域的生态产品总值统计制度。探索将生态产品价值核算基础数据纳入国民经济核算体系。考虑不同类型生态产品商品属性，建立反映生态产品保护和开发成本的价值核算方法，探索建立体现市场供需关系的生态产品价格形成机制。

1.4.1.2 制定生态产品价值核算规范

鼓励地方先行开展以生态产品实物量为重点的生态价值核算，再通过市场交易、经济补偿等手段，探索不同类型生态产品经济价值核算，逐步修正完善核算办法。在总结各地价值核算实践基础上，探索制定生态产品价值核算规范，明确生态产品价值核算指标体系、具体算法、数据来源和统计口径等，推进生态产品价值核算标准化。

1.4.1.3 推动生态产品价值核算结果应用

推进生态产品价值核算结果在政府决策和绩效考核评价中的应用。探索在编制各类规划和实施工程项目建设时，结合生态产品实物量和价值核算结果采取必要的补偿措施，确保生态产品保值增值。推动生态产品价值核算结果在生态保护补偿、生态环境损害赔偿、经营开发融资、生态资源权益交易等方面的应用。建立生态产品价值核算结果发布制度，适时评估各地生态保护成效和生态产品价值。

1.4.2 健全生态产品经营开发机制

1.4.2.1 推进生态产品供需精准对接

推动生态产品交易中心建设,定期举办生态产品推介博览会,组织开展生态产品线上云交易、云招商,推进生态产品供给方与需求方、资源方与投资方高效对接。通过新闻媒体和互联网等渠道,加大生态产品宣传推介力度,提升生态产品的社会关注度,扩大经营开发收益和市场份额。加强和规范平台管理,发挥电商平台资源、渠道优势,推进更多优质生态产品以便捷的渠道和方式开展交易。

1.4.2.2 拓展生态产品价值实现模式

在严格保护生态环境前提下,鼓励采取多样化模式和路径,科学合理推动生态产品价值实现。依托不同地区独特的自然禀赋,采取人放天养、自繁自养等原生态种养模式,提高生态产品价值。科学运用先进技术实施精深加工,拓展延伸生态产品产业链和价值链。

1.4.2.3 促进生态产品价值增值

鼓励打造特色鲜明的生态产品区域公用品牌,将各类生态产品纳入品牌范围,加强品牌培育和保护,提升生态产品溢价。建立和规范生态产品认证评价标准,构建具有中国特色的生态产品认证体系。推动生态产品认证国际互认。建立生态产品质量追溯机制,健全生态产品交易流通全过程监督体系,推进区块链等新技术应用,实现生态产品信息可查询、质量可追溯、责任可追查。对开展生态产品价值实现机制探索的地区,鼓励采取多种措施,加大对必要的交通、能源等基础设施和基本公共服务设施建设的支持力度。

1.4.2.4 推动生态资源权益交易

鼓励通过政府管控或设定限额,探索绿化增量责任指标交易、清水增量责任指标交易等方式,合法合规开展森林覆盖率等资源权益指标交易。健全碳排放权交易机制,探索碳汇权益交易试点。健全排污权有偿使用制度,拓展排污权交易的污染物交易种类和交易地区。探索建立用能权交易机制。探索在长江、黄河等重点流域创新完善水权交易机制。

1.4.3 健全生态产品保护补偿机制

1.4.3.1 完善纵向生态保护补偿制度

中央和省级财政参照生态产品价值核算结果、生态保护红线面积等因素，完善重点生态功能区转移支付资金分配机制。鼓励地方政府在依法依规前提下统筹生态领域转移支付资金，通过设立市场化产业发展基金等方式，支持基于生态环境系统性保护修复的生态产品价值实现工程建设。探索通过发行企业生态债券和社会捐助等方式，拓宽生态保护补偿资金渠道。通过设立符合实际需要的生态公益岗位等方式，对主要提供生态产品地区的居民实施生态补偿。

1.4.3.2 建立横向生态保护补偿机制

鼓励生态产品供给地和受益地按照自愿协商原则，综合考虑生态产品价值核算结果、生态产品实物量及质量等因素，开展横向生态保护补偿。支持在符合条件的重点流域依据出入境断面水量和水质监测结果等开展横向生态保护补偿。探索异地开发补偿模式，在生态产品供给地和受益地之间相互建立合作园区，健全利益分配和风险分担机制。

1.4.3.3 健全生态环境损害赔偿制度

推进生态环境损害成本内部化，加强生态环境修复与损害赔偿的执行和监督，完善生态环境损害行政执法与司法衔接机制，提高破坏生态环境违法成本。完善污水、垃圾处理收费机制，合理制定和调整收费标准。开展生态环境损害评估，健全生态环境损害鉴定评估方法和实施机制。

1.4.4 健全生态产品价值实现保障机制

1.4.4.1 建立生态产品价值考核机制

探索将生态产品总值指标纳入各省（自治区、直辖市）党委和政府高质量发展综合绩效评价。推动落实在以提供生态产品为主的重点生态功能区取消经济发展类指标考核，重点考核生态产品供给能力、环境质量提升、生态保护成效等方面指标；适时对其他主体功能区实行经济发展和生态产品价值"双考核"。推动将生态产品价值核算结果作为领导干部自然资源资产离任审计的重要参考，对任期内造成生态产品总值严重下降的，依规依纪依法追究有关党政领导干部责任。

1.4.4.2 建立生态环境保护利益导向机制

探索构建覆盖企业、社会组织和个人的生态积分体系，依据生态环境保护贡献赋予相应积分，并根据积分情况提供生态产品优惠服务和金融服务。引导各地建立多元化资金投入机制，鼓励社会组织建立生态公益基金，合力推进生态产品价值实现。严格执行《中华人民共和国环境保护税法》，推进资源税改革。在符合相关法律法规基础上探索规范用地供给，服务于生态产品可持续经营开发。

1.4.4.3 加大绿色金融支持力度

鼓励企业与个人依法依规开展水权和林权等使用权抵押、产品订单抵押等绿色信贷业务，探索"生态资产权益抵押项目贷"模式，支持区域内生态环境提升及绿色产业发展。在具备条件的地区探索"古屋贷"等金融创新产品，以收储、托管等形式进行资本融资，用于周边生态环境系统整治、古屋拯救改造及乡村休闲旅游开发等。鼓励银行机构按照市场化、法治化原则，创新金融产品和服务，加大对生态产品经营开发主体中长期贷款支持力度，合理降低融资成本，提升金融服务质效。鼓励政府性融资担保机构为符合条件的生态产品经营开发主体提供融资担保服务。探索生态产品资产证券化路径和模式。

第 2 章　生态产品第四产业的理论基础

　　生态产品第四产业的理论基础主要为环境经济学和在此基础上发展出来的生态经济学。自工业革命以来，工业生产规模急剧扩大，能源使用方式发生变革。自然界中原有的以高品位形式存在的物质和能量，经过开采、加工、转换、使用和排放，变成了低品位形式，极大地影响了大气、土壤和水体的质量。科技进步使人们能够了解自然系统发生的非常微小的变化。所以人们能够更加清晰地认识到环境问题的后果。20世纪70年代以来，随着经济学的发展和环境问题的恶化，学者们发现这些需要深入研究的环境问题如果能够从经济学角度研究，有可能会得到十分重要的启示，由此，环境经济学开始真正进入形成和发展阶段，环境经济学不断吸收和借鉴新的理论工具与方法，其学科理论体系和应用领域得到不断发展与完善。如今环境经济学发展速度之快、应用范围之广、研究层次之深，不但远远超出经济学家、环境学家乃至全社会的预料，这也是出乎环境经济学奠基者们意料之外的。本章将从环境经济学的理论形成、研究内容、公共物品特性，以及生态经济学的产生和发展等方面，介绍生态产品第四产业的理论基础。

2.1　环境经济学的理论基础及作用

2.1.1　环境经济学的理论基础

　　1870年以后，新古典经济学成为西方经济学主流体系。但很多经济学家认为新古典经济学存在一些固有缺陷，没有解决现实经济生活中产生的大量环境问题。在这种背景下，环境经济学家借鉴新古典经济学分析框架，以福利经济学为理论基础，在继承前人研究成果的基础上，对外部性理论、成本–效用理论、公共选择理论和产权理论等进行了继承、完善和发展，来探求如何实现环境资源的有效配置。

　　20世纪初，意大利经济学家维尔弗雷多·帕累托（Vilfredo Pareto）探讨了资源配置的效率问题，提出了"帕累托最优"理论。这一理论后来被环境经济学家奉为圭臬。外部性概念则是源于阿尔弗雷德·马歇尔（Alfred Marshall）的

《经济学原理》(1890)。他的学生阿瑟·赛西尔·庇古（Arthur Cecil Pigou）在《福利经济学》(1920) 中首次从福利经济学的角度系统分析外部性问题，用外部性理论分析解释环境问题。外部性理论后来成为环境经济学建立和发展的理论基础。随后，罗纳德·科斯（Ronald H. Coase）在《社会成本问题》(1960) 中提出产权理论。产权理论认为产权不明晰是外部性产生的重要原因。因此，解决外部性问题可以用市场交易替代"庇古税"。成本-效益分析方法可以用来分析环境政策的社会总成本和总收益，并评估其可行性。20 世纪 30 年代和 40 年代现代福利经济学创始人约翰·希克斯（John R. Hicks）和尼古拉斯·卡尔多（Nicholas Kaldor）提出的希克斯-卡尔多标准推动了成本-效益分析方法在环境政策评估中的广泛应用，一系列环境价值评估方法如旅行成本法、意愿调查法、生产函数法等也成了环境经济学不断探索的领域。

生态环境资源一般具有公共物品特征，这也是环境资源被浪费的原因之一。经济学家斯科特·戈登（Scott Gordon）在《公共财产资源的经济理论》(1954) 一文中指出，海洋渔场的公共物品属性导致渔民过度捕捞，结果导致渔业总产量下降。加勒特·哈丁（Garrit Hadin）在 Science (1968) 提出了"公地悲剧"理论模型，认为政府可以通过管制或税收，或将公有资源变为私有资源的途径解决这些问题。

公共选择理论为人们探讨环境问题提供了又一个新型的工具。该理论认为，个人是以自利为本性的，而所有团体的行为最终都可以归结为组成团体的个人行为，即承认政府追求的是某种特殊利益集团利益而不是全民的利益。环境经济学家运用公共选择理论对环境经济问题进行研究分析指出，政府失灵也是环境问题产生的根源之一。尽管如此，不能否认政府在环境管理中的积极作用，更不能排除政府对环境问题的有效干预。大多数环境经济学家认为，提高环境管理决策者和执行机构对环境问题的科学认识并制定具有可操作性的环境政策，是解决环境问题的关键所在（李劲松，2013）。

2.1.2　经济学分析在环境研究中的作用

一般来讲，人们常用道德原因来解释保护环境的原因，但相对于道德因素，经济原因可能是更有力或者更现实的解释。理解这一点对说服政策制定者更为重要。经济学家首先指出在环境保护和经济发展之间的选择决策上的必要性，进而寻找环境恶化的经济原因，最后优化设计经济机制来减缓以至消除环境恶化。因此，在环境保护和经济发展之间存在选择问题，必须做出权衡决策以最有效地配置资源，使经济发展和环境保护两者的关系在可能的约束条件下得到最优的发展。

　　经济学为环境和自然资源评估及有关政策的制定提供了系统的分析工具，同时环境和自然资源这一类新的研究对象也推动经济学向前发展。对环境和自然资源的改变（变好或变差）进行的计量就是现代经济学的一个崭新的研究领域。由于具有公共物品特性，许多环境和自然资源改变的具体经济价值都难以计量。而要确定环境污染的程度，也需要对环境变化的经济价值做出评估。环境经济学可以利用成本-效益分析法等来解决这个问题，从而为决策者确定使用或保护自然资源的力度，以及处理环境污染和经济发展的关系提供依据。

　　资源和环境问题一般不能依靠单独一个学科来研究。在20世纪50年代，来自于生物学、生态学、农学、林学、地理学等自然科学领域的科学家对资源和环境问题进行了讨论与分析，在环境变化机理和治理技术方面取得了重大进展。随后，经济学家从经济学理论上对环境污染产生的根本原因进行了探讨，发现仅仅依靠传统的经济学理论已经不能解决环境污染、资源破坏和枯竭等问题。经济学家在分析市场经济欠缺的基础上，提出解决环境外部不经济性问题的种种手段及市场工具，并从宏观经济学和微观经济学的角度，对资源与环境经济政策手段、环境质量价值评估方法和具体环境治理工具等进行了大量的理论与实证性研究。

　　宏观经济学的主要内容包括国民收入决定理论、经济周期理论、经济增长理论及宏观财政与货币政策等。它是以整个国民经济活动为研究对象，研究经济中各有关总量的决定及其变动规律的学科。环境问题也是宏观经济学研究的内容之一。宏观经济政策与环境研究开始于20世纪70年代末期，主要集中于衡量经济增长的标准和宏观经济政策与环境之间的关系两个方面。经济学家认为，经济增长的主要指标——国内生产总值（GDP）所反映的"经济发展速度"并不能全面反映社会福利水平的提高。因而，一些经济学家提出了将资源退化、环境污染和破坏及家庭主妇劳务价格等纳入国民收入核算体系的理论与方法。近年来，这些理论和方法逐步走向规范化并被推广应用。

　　微观经济学主要包括价格理论、生产理论、消费者行为理论、厂商行为理论和分配理论等。它以微观的单个经济单位为研究对象，研究单个经济单位的经济行为决定及相应经济变量变化规律。微观经济学研究单个经济单位的经济行为时，若不考虑外部经济性，将导致产品的价格与其边际社会成本产生偏离，从而使市场均衡偏离社会有效均衡，扭曲资源配置效率。经济学家针对这种现象，提出了市场外部性理论、环境质量公共物品理论、环境质量改善或破坏的经济评估方法及解决外部性环境问题的手段等。

2.2　环境经济学研究的主要内容

2.2.1　环境经济学基本知识

　　环境与经济的相互关系是环境经济学重点关注的理论内容，也是环境经济学中历史最悠久的研究领域。肯尼思·鲍尔丁（Kenneth E. Boulding）在《即将到来的太空船地球经济学》（1966）一文中，将地球经济体系比喻为在浩瀚太空中孤立无援、与世隔绝的宇宙飞船，因此，可供使用的资源和污染物的净化能力都是有限的，人们必须在循环生态系统中寻求到平衡点以实现资源的持续供给。他认为：一方面，根据热力学第一定律，人们在消费和生产过程中所产生的废弃物其物质形态并没有消失，依然存在于物质系统之中。所以人们在进行经济活动时，必须充分考虑环境对废弃物的容量。另一方面，虽然回收利用可以提升废弃物的环境容量，但是根据热力学第二定律，不断增加的熵意味着不可能实现完全的回收利用。"宇宙飞船经济理论"让经济学界认识到，在大规模开发和利用环境资源的过程中，外部性是一种普遍现象，环境负外部性广泛地影响着经济的运行。

　　艾伦·克尼斯（Allen V. Kneese）、罗伯特·艾瑞斯（Robert U. Ayres）和拉尔夫·德阿芝（Ralph C. D'Arge）在《经济学与环境》（1970）一书中依据热力学第一定律的物质平衡关系，重新划分了传统的经济系统并提出了著名的物质平衡模型。另外，他们还利用一般均衡分析了包括环境因素在内的投入-产出关系，首次从经济学的角度指出了环境污染的实质。

2.2.2　物质平衡模型

　　经济学理论最广泛的应用之一，是合理地解释我们所观察到的现实。例如，通过微观经济学分析，我们能够了解消费者和厂商的行为及市场决策。经济学理论同样可以应用于环境问题的分析——分析问题产生的原因和寻求解决问题的方法，不是从深奥的科学角度研究污染怎样发生和资源如何耗尽，而是从基本的关系入手，答案来自家庭和厂商的决策。无论消费还是生产都是建立在对地球自然资源利用的基础之上，并有可能会造成环境污染，这意味着有关经济活动的任何决策都与环境问题直接相关。下面我们将建立一个经济活动的基本模型并加以扩展，以解释这种关系是如何产生的。

物质平衡模型描述了经济活动和自然环境之间的直接关系，如图 2-1 所示。值得注意的是，在扩展模型中，循环流动模型中的实物流动表示的是经济决策和自然环境之间的关系。

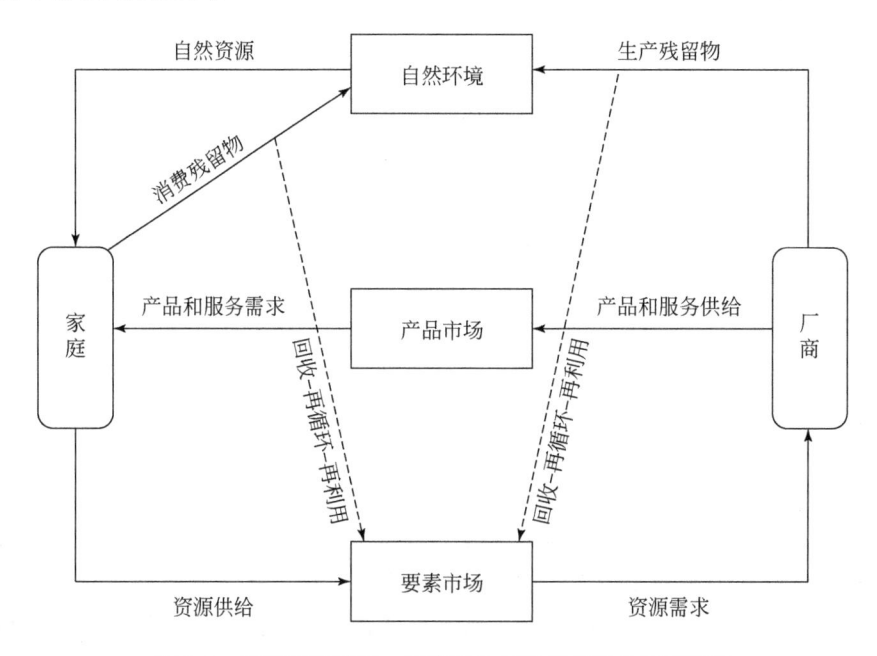

图 2-1 物质平衡模型：经济活动与自然环境的相互依赖

（1）资源的流动：自然资源经济学

图 2-1 表示自然界和两个市场部门（家庭和厂商）之间的关联，特别要注意箭头的指向。经济系统与自然界联系的一个途径，是物质或自然资源从环境向经济系统的流动，特别是通过家庭（通过消费，家庭成为包括自然资源在内的所有生产要素的所有者）。这种流动描述了经济活动是怎样吸取地球上的自然资源，如石油、矿产和水。这是自然资源经济学研究的基本内容，即研究资源从自然界向经济活动领域的流动。

（2）残留物的流动：环境经济学

图 2-1 中的第二组关系按相反的方向运行，即从经济系统流向环境。这个流动表示进入经济系统的原料最终如何作为副产品或残留物又回到自然界。大部分残留物以气体的形式被排放到空气中。从短期来看，它们大部分都没有危害。实际上，其中一些通过环境的分解可以被自然吸收。例如，地球上的海洋和森林能够吸收燃料（如石油、煤和天然气）燃烧所释放出的部分二氧化碳。但有些释放出来的气体却不容易被吸收，甚至在短期内有可能造成危害。还有液体残留物

和固体残留物，如工业废水、城市垃圾和某些有害的废弃物，可能对人体和生态环境有潜在的危害。在图 2-1 中可以看到两种残留物流，两个市场部门各产生一种残留物流，表明残留物来自消费和生产活动两个方面。这种流动就是环境经济学研究的主要内容。

通过回收、再循环和再利用过程，虽然不能阻止残留物回到自然界，但是可以延迟其流回自然界的时间。注意，在模型里的两个残留物流中，有的可以通过内部流动流回要素市场。内部流动说明一些残留物可能以另一种有用的形式被再循环利用，或者以现有的形式被回收利用。

虽然重复利用很重要，但只是短期措施。因为即使是回收再利用的产品，最终还会成为残留物回到自然界。物质平衡模型真正表达的是所有来自环境的资源最终都会以残留物的形式返回环境。这两种流动是平衡的，并且这个深刻的事实有其科学依据。

(3) 物质平衡的科学原理

根据热力学第一定律，物质和能量是守恒的，既不能被创造也不能被毁灭。根据这一定律，物质平衡模型可以理解为：从长期来看，自然界流入消费与生产领域的物质和能量的总量与流回到环境当中的残留物的总量是相等的。即当自然资源在经济活动中被利用时，它们只是转化为另一种形式的物质或能量，其间并没有任何损失。经过一段时间之后，所有这些物质都会以残留物的形式返回自然界，其中一些如在生产过程中产生的废弃物可在短期内转化，另外一些则转化为商品直到其使用价值耗尽才变成残留物。因此，残留物具有各种不同的形式，如汽油燃烧产生的一氧化碳、城市垃圾填埋场处置的垃圾等。

进一步来看，因为能量守恒定律，物质和能量不能被毁灭，所以物质流动似乎可以一直永恒持续下去。但是根据热力学第二定律，自然界转化物质和能量的能力并不是无限的。一些能量在转换后变得无法利用。尽管这些能量依然存在，但是不能在其他过程中被利用。因此，经济活动所依赖的自然资源是有限的。

这些支持物质平衡模型的科学定理传递了重要的信息：首先，所有进入经济活动的资源最终都将成为残留物并有可能危害环境，虽然这个过程能够通过再循环而被延缓，但不能最终被消灭；其次，自然资源转化为其他形式物质和能量的能力是有限的。总之，这些理论有助于对环境问题及经济活动与自然界之间重要关系的全面理解，正是这种关系的存在促使了环境经济学的产生。

2.2.3 管理环境的经济学方法

环境经济学在环境政策领域的研究包括两个方面：一是如何在政府命令控制

型政策和经济型政策之间做出选择；二是需要什么形式的政府干预。经济学家多半主张使用经济型政策，因为经济型政策更能提高经济效率和促进技术进步。但是在环境管理实践中，大多数国家的政府更倾向于使用命令型控制方法。

另外，经济学界对具体采用哪种经济政策管理环境也有不同看法。以"庇古税"为基础的排污收费主要是通过征税或者补贴来矫正当事人的私人成本。而根据科斯的产权理论和戴尔斯提出的许可证交易，其基础是新建一个排污交易市场，此时，环境质量是由排污许可证的供给总量来保证的，而且供给是可以通过市场调节的：持证的排污者可以根据价格的变化情况来决定买入还是售出排污许可证。

此外，环境价值评估是环境经济学学科建立以来发展最快的一个领域，也是争议最多的领域。评估环境价值主要有两个目的：一是完善经济开发和环境保护投资可行性分析；二是为制定环境经济政策、实施环境管理提供决策依据。环境价值评估、成本评估等方法将支持对各种环境收益评估方法的研究。

最后，成本-收益分析是用于支撑环境管理的最重要的方法。它将环境的收益和成本进行比较，对收益和成本按照时间差异进行调整，在上述结果分析的基础上制定政策，目前已发展成为指导政策决策的主要工具。

2.2.4　环境保护与可持续发展

对于环境保护与可持续发展我们将从讨论可持续发展的概念出发，通过研究经济增长对环境质量改善的意义来探究其动机，在此基础上我们主要关注工业生态学和污染预防的可行性计划。首先，对工业生态学进行概述，为了便于讨论并提供相关背景，重新介绍前面已经讨论过的物质平衡模型，该模型清晰地解释了工业活动和自然界的关系——工业生态学的核心。其次，研究污染预防在实践中的意义以及现行的一些自愿性的工业生态学和污染预防计划。最后，研究分析我国循环经济的发展现状及问题。

环境经济学家认为，在经济发展过程中应当遵守可持续性准则，即需要对环境费用和效益的经济价值进行评估，对重要的自然资源进行保护；严格避免不可逆转的损害；将可再生资源的利用严格限制在可持续产出的范围内。

2.3　环境物品的经济学属性

经济学家根据物品的内在属性来区分公共物品和私人物品，而非根据物品是由公共提供还是私人提供来区分。公共物品或理论上的纯公共物品，是指消费上具有非竞争性和收益上具有非排他性的物品。

非竞争性是指与消费有关的收益不可分割，这意味着当某个人消费一件物品时，另一个人可以同时消费该物品，换言之，另一个人消费这件物品的边际成本为零。非排他性是指阻止或排除他人分享消费某种商品是不可能的，或者阻止的成本很高使得阻止不具有现实性。尽管非竞争性和非排他性看起来很相似，但它们具有不同的含义：非竞争性意味着不需要对物品进行配给，而非排他性意味着不可能对物品进行配给。实际上，一种物品完全可能只具有其中一种属性。

灯塔和国防是公共物品经济学中两个典型案例，它们提供的服务既具有非竞争性又具有非排他性。从环境经济学看来，环境质量是更具有代表性的公共物品的例子。例如，洁净的空气也具有非竞争性和非排他性，因为不可能将空气质量的收益只提供给某一个人。或者只因为某个人为此付费了，其他人就不能够呼吸洁净的空气。相反，如果空气被某一个人清洁干净，其他人都能同时享受到更清新的空气所带来的收益。

2.3.1 环境破坏的原因及其分类

环境经济学的任务之一是确定和解决与残留物有关的环境破坏或污染问题。污染在不同文献中有不同的定义，如在一些法律中，污染一般被定义为，一切自然状态、位置或者数量的物质或者能量对环境造成的负面影响。实际上，任何物质的某一特征都能够单独造成污染，如它们的基本构成、所处的位置或者数量。这意味着寻求解决环境问题的方法，关键在于确定污染的原因、来源和破坏范围。

2.3.1.1 污染物种类的确定

我们该怎样认定哪种物质造成了环境破坏呢？一种方法是从其来源进行识别——是来自自然界的天然污染物，还是来自人类活动的人为污染物。

天然污染物来自自然界的非人为过程，如火山爆发产生的颗粒物。

人为污染物是由人类活动引起的，包括所有消费和生产过程产生的残留物，如燃烧产生的气体和某些生产过程产生的化学废弃物。

环境经济学家在这两类污染物中更关注人为污染物，特别是那些自然界没有分解能力或者分解能力很弱的人为污染物。

2.3.1.2 污染源的确定

当认定污染物之后，下一个步骤就是确定其来源。污染源的数量和种类很多，从汽车到废物堆放点，甚至一个表面上很干净的地方也可能是污染源。例如，如果雨水将农田的化学杀虫剂带到附近的湖泊或者河流，农田就成了污染源。污染源的差异非常大，通常都是根据具有政策意义的比较宽泛的标准进行分类。例如，依环境介质（大气、水和陆地）的不同，污染源一般根据其具有的流动性或者可识别性两种方式划分。

（1）根据流动性分类

污染源是否固定于某个地点直接影响到采取何种方法来控制污染。因此，可以将污染源相应地分为固定污染源和移动污染源。

固定污染源是指产生地点固定的污染源，如养猪场或燃煤发电厂。移动污染源是指产生地点不固定的污染源，如飞机或汽车。这种划分一般用来描述大气污染源，因为它们需要不同控制方法。

（2）根据可识别性分类

在一些情况下，污染源的可识别性很重要，据此可以将其划分为点污染源和非点污染源。点污染源是指可识别的单一污染源，如管道、工厂的烟囱或者轮船。非点污染源是指不能被准确识别的污染源，它在相对较大的范围内以扩散、间接的方式造成环境污染。

这种分类方法是控制水污染的政策中最常用的方法，因为非点污染源对这类特定问题非常重要。如同定义所表示的，从非点污染源排放的污染物要比从点污染源排放的污染物更难控制。

2.3.1.3 确定环境破坏的范围

虽然环境破坏是一个全球性问题，但是有些污染只对某一地区造成危害，而有些则会在更大范围内造成危害，问题在于污染危害涉及的范围差别很大，这对政策规划相当重要。因此，通常是根据其影响的地理区域范围，将环境污染划分为地方性污染、区域性污染和全球性污染。

2.3.2 环境目标的确定

因为基本的环境问题都具有普遍性，所以解决环境问题是全人类的目标。虽然在目标制定过程中有时会遇到困难，而且经常陷入政治争论，但这个过程还是在不断前进。实际上，今天制定的每一个环境决策都是以世界性目标为指导的。这些目标主要有：环境质量、可持续发展和生物多样性。

2.3.2.1 环境质量

一般情况下，环境质量被认为是指洁净的空气、水和土壤。但是，当环境质量被用来指导政策制定时，我们必须确定"怎样的洁净才算洁净"。因此，环境质量改善是指将人为的污染物减少到社会可以接受的水平。为什么环境质量改善并不意味着零污染？答案是，因为这个目标不可能实现，至少在绝对意义上是不可能的。前文提到，某些污染是天然的，因而无法控制。实际上，只有禁止生产所有现代的生活产品和服务，才有可能从根源上消除人为污染物。这意味着，对环境质量改善的合理定义应该是将人为污染物减少到社会"可接受"的水平。尽管对于不同的污染物，这种"可接受"的污染水平是不同的。但在任何情况下，都有包括人类健康和生态系统改善、减少污染所需的经费、技术的实用性和环境危害的相对风险等相关因素起决定性作用。

尽管目前全球改善环境质量的努力取得了一定的成就，但是仍有大量工作需要完成。认识到环境质量改善是一个世界范围的目标触发了对其长远重要性的认识。社会已经开始认识到促进经济增长会对自然资源产生不利影响，将威胁到后代人的生产能力和福利。这种代际平衡意识促进了对未来的责任感，并最终形成了两个相互联系的目标：可持续发展和生物多样性。

2.3.2.2 可持续发展

一般来讲，经济增长是指国内生产总值（GDP）的增长。尽管经济增长是预期的结果，但如物质平衡模型所示，经济增长会造成长期的环境影响。因此，在经济增长和自然资源保护之间寻求一个适当的平衡是可持续发展的基本目标，它要求对全球的自然资源进行管理，以保证自然资源的长期数量和质量在可以接受的范围之内。但仅仅是在最近几年，经济学家和社会公众才开始普遍接受这个更广泛、更实际的观点，并提出了一些新方法来衡量宏观经济政策的生态影响。所谓可持续发展是指管理地球资源使它们长期的质量和数量能够满足未来子孙后代的需求。

2.3.2.3 生物多样性

由于生物多样性具有巨大价值，因此，生物多样性的保护就构成了可持续发展战略的重要组成部分。生物多样性的价值主要体现在以下几个方面：①生物多样性为人类提供了主要的食物来源；②生物多样性为人类提供工业生产原料；③生物多样性是人类药物的主要来源；④野生物种是培育新品种的基础；⑤生物多样性具有很高的科研价值；⑥生物多样性有助于保护生态系统的平衡；⑦生物多样性有很高的美学价值；⑧生物多样性是国际交流与合作的重要领域。

然而，目前生物多样性的价值评估却是一个难题，已成为众多经济学家关注的焦点问题。因为生物多样性具有多种多样的价值，包括直接价值、间接价值、选择价值、存在价值和遗产价值，或者说包括有具体物质形态的物品价值和无具体物质形态的功能性服务价值。另外，生物多样性不仅具有已被认知和利用的巨大价值，而且具有难以估量的潜在价值。

2.3.3 环境问题源于市场失灵

古典微观经济学理论是在价格、产量、成本和进入壁垒等相关假设条件下得到市场有效的结论。如果其中的任何一个假设不成立，将造成各种无效率的市场情况，总称为市场失灵。这些情况包括不完全竞争、不完全信息、公共物品和外部性。例如，如果我们放宽对竞争性市场模型的自由进入假设，就会在一定程度上形成市场垄断力量，当发生这样的情况时就会出现社会福利降低和资源配置无效率的情况。

经济学家基于公共物品理论或外部性理论，构建了环境问题的市场失灵模型。这两种理论的区别在于如何定义市场：如果市场被定义为"环境质量"市场，则市场失灵是因为环境质量是公共物品；如果市场被定义为造成环境破坏的产品，则市场失灵是因为外部性的存在。

尽管每个模型都提出了不同的解决方法，但是这些理论并不是彼此完全无关的。我们首先要分析的是公共物品的市场失灵。

2.3.3.1 公共物品的市场失灵

正如前面所言，公共物品市场有效率配置的结果依赖于定义明确的需求和供给。虽然已经假设了空气质量市场的两个函数，但是市场需求函数中暗含着一个严格的假设，即消费者明确表示自己对大气污染物排放削减量的支付意愿。但是，如果没有第三方的干预，该公共物品的非排他性使得很难获得这种信息。如果消费者的支付意愿反应是不可知的，市场需求就不能确定，也就不能达到有效率的结果。所以，正是由于在自由市场中得不到消费者对公共物品的支付意愿，因而出现了市场失灵。

需求在私人物品与公共物品中的含义是不一样的。一般而言，市场需求表示消费的预期收益。如果商品是私人物品（可排他），其收益只能够通过购买获得。因此，消费者对私人物品的支付意愿代表着消费该商品的预期边际收益。但在具有非排他性的公共物品中，因为即使是别人付费，消费者也可以获得消费收益。所以，对不是必须付费的产品，理性的消费者没有主动支付的意愿。换言之，由于缺乏排他性，理性的消费者不愿意主动付费。

通常，这个问题被称为偏好非显性，其产生的原因是更为基础性的困境——"搭便车"。理性的消费者意识到公共物品的收益可以通过他人付费而得到，自己就可以成为"搭便车"者。如果每个消费者关于公共物品的偏好都是非显性的，那么就无法加总得出市场需求。当公共物品是环境质量时，"搭便车"造成的结果就是严重的生态恶化。如果我们放松对完全信息的常规假设，在模型中加入一些现实情况，要确定市场需求就变得更困难了。在许多公共物品市场上，消费者并没有完全意识到获得了消费收益。环境质量市场的情况更是如此，大部分消费者没有意识到与排污削减有关的健康、休闲和美学的收益。

从这些分析中能够得出什么样的结论呢？正如我们在开始时所指出的，单靠市场力量不能实现公共物品的配置效率。这个认识有助于我们解释公共物品市场上的一种现象——以政府为代表的第三方干预。但是政府应该在多大程度上干预市场？为了有效地解决问题，政府又应该采取什么措施？尽管回答这些问题很困难，但是公共物品理论给出了解决问题的路径。

2.3.3.2 市场失灵的解决方案：政府干预

在实践中，政府解决"搭便车"和偏好非显性问题的常用方法是由政府直接提供公共物品。我们可以看到，许多公共物品，如消防、公园和铁路，都是由政府提供的。同时，政府也参与了自然资源的保护和环境质量的供给。一些政府机构的职责中包括了环境责任，尤其是生态环境管理部门。

为了解决信息不完全问题，政府应定期向公民提供关于公共物品的培训或者公共信息，如我国的环境保护产品认证。

2.3.4 外部性引起市场失灵

2.3.4.1 外部性理论的基础

微观经济学理论认为，价格机制是市场过程中最重要的信号机制。均衡价格是消费者消费某一产品获得的边际收益与厂商生产该产品的边际成本相等时的价格。在通常情况下，这个理论能很好地预示市场情况。但是有时候，价格在衡量市场交易的所有收益和成本时会失效。例如，当消费或生产某种商品时受到第三方影响，就出现了市场失灵。第三方受到的影响被称为外部性，即与生产或者消费有关的涉及场外第三方的溢出效应。如果外部影响使第三方获得了收益，就称为正外部性；相反，如果外部影响使第三方产生了成本，就称为负外部性。

尽管外部性的概念看起来有些晦涩，但却经常看到。例如，汽车产量的增加有利于刺激汽车市场及其互补品市场，但同时对城市的交通与环境产生了负外部性，而负外部性却没有反映在汽车的价格上。相反，如果一个厂商开展改善生产工艺的研究，则能使整个行业受益，但在厂商的投资决策中却并没有考虑到这些正外部性。

以上两个案例是发生在市场交易之外的外部影响，因为商品交易的价格不能体现这种外部影响。如果价格不能反映生产和消费的所有收益与成本，那么，价格就不是可靠的信号机制，从而出现市场失灵，结果造成稀缺资源的不合理配置。如果消费过程中产生正外部性，市场价格低估了商品的价值，会导致这种产品生产得过少。相反，如果存在负外部性，市场价格并没有反映出外部成本，则这种产品就会生产得过多。

2.3.4.2 环境外部性

环境经济学家感兴趣的是那些影响了空气、供水、自然资源和整体生活质量的外部性问题。典型的负外部性案例往往与生产有关，如航空运输损害了空气质量，产生了噪声污染，并降低了附近地区房地产的价值。航空公司或者乘客都没有意识到这些真实存在的成本。因为这些成本发生在运输市场之外的第三方，而没有在航空公司的机票价格中体现出来。此外，环境的外部性与消费也有关，正外部性也可能与环境问题有关。我们可以用排污削减设备如除尘设备的市场来说明：除尘设备是一种用来清洁工厂烟囱排放物的复杂系统，当某发电厂购买并安装了一套除尘设备时，其周边的居民都能够获得清洁空气带来的收益；但由于这些居民没有参与市场交易，所以外部收益在除尘设备的价格中并没有得到体现。所以正外部性导致了资源配置不当，市场中只出售了少量的除尘设备（李辉作，2009）。

注意，在排污削减的外部收益和污染产生的外部成本之间存在着关系，它们之间具有负相关性。一方面，如果市场是关于排污削减设备的行业，就存在正外部性，外部收益表现为改善人体健康、自然资源和美学价值等；另一方面，如果市场是诸如发电厂的行业，则存在负外部性，外部成本就是对人体健康、自然资源和美学价值的损害。显然，这两个模型都依赖于市场是如何定义的。

公共物品和外部性是何关系？环境外部性往往是指具有公共物品特性的空气、水或者土壤对第三方的影响。这意味着虽然公共物品和外部性不是同一个概念，但它们其实是相关的。实际上，如果外部性对社会大部分人产生影响，并具有非竞争的和非排他的性质，那么这一个外部性本身就是公共物品。

2.3.4.3 市场失灵分析

了解自然的市场过程对直接计算外部成本缺乏激励这一点是非常重要的。炼油厂的生产受私人利益所驱动，而不是社会利益。尽管这些厂商可能意识到其生产会造成环境损害，但是他们没有动力来考虑这些成本，因为这样做会降低利润。市场失灵模型让我们更好地理解为什么随着全球工业生产的不断发展，自然环境的损害不断加剧。这个理论还从市场的角度解释了环境问题存在的原因，并说明政府干预的必要性。找到解决问题的适当政策并非易事，但是通过理解市场如何失灵和为什么会失灵可以帮助我们寻找解决问题的方法。如果同时考虑公共物品理论和外部性理论将会发现，产权缺失是产生所有环境问题的根源。

2.3.5 公共物品的产权缺失

以上运用经济学理论的基本知识，已经论证了市场如何失灵，但是还没有触及问题产生的根本原因。

让我们重温负外部性模型。如果外部性对社会产生了较大范围的影响，那么这一外部性就是公共物品。以供水为例，外部成本是对供水的损害，因而符合这个特征，并且洁净的水具有公共物品的两个基本特性。再回顾一下空气质量市场的公共物品模型。这两个公共物品有哪些共同的特点呢？答案是在这两个例子中公共物品的产权都没有被定义，而且这些公共物品的市场根本就不存在。产权是一组有关物品或资源的有效权利束，其权利主体可以使用和通过交易转让这些权利。这些权利通常由法律和（或）社会习惯进行限定。

在环境公共物品中，究竟谁"拥有"空气或谁"拥有"水源是不明确的。例如，游泳者拥有洁净水的权利吗？或者炼油厂拥有污染水的权利吗？由于对这些问题没有明确的回答，因而也就没有内在的市场机制能解决环境问题。这表明，产权对于完善市场系统的功能至关重要。实际上，正如诺贝尔经济学奖得主科斯所言，即使存在外部性，产权明晰也能够提供一个有效的解决方案。

2.4 生态经济学的产生与发展

21世纪以来，随着生产力水平的不断提升，人们对生活质量和生活环境的要求越来越高，环境污染和生态退化逐渐成为人们关注的焦点，成为一个世界性的问题。

经济发展与生态环境保护归根结底说的是人与自然的关系，其本质是人与自然、人与人的关系。人类对生态环境与经济发展之间的认识，随着环境问题的出现和科学认识的发展而不断深化。农牧业社会，人类早期活动产生的生态影响非常小甚至可以忽略不计。生态资源的消耗和废弃物的排放被保持在生态系统的净化与承载力之内。几千年来,地球环境发生急剧变化,人口、资源、能源、生态和气候变化影响与制约着人类的发展,生态环境作为全球发展的限制因子越来越受到关注。

由于传统的经济学理论和生态学理论无法解释经济发展与生态环境保护之间的联系,因此相关学者不得不重新审视传统的经济发展模式及其与生态环境之间的相互关系,试图探索出两者能够协调发展的新道路,生态经济学在此背景下应运而生。可以说,生态经济学理论是社会生产力发展到一定阶段的必然产物,是社会发展实践中生态环境保护与经济发展两者矛盾运动的结果。尤飞和王传胜(2003)指出,生态经济学尽管仍旧是以人类利益为出发点,但同时强调要保持生态系统的完整性、容纳性和服务性,研究重点也转向了人类长期的生存和福利条件。

2.4.1　国外生态经济学研究进展

关于国外生态经济学研究产生与发展的历程,周立华(2004)将其分成了萌芽期、辩论期、形成期三个阶段,笔者根据近年来的研究成果增加了一个第四阶段——实践期。

2.4.1.1　萌芽期(1850~1969年)

生态学最早是由德国生物学家恩斯特·海克尔(Ernst Haeckle)于1866年提出的,这比生态经济学的出现大约早了一个世纪。此后,英国生态学家坦斯利(A. G. Tansley)于1935年提出了生态系统的概念,这标志着生态系统思想逐步形成,为后来生态经济学的提出奠定了自然科学方面的理论基础。也正是由于生态系统思想的提出,人们才有可能将生态系统与经济系统作为一个整体来加以研究。

传统的生态学只关注生物与环境之间的关系,将人类这一重要因素排除在生态学的研究范畴之外,忽略了人类活动带来的社会经济问题对生态环境造成重要影响这一事实。随着人类活动逐渐频繁,生态资源遭到破坏,自然环境日益深刻地受到人类活动的影响,人们开始将生态学研究的重点向人类社会经济活动领域拓展,实现了从自然生态系统研究向人类生态系统研究的过渡。20世纪20年代中期,美国科学家莱昂内尔·麦肯齐(Lionel Mekenzie)首次把生态学的理论运用到对人类群落和社会的分析上,他提出在对人类社会及经济发展进行分析时,应该同时考虑生态的过程。美国经济学家肯尼思·鲍尔丁(Kenneth Boulding)在《即将到来的太空船地球经济学》(1966)一文中认为,人和自然是具有有机联系的整体系统,即"人—自然"系统,人类不应该在自然界面前以征服者和占有者的角色自居。这一理论得到了相关领域学者的关注与认可。20世纪60年代后期,鲍尔丁正式提出了生态经济学的概念。

2.4.1.2 辩论期（1970~1987年）

这一时期关于全球资源、环境与发展方面的论著大量涌现,世界各国生态、经济、社会等相关领域学者争相发表对人类与自然,以及对世界和人类社会未来的论述与预测。虽然不同学者各持己见,但有一点各界学者达成了共识,就是人类社会正面临经济发展和生态环境之间相矛盾的问题,这一共识极大地促进了生态经济学理论的形成与发展。

1968年,意大利实业家奥雷利奥·佩西（A. Pecce）和英国环境学家金（A. King）成立了"罗马俱乐部",试图研究未来的科学技术革命对人类发展的影响,并指出人类面临的主要困难与问题。1972年,丹尼斯·米都斯（Dennis L. Meadows）发表了"罗马俱乐部"的首个报告——《增长的极限》,此后相继出现了一大批相关研究论著,如哥尔德史密斯的《生存的蓝图》（1972年）、B.沃德和R.杜博斯的《只有一个地球》（1972年）、奥雷利奥·佩西的《未来的一百页》（1974年）、赫尔曼·卡恩的《下一个二百年》（1976年）、朱利安·西蒙的《最后的资源》（1980年）等。

在这场辩论中,西方的生态学家、环境学家、经济学家和社会学家都广泛地参与进来,对人类与自然以及对世界和人类社会的未来做出了各种论述与预测,可谓百花齐放,百家争鸣。后来的学者将他们划分为三个学派:悲观派、乐观派和中间派。悲观派以米都斯为主要代表,认为经济和人口的增长是生态危机的主要原因,人类社会的经济和人口增长是有极限的,所以主张限制增长。乐观派以卡恩为代表,认为人类正处于从贫困向富裕过渡的四百年的"伟大转变"的中期阶段,并且这只有在经济不断增长的情况下才能实现,因此主张必须保持经济持续增长的趋势。中间派以查尔斯·科尔斯塔德和阿尔文·托夫勒为主要代表,其观点既不悲观也不乐观,介于以上两者之间,主张现实地对待和分析人类所面临的问题（万芳,2005）。

2.4.1.3 形成期（1988~2000年）

20世纪80年代中后期是生态经济学形成的关键时期。1988年,国际生态经济学会（International Society for Ecological Economics, ISEE）成立;1989年,《生态经济》（*Ecological Economics*）刊物正式出版发行。学会的成立和刊物的发行实际上标志了生态经济学的正式创立。在《生态经济》的创刊号上,美国著名生态经济学家罗伯特·科斯坦萨（Robert Costanza）发表了《什么是生态经济学》一文，定义了生态经济学的概念，并提出了需要研究的生态经济问题。

生态经济价值理论也在这一时期有了突破。实际上，早在20世纪60年代生态经济学提出之后，就有学者开展了对生态经济资源价值的相关问题的研究，不断提出各种价值学说，但大多没有脱离传统经济学理论，只是在传统经济学基础上衍生对生态经济价值的研究。这些研究由于受到传统经济学思维的局限，没有研究出环境资源与经济发展的本质关系。1997年，科斯坦萨等13位学者率先开展了全球生态系统服务价值的估算，并以《世界生态系统服务与自然资本的价值》为题发表在 *Nature* 期刊上。他们不仅提出了一套基于全球生态系统的服务价值评估指标体系，还第一次定量评估了全球生态系统服务价值。该研究成果的发表，掀起了国际生态经济学研究领域对生态系统服务价值研究的热潮，为生态经济系统的研究开辟了一个新的研究领域并提供了新的研究方法。2000年，美国生态学家尤金·奥德姆（Eugene P. Odum）依托能量价值学说提出了能值价值理论以及生态经济系统分析方法——能值分析法，为生态经济资源价值的研究开辟了新途径，也为生态经济学研究提供了重要的理论基础和研究方法。

在能值分析法的启发下，出现了一系列对可持续发展评价指标的研究，如绿色国内生产总值（GGDP）、可持续经济福利指数（ISEW）、真实发展指数（GPI）、生态足迹（EF）等。

2.4.1.4 实践期（2000年至今）

进入21世纪后，生态经济学开展了以生态系统服务价值核算、生物多样性评估为代表的诸多实践，极大地促进了本研究领域的发展。

2001年，联合国开展了千年生态系统评估（MEA），评估结果由5本技术报告和6篇综合报告组成，科学评估了全世界生态系统及其提供的服务功能（洁净水、食物、林产品、洪水控制和自然资源等）的状况与趋势，并提出了恢复、保护和改善生态系统可持续发展的各种政策建议。2007年，联合国环境规划署建立了生物多样性和生态系统服务价值评估、示范及政策应用的综合性方法体系（TEEB），以推动生物多样性保护、管理和可持续发展。TEEB以生态系统服务价值和生物多样性的经济学分析为基础，为政策决策者、私营部门及非政府组织参与生态系统保护提供了依据，并成为推动绿色经济发展和脱贫的工具与指南。

2012年，联合国统计署发布了综合环境经济核算体系中心框架（SEEA-CF），从自然资源经济利用视角，将自然资源资产分类为矿产和能源资源、土地、土壤资源、木材资源、水生资源、其他生物资源和水资源等7类环境资产，进行实物量和价值量核算。其中，价值核算采用与 SNA 相一致的价值概念，以"经济所有者的经济利益"（即经济价值）为估价基础。SEEA-CF 是目前国外自然资源资产核算的主流模式。2021 年，联合国统计署发布了 SEEA-EA 第五版，将自然生态系统作为核算对象，核算生态系统资产及生态系统服务。对于生态系统服务核算，按最终服务原则界定了核算内容——供给服务（物质产品）、调节服务、文化服务三类，并没有核算属于中间服务的支持服务。SEEA-EA 生态系统服务价值的概念从 SEEA-CF 的"经济所有者的经济利益"扩展到了"人类惠益"，价值内涵包括市场交换价值与福利经济价值。SEEA-EA 是在国民经济核算（SNA）总原则下建立的生态系统核算体系。

另外，2015 年美国国家环境保护局建立了美国国家生态系统服务分类系统（NESCS），其主要目的是作为分析生态系统变化如何影响人类福利的框架。该系统有助于分析不同类型的环境管理行动、政策和法规所带来的影响。其潜在的应用包括但不限于环境项目的成本–效益分析、自然资本核算和衡量"绿色"国内生产总值等。虽然 NESCS 不是一个估值或会计系统，但它旨在支持对最终生态系统服务变化进行系统和全面的会计核算。

2.4.2 国内生态经济学研究进展

国内学者的研究与国外基本一致。由于研究基础的不同，国内学者对于生态经济学内涵的理解更倾向于可持续发展和循环经济的理论。

早在 1980 年，时任中国社会科学院副院长许涤新就提出生态经济学是生态学和经济学密切结合的科学。搞好社会主义生产和社会主义建设，必须遵守自然规律和经济规律，其中，生态规律（关于生态系统和生态平衡的规律）是比较基本的规律。所谓生态经济学是以生态学原理为基础，以经济学理论为主导，以人类经济活动为中心，以人类经济活动和自然生态之间相互发展关系为主题，研究生态系统和经济系统通过相互作用所形成的生态经济系统。1984 年，中国生态经济学会成立，标志着生态经济学在中国研究的系统化和规范化。严茂超和 Odum（1998）开展了西藏生态经济系统的能值分析与可持续发展的研究，引起了社会各界的重要关注。王松霈（2000）提出生态经济学的核心理论应当是生态与经济协调理论，并为社会经济可持续发展提供理论基础，其主要内容包括生态经济系统、生态经济平衡和生态经济效益三个方面。袁本朴等（2001）认为，"生态经济"应是以生态平衡为基础，以经济可持续增长为目标，在生态系统和经济系统间合理配置物质、能量、信息、价值和人才等资源，以实现生态和经济良性循环的经济结果，其基本特征是可持续发展。梁山等（2002）指出，生态经济学是通过对生态系统中自然再生产过程的分析，研究经济系统中经济再生产的作用机理和运动规律，探索持续促进人类社会发展的途径。尤飞和王传胜（2003）认为，生态经济学的核心问题是如何达到生态与经济的平衡，实现生态经济效益。柳杨青（2004）认为，生态经济学不同于其他学科的地方在于其独特的经济分析方法，它以价值为分析工具，以实现人的最大经济利益为目标，以生态需要方面的投入产出为比较，以确定一定量生态需要满足是否有效率，从而是否值得进行研究的分析方法。在生态产业发展方面，唐建荣等（2005）认为，生态经济是指在生态系统承载能力范围内，运用生态经济学原理和系统工程方法改变生产与消费方式，挖掘一切可以利用的资源潜力，发展经济发达、生态高效的相关产业。在生态经济学的实践探索领域，欧阳志云和王如松（2000）等在生态系统服务、自然资本价值评估与可持续发展方面，马克明等（2004）在区域生态安全格局方面，王中英和王礼茂（2006）在中国经济增长对碳排放的影响分析方面，王金南等（2007）在绿色GDP的核算体系构建等方面的研究成果具有较高的社会影响力。近年来，欧阳志云等（2020b）发表的青海省GEP（Gross Ecosystem Product）核算，王金南等（2021a）发表的全球179个国家的GEP核算等系列研究成果，标志着国内生态经济学的研究水平与国际逐步接轨。

从以上国内外生态经济学研究热点来看，国外主要从全球性问题着眼，更注重研究方法的探索，而我国则更侧重于学科理论体系研究。尽管各有侧重，但最终目的基本一致，都是要在生态经济新理论的指导下，转变传统的经济发展模式，推进循环经济和生态技术创新，实现生态经济可持续发展。上述研究成果，为生态产品第四产业的形成奠定了前期的理论基础。

第 3 章　生态产品第四产业的基本内容

建立和健全生态产品价值实现机制是践行习近平生态文明思想的重要举措。随着"绿水青山就是金山银山"理念转化探索实践的不断深入,围绕生态产品供给和价值实现形成的新产业、新业态、新模式不断涌现,生态产品产业有望成为生态文明建设的新模式和经济高质量发展的新动力。基于生态产品价值实现的理论和实践,2020 年王金南首次提出了生态产品第四产业的概念,并进一步分析了生态产品第四产业的构成要素和形成机制,预测生态产品第四产业将发展成为我国新时期的朝阳绿色产业。本章将主要围绕生态产品第四产业创新理论,从其概念特征、实现途径、核心技术、指标体系及具体案例等方面,结合相关领域学者的研究成果,介绍生态产品第四产业的基本内容。

3.1　生态产品概述

生态产品第四产业是指围绕着生态产品生产、开发、经营、交易等经济活动的集合(王金南等,2021a、b)。因此,研究生态产品第四产业先得从生态产品的概念讲起。

3.1.1　生态产品的定义

2010 年,《全国主体功能区规划》首次提出了"生态产品"一词,并把生态产品定义为维系生态安全、保障生态调节功能、提供良好人居环境的自然要素,包括清新的空气、清洁的水源和宜人的气候等。

"生态产品"虽然由中国提出,但与西方国家提出的"生态系统服务"(Ecosystem Services)一词意思相似。1997 年美国生态经济学家戴利和科斯坦萨将生态系统服务定义为:直接或间接增加人类福祉的生态特征、生态功能或生态过程,即人类能够从生态系统获得的效应。科斯坦萨将生态系统服务划分为四大类:生态系统为人类提供的物质产品(农产品、原材料等)、调节服务(气候调节、固碳释氧等)、支持服务(生境维持、生物多样性保护等)和文化服务(美学价值和休闲旅游等)。这些服务可以进一步细分为 17 个类别。2000 年开始,国内学者开始开展生态系统服务研究。2010年《全国主体功能区规划》出台之后，国内学者逐步用生态产品概念替代生态系统服务概念，并逐渐对生态产品内涵、特征、供给方式等方面进行了较为深入的研究。例如，生态产品的涵义可以分为狭义和广义两种：前者是指满足人类需求的清新的空气、清洁的水源和适宜的气候等看似与人类有形物质产品消耗没有直接关系的无形产品，且一般具有公共物品的特征；后者除了包括前者内容之外，还包括通过清洁生产、循环利用、降耗减排及资源节约型的有机食品、绿色农产品、生态工业品等有形物质产品，因为这些物质产品具有"生态环境友好"特征（董鹏和汪志辉，2014；俞敏等，2020）。需要注意的，自然生态系统是目前最复杂的系统之一，现有的关于生态产品的概念定义、分类框架和度量指标的研究并未形成一致观点，相关研究仍处于百家争鸣的阶段。

3.1.2 生态产品的经济学内涵

如前所述，当前学术界对于生态产品概念、内涵及分类的认识仍不统一，且混淆了生态产品与生态系统服务、自然资源资产等概念的关系，缺少对可以在市场中交易的准公共物品的认识，这些制约了对生态产品进行更为深入的研究。已有生态产品概念研究在理论上大多从自然科学的角度入手，没有将自然科学和社会科学结合起来共同阐释生态产品的定义内涵，远不能满足实践的需要。因此，需要将生态环境转变成为可以交换与消费的生态产品，以经济学的方案、市场化交易的方式解决外部不经济性问题。

这需要对生态产品的概念进行清晰的界定。一方面，生态产品本身是种类繁多且属性差异巨大的，以各种各样的方式对人类的福祉做出贡献；另一方面，有些生态产品已经充分融入人类社会经济体系中，与一、二、三次产业存在交叉重合。这是学术界对生态产品概念的认识理解难以统一的根本原因。因此，我们应紧密围绕"两山"理论，落实国家重大战略需求，准确把握国家提出生态产品概念的战略意图，深入剖析生态产品现有概念需要改进之处，基于人类消费和市场交易的视角，提出生态产品的定义内涵与外延，并从生态产品生产过程中人类社会和生态系统的相互作用关系，生态产品的价值源泉及其所包含的人与人之间的关系，生态产品与自然资源、生态系统服务等相关概念的关系等方面，探讨研究生态产品概念的科学定义，从而为深入研究生态产品价值理论及其实现机制提供理论起点。

近年来国内学者对生态产品的定义进行了广泛的研究，笔者仅在此处列举了张林波等（2021）对生态产品概念的定义，用以探讨和借鉴。

张林波等指出，从我国提出生态产品概念的时代背景和战略意图出发，生态产品的定义应包含以下三个方面的内涵：①生态产品中包含生产劳动，生态产品同其他产品一样也是被生产出来的物品，因此生态产品内涵中也应该含有生产劳动过程；②生态产品的目的是用于市场交易，除了少量供自己使用外，产品都是提供给市场通过交换被人们使用和消费的商品，应该具有商品属性；③生态产品是以人类消费使用为目的的有价值物品和服务，产品的核心是物品的有用性，且能够满足人们的一定需求，生态产品生产的目的就是满足人民日益增长的美好生活需要。根据以上对生态产品概念内涵的分析，张林波等对生态产品的定义进行了完善，将其定义为"生态产品是指生态系统通过生物生产和与人类生产共同作用为人类福祉提供的最终产品或服务，包括保障人居环境、维系生态安全、提供物质原料和精神文化服务等人类福祉或惠益，是与农产品和工业产品并列的、满足人类美好生活需求的生活必需品"。

与已有生态产品的定义相比，张林波等对生态产品概念的定义具有以下三个鲜明的特点：①将生态产品定义局限于终端的生态系统服务，阐明了生态产品与生态系统服务和纯粹的经济产品之间的边界关系。此处将生态产品定义为生态系统服务的一部分，局限于生态系统服务中为人类福祉提供的终端产品和服务，既可以是有形的物质产品，也可以是无形的服务产品。②明确了生态产品的生产者是生态系统和人类社会共同体，阐明了生态产品与非生态自然资源之间的边界关系。此处生态产品定义将生态系统的生物生产也拓展纳入到了"劳动"范畴，提出生态产品是由生态系统和人类社会共同作用产生的，生态产品的生产离不开生物生产和人类劳动中的任何一种。③明确了生态产品含有人与人之间的社会关系，为阐明生态产品价值实现机制提供了经济学理论基础。此处生态产品定义对生产生态产品的两种生产劳动的界定，不仅阐明生态产品具有区别于生态系统服务的社会关系，而且为生态产品价值来源及价值交换规律研究提供了经济学基础。

3.1.3 生态产品的基本属性

生态产品是与物质产品、文化产品相并列的支撑人类生存和发展的第三类产品，后两者主要满足人类物质和精神层面需求，生态产品则主要维持人们生命和健康的需要。俞敏等（2020）将生态产品的基本属性归纳为以下三个方面。

3.1.3.1 自然属性

生态产品的生产和消费过程离不开自然界的参与，人类和整个生态系统的再生产也离不开生态产品。因此，生态产品具有鲜明的自然属性，这是生态产品区别于物质产品和文化产品的本质特征。

3.1.3.2 稀缺属性

人们对优美生态环境的需求与日俱增，而自然生态系统提供优质生态产品的能力总是相对有限的。因此，生态产品具有稀缺性，并且人类不可持续的社会经济活动进一步加剧了生态产品的稀缺性。

3.1.3.3 时空属性

生态产品在时间和空间上的分布不均，主要体现为时间上的代际分配矛盾和空间上的分布不均衡。时间上，生态产品是生态系统长期运行的产物，既要满足当代人的需要，也要满足未来人的需要。空间分布上，不同地区生态产品的种类、数量和流动性存在差异，造成了生态产品在地理空间上的分布不均。

3.1.4 生态产品的分类

在张林波、王金南等对生态产品的定义框架下，根据政府主导、政府与市场混合、市场路径等不同的价值实现模式或路径，在原有二分法的基础上，可以将生态产品分为公共性、准公共性和经营性三类（图3-1）。

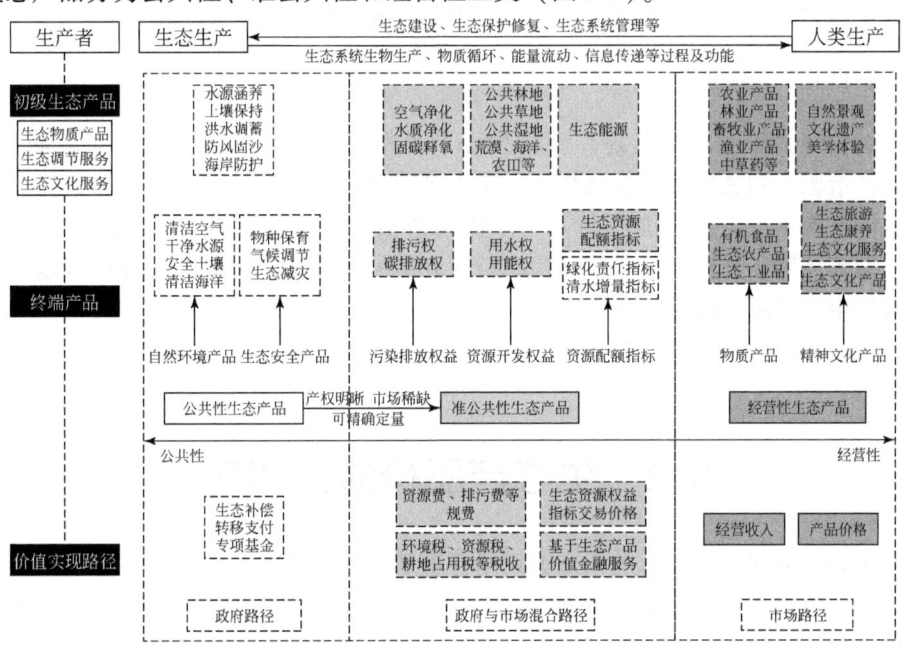

图 3-1 生态产品概念内涵与基本分类
资料来源：王金南等，2021a；张林波等，2021

3.1.4.1 公共性生态产品

公共性生态产品与狭义的生态产品概念相对应,主要为生态调节服务类产品,是指生态系统中主要通过生物生产过程为人类提供的自然产品,其中包括清新的空气、洁净的水源、安全的土壤和清洁的海洋等人居环境产品,以及物种保育、气候变化调节和生态系统减灾等维系生态安全的产品,这一类产品具有非排他性、非竞争性特征,属于纯公共物品。这一类产品往往还具有协同生产性,很难将其生产过程清晰界定到某一个地点或某一个要素,这就决定了其产权是区域性或公共性的,而不能确定为某个人或某个团体组织所有,因此不能通过传统市场交易方式实现其经济价值。

3.1.4.2 准公共性生态产品

准公共性生态产品是指在一定条件下能够满足产权明晰、市场稀缺、可精确定量等三个条件,从而具备了一定程度的竞争性或排他性,可以通过市场交易方式实现价值的生态产品,主要包括排污权、碳排放权等污染排放权益,用水权、用能权等资源开发权益,以及总量配额和开发配额等资源配额指标等。由于这些生态权益存在明确的生产与消费的利益关系,在政府管制产生稀缺性的条件下,交易主体之间就会形成市场交易需求,生态权益就转变为生态产品。

3.1.4.3 经营性生态产品

经营性生态产品与前述广义的生态产品概念相对应,跟"生态系统服务"中的供给服务和文化服务含义接近,是人类劳动参与度最高的生态产品,包括农林牧渔、淡水、生物质能等与第一产业紧密相关的物质原料产品,以及休闲旅游、健康休养、文化产品等依托生态资源开展的精神文化服务,因此也可以称为私人性生态产品。经营性生态产品与传统农产品、旅游服务等产品的属性完全相同,可以通过生产流通与交换在市场交易中实现其价值,已经被列入国民经济分类目录。

3.2 生态产品价值的实现

生态产品的经济特征及不同的供给和消费方式,决定了生态价值实现的基本路径。本节内容主要结合曾贤刚等(2014)和俞敏等(2020)的相关研究成果进行介绍。

3.2.1 生态产品价值特征及其量化评估

生态产品价值具有多维性特征。一方面，生态产品能够增进人类福祉，部分生态产品具有使用价值且可以被生产和交换，其交换价值体现在交换价格上。另一方面，并不是所有生态产品都能够进行交换，如良好的空气、优美的风景等并不会有人直接购买。因此，生态产品不仅具有普通产品的经济价值，也具有非经济价值——舒适、健康、激励、教育等，虽然对人类福祉改进没有直接的物质贡献，但从福利经济学的角度，这些非经济价值也会提高个体福祉。

由于生态系统的复杂性和生态产品价值的多维性，生态产品价值存在难以精确量化评估的问题，对生态产品价值的货币化评估则更为困难。过去的几十年来，科学家和管理部门一直努力构建生态产品价值的评估框架，并将其评估结果作为政府决策的依据。例如，联合国统计署推出综合环境经济核算体系（SEEA），美国国家环境保护局推出了国家生态系统服务分类系统（NESCS），中国欧阳志云等推出了生态系统生产总值（GEP）核算体系，英国牛津大学教授迪特尔·赫尔姆（Dieter Helm）等倡导用自然资本的核算方法来评估生态产品价值，英国政府成立了自然资本核算委员会（Natural Capital Committee）专门进行自然资本核算。但是，总的来讲，在应用方面还需进一步加强。

3.2.2 生态产品价值的支付形式

姚顺波和郑少锋（2005）及俞敏等（2020）提出，当生态产品可以通过市场进行交换时，市场化交易价格和货币化支付手段是生态产品价值支付的典型形式。如果生态产品的交易是充分竞争，则该生态产品的价格水平由供需双方决定，这多发生在具有私人物品特性的生态产品的交易中。如果不存在充分竞争，则价格的形成需要外部干预，而这种干预往往以生态产品供给成本为基础。当生态产品价值不能通过市场交换实现时，就需要通过政府财政支持、生态补偿等方式，按照对生态产品价值的评估结果直接支付给生态产品供给商。良好的生态环境是典型的具有公共物品特征的生态产品，消费者在消费该生态产品时并不直接付费，而是由政府财政负担。总体而言，生态产品价值的支付形式较为丰富，具体如表3-1所示。当前，价格、转移支付、生态补偿是生态产品最重要的价值支付形式，其次是规费、税收，其他形式还不十分显著。

表 3-1　生态产品价值的支付形式

类别	含义	举例
产品价格	生态系统提供的产品直接进入市场交易，由供求关系形成生态产品市场价格	绿色有机农产品的生态溢价、碳汇交易价格等
规费	政府根据供需关系等因素决定生态服务占用的价格性费用	水资源费、排污费等
税收	政府依法确定的为保护生态产品或服务而向使用者收取的税收	环境税、资源税、耕地占用税等
基金	政府或企业为保护生态系统服务功能，针对特定生态系统、面向特定地区而设立的专项基金	绿色发展基金、荒漠化治理基金等
债券	金融机构依法依规且经政府许可发放的以保育生态为主要目的的特定债券	绿色债券等
生态补偿	由生态服务提供者与占用使用者平等商定的、占用使用者向提供者给予的补偿（款）	下游对上游的补偿、采矿企业对矿区居民的补偿、地区间的横向补偿等
经营盈利	由经营者依托生态系统（生态资产）开展特色生态产业经营而获得的盈利，是生态产品价值实现的"高级"形式	生态康养产业、生态旅游产业等
转移支付	中央政府或上级政府基于重要生态贡献或特殊生态价值对特定区域给予的财政转移支付	中央财政对重要生态功能区（县）的直接财政转移支付

资料来源：俞敏等，2020

3.2.3　生态产品价值实现基本路径

3.2.3.1　经营性生态产品

该类生态产品的价值实现路径主要是市场交易。市场交易是最直接和最有效的生态产品价值实现路径。但是这一实现路径需要具备一定的条件，首先是稀缺性，生态环境问题在很长时间内并未成为影响人们福利的主要问题，因此人们对生态产品也就没有需求。生态产品的需求是随着生态环境问题的恶化而出现的，正是因为稀缺才具有了价值。其次是产权明晰，这是市场经济主体产生利益差别的基础，也是市场存在供需双方并需要交易产生的前提。因为如果没有经济主体的利益的差别，也就消除了交易的必要性，可以通过共享、馈赠等方式实现。再次，存在价值可以实现的交易市场。市场机制通过发挥价格机制、竞争机制和供求机制的作用以实现生态产品的资源配置。最后，与一般的私人物品不同，私人性生态产品因为比较复杂和多维度往往存在更为严重的信息不对称问题，此时需要政府加强监管并由第三方机构进行评级认证。

3.2.3.2 准公共性生态产品

由于准公共性生态产品或者俱乐部性生态产品对外部具有排他性的特点,因此,可以通过政府规划、明确产权归属并对外收费的方式实现价值。其中最典型的就是风景名胜区、自然文化遗产,以及景区内的休闲和旅游设施等。与私人性生态产品一样,明晰产权对准公共性生态产品的价值实现同样重要。对准公共性生态产品明晰产权后,所有者可以行使所有权,以直接经营或者委托经营等方式提供生态产品。该类生态产品的价值往往最终体现在门票、会员费等收费中。由于准公共物品依然具有一定的公共性,因此有满足人民群众对良好生态环境的需要,所以其价格、服务条款等需要政府监管核准,确保这类生态产品的公益属性和一定程度的开放性。

3.2.3.3 公共性生态产品

公共性生态产品又可分为公共资源类生态产品和纯公共性生态产品。

公共资源类生态产品是一类广泛存在的生态产品,因不具有排他性最容易产生"公地悲剧"。该类生态产品可通过明晰公共资源产权的产权激励途径得到有效配置并实现价值。产权激励的一种方式是将渔业资源、公共林地、公共水域或公共池塘等公共资源的产权分配给特定组织或个体,如我国林地改革就部分借鉴了这种产权激励的思路,通过集体林地确权,调动获得林地承包权的林农保护林地的积极性,扩大森林生态产品供给。另一种产权激励方式是将公共资源类生态产品的所有权国有化,如以国家公园为代表的国有自然资源资产管理体制改革就是以国有方式提供公共资源类生态产品的一种有益尝试。这种价值实现路径,适用于资源边界模糊,或者资源使用者流动性较大的情形。

政府力量在纯公共性生态产品的价值实现中具有重要作用。一是针对具有外部性的生态产品,往往没有体现出社会成本而没有实现社会最优的产量。因此,需要政府运用税收、补贴或转移支付方式加以纠正,如环境税、污水处理费、生态保护补偿等。实践中,针对不同类型的生态功能区,政府可以通过转移支付、赎买、置换、合同外包等购买生态服务的方式促使生态产品价值实现。生态许可交易也是一种公共性生态产品价值实现的常见方式,如碳排放权、排污权等,它将不可交易的清洁空气和清洁水源通过排放许可转化为碳排放权交易、排污权交易,从而通过市场化手段促进了生态产品的供给,使清新的空气、清洁的水源和宜人的气候等公共性生态产品价值实现成为可能。

3.2.4　森林生态产品的价值实现

下面以研究比较成熟的森林生态产品为例，结合汤勇（2012）的研究进行其价值实现路径的简要介绍。

3.2.4.1　政府路径

生态产品价值实现的政府路径，包含直接购买和提供补贴两条路径，它是市场经济发达国家相当长一段时间和发展中国家至今仍普遍采用的一种生态服务价值实现路径。

（1）直接购买

直接购买是指政府直接购买服务来实现公共物品提供的方式。直接购买森林生态服务在森林产权明晰的国家较为普遍。例如，某些具有重要生态价值的森林生态系统具有公共物品的属性，属于公共性生态产品，出于提升生态环境质量和增进民生福祉的目的，政府可以利用公共财政资金直接购买相关生产经营主体所提供的森林生态产品，如政府出资建立自然保护区或国家公园等。

（2）提供补贴

如果相关森林生态产品本身具有一定的市场价值，由相关生产经营主体主动向市场提供，但这些生产经营主体并未将外部社会收益考虑在内，就会导致其所提供的森林生态产品过少，偏离了社会的最优水平。此时，按照森林生态产品的外部性进行补贴就是一种很好的方式。例如，可以提供直接补贴、减免税收或贴息贷款等方式以推动和促进森林生态产品的有效供给。这也是目前大部分国家都采用的方法。从具体的实现形式来看，对森林生态产品的补贴可以通过个案协商、投标协议和自愿协议三种形式达成。

3.2.4.2　市场路径

政府购买或者补贴往往存在着增加政府财政负担和效率低下等问题。近些年来，许多国家都在积极探索有助于促进森林生态产品价值市场化实现的路径，并取得了一定成效。就森林生态产品而言，实践中的市场化支持路径主要包括生态保护企业股权融资、生态服务信用额度交易、生态服务使用费、森林认证和农林产品认证等。

（1）生态保护企业股权融资

涉及生态景观保护、生物多样性保护、林业碳汇等森林生态环境服务经营的私营企业，一般会得到相关组织或部门提供的低息甚至贴息的投资贷款，贷款还可以按规定转化成公司的股权和基金长期持有，从而帮助其完成保护生态的目标，同时化解这些企业因经营森林生态建设而面临的资金紧张状况。

(2) 生态服务信用额度交易

一般来说，生态服务信用额度包括碳信用额度、生物多样性信用额度和盐度信用额度等几种。其中，碳信用额度是目前交易内容与范围最为广泛、交易量最大的森林生态产品。例如，截至2020年，柬埔寨已经出售了1 160万美元的碳信用额。生物多样性信用额交易相对来讲是新生事物，典型例子是澳大利亚新南威尔士州实施的生物多样性银行和抵消计划，这一计划规定当地开发项目需要进行生物多样性影响评价，并且要对项目实施过程中造成的生物多样性损失进行抵消。盐度信用额度是由澳大利亚维多利亚州为了应对该地区盐碱化问题而进行的试点，该项目规定了每个参与项目的土地所有者通过种植多年生深根树种和恢复天然植被的方式减少盐分的义务，参与者可以自己完成任务，或者在市场上购买盐分信用额来抵消。信用额度市场化交易的成本-收益分析结果显示该项目具有正的净收益（Connora et al.，2008）。

(3) 生态服务使用费

这是一种通过收取间接费或转嫁费的方式来增加生态产品供给的典型模式，包括常见的水资源使用费、旅游景点门票等各种生态产品使用费。

(4) 森林和农林产品认证

由第三方机构依据相关绿色标准与品质的要求，对所提供的生态产品与服务进行认证，经认可后发放经国家授权确认的森林认证标签和农林产品认证标志。经认证的生态产品的价格高于一般同类产品，消费者将对这一差价买单，这其中既有第三方机构进行认证的信息服务费用，还包括了对由第三方机构揭示出来的部分生态产品价值的补偿。

3.3 生态产品第四产业内涵及特征

3.3.1 生态产品第四产业内涵

生态产品第四产业是指以生态资源作为核心要素之一，所有与生态产品价值实现相关的产业形态，是从事生态产品生产、交换、分配与消费等经济活动的集合。狭义上的生态产品第四产业主要指通过生态建设提升生态资源本底价值的相关产业，以及通过生态产业化经营和市场交易方式将生态产品所蕴含的内在价值转化为经济价值的产业集合，包括生态保护和修复、生态产品经营开发、生态产品监测认证、生态资源权益指标交易、生态资产管理等产业形态。广义上的生态产品第四产业还包括围绕传统产业的资源减量、环境减排、生态减占，即生态化产业形成的产业集群。生态产品第四产业生产函数如下：

$$Q = E^\varepsilon K^\alpha N^\beta T^\gamma$$

式中，Q 为生态产品总产出，具有实物量（Biophysical Value）和货币形式表现的价值量（Monetary Value）两种形式，后者即生态产品总值（GEP）；E 为生态资源（Ecological Resource），是主导生产要素，在生态产品的生产中具有不可替代性，包括"山水林田湖草沙"等自然资源要素、野生动植物等生物性资源，以及人类活动长期形成的融入自然生态系统且相互协调的生态文化资源等，生态资源投入基本符合边际报酬递增规律；K 为资本（Capital），主要包括人力资本（Labor Capital）、人造资本（Built Capital）和资金投入（Invested Funds）等，进入"人类世"时代，人类对生态系统的影响已无处不在，人类劳动的保护、恢复及建设对保障生态系统的生产能力至关重要；T 为技术（Technology），主要包括生态建设相关技术和开发生态产品的生态科技，可大幅提高生态产品溢价；N 为土地（land），指从事生态产品经营开发所占用的狭义概念的土地；资本、技术等生产要素主要通过提高生态资源本底价值间接提升生态产品产出，或基于初级生态产品开发经营直接提高生态产品产出，且资本、技术、土地要素在一定程度上符合边际报酬递减规律，相互之间具有一定的替代性；α、β、γ、ε 为常数系数，且 α、β、$\gamma<1$，$\varepsilon>1$（王金南等，2021a）。

3.3.2 生态产品第四产业特征

新时代生态文明背景下，价值的本质是对地球及其所有居民的可持续福祉的贡献，生态系统显然是价值创造者的核心组成部分，但长期以来并没有融入经济体系中。生态产品第四产业将生态资源作为核心生产要素纳入经济体系，将生产活动从人类扩展到生态系统。因此，将生态系统视为价值创造者并将其纳入生产、分配、交换、消费等现代经济体系是生态产品第四产业的本质特征。生态产品第四产业与传统三次产业在服务对象、价值创造、主导生产要素等方面存在本质区别（表3-2）。传统三次产业均是以满足人的需求为核心价值，而生态产品第四产业以包括人类与自然生态系统在内的人与自然生命共同体为服务对象，以促进人与自然和谐共生、增进人类福祉和生态系统服务保值增值为根本目标。从主导生产要素来看，传统三次产业主要以资本、劳动力等为核心生产要素，而生态产品第四产业则以生态资源为核心主导要素。生态产品第四产业的发展水平可作为生态文明程度的重要标志（王金南等，2021a）。

表 3-2　生态产品第四产业和传统三次产业比较

维度	第一产业	第二产业	第三产业	生态产品第四产业
产业内涵	直接从自然界中获取产品的行业	对第一产业的产品或本产业半制成品进行加工的行业	生产物质产品以外的行业	生产生态产品的行业
根本目标	增进人类福祉			人与自然和谐共生
产业形态	农业、林业、畜牧业、渔业	工业、建筑业	服务业	生态产品产业
核心技术	种植技术、养殖技术、铁器制造等	电力技术、通信技术、化工技术、内燃机制造等	原子能技术、信息技术、空间技术、人工智能等	绿色能源技术、绿色材料技术、资源回用技术、生态修复技术、清洁生产技术、生物工程技术等
核心产品	农业产品	工业产品	服务产品	生态产品
服务对象（需求方）	人类			人与自然生命共同体、自然生态系统、人类及一切生物
时空属性	一般主要服务于当代人的需求			跨时空属性，不仅满足当代人的需要，也满足未来可持续发展的需要
价值创造	物质需求		物质及精神需求	人类福祉（社会属性）+生态系统服务保值增值（自然属性）
主导生产要素	土地、劳动力	资本、劳动力	资本、数据等	生态资源
生产属性	以人类生产为主			以生态生产为主，人类生产为辅
主导文明	农业文明	工业文明	后工业文明	生态文明
主导消费观念	主要关注产品使用周期的效用			蕴含全生命周期绿色消费理念

资料来源：王金南等，2021a

3.3.3　生态产品第四产业核心技术体系

托夫勒认为，人类科学技术的每次巨大飞跃都可作为一次浪潮，而每次新的浪潮都冲击着前一次浪潮的文明，并建立起与其相应的经济类型，从而决定社会面貌。生态产品第四产业是下一个生态文明时代的重要产业支撑，笔者认为其核心技术体系主要应该解决两方面问题：一方面是消除工业文明副作用、修复保护生态环境的有力工具；另一方面是构建人类命运共同体，充分发挥自然生态系统的生产作用。由此形成的"绿色"技术体系主要包括绿色能源技术、绿色材料技术、资源回用技术、生态修复技术、清洁生产技术和生物工程技术等。只有这些技术实现了"浪潮"似的飞跃，才能标志着生态文明社会和生态产品第四产业的正式形成。从现实角度来看，生态产品价值实现的前提是具有能够在市场进行交易的价值，上述技术体系是确保或提升这种市场交易价值的关键。

3.3.3.1 绿色能源技术

绿色能源也称清洁能源，可分为狭义和广义两种概念。狭义的绿色能源是指可再生能源，如水能、生物能、太阳能、风能、地热能和海洋能等，这些能源消耗之后可以恢复补充，很少产生污染。广义的绿色能源则包括在能源的生产及其消费过程中，选用对生态环境低污染或无污染的能源，如天然气、清洁煤和核能等。绿色能源不仅取之不尽，而且间接价值也十分可观。利用可再生资源进行生产不仅可以节约资源，遏制废弃物泛滥，而且具有比利用原生资源进行生产消耗低、污染物排放少的优点。

3.3.3.2 绿色材料技术

绿色材料，又称环境调和材料或生态环境材料，是指在原料采取、产品制造、使用或者再循环及废物处理等环节中地球环境负荷最小或有利于人类健康的材料。传统材料在制造使用过程中，能源消耗高，会产生粉尘和有害气体，造成大气污染，危害人类健康。因此，更多生产使用绿色材料对保护环境、改善生活质量、经济可持续发展都更为有益。目前常见的绿色材料有木材、竹材、陶瓷材料、纳米材料和高分子材料等。

3.3.3.3 资源回用技术

近年来，随着人口急剧增长，全球对资源的需求不断增加，且经济的发展导致对资源的过度消耗，由此产生并加剧了资源短缺问题。人口的急速增长给自然资源带来了巨大的压力，导致所谓的"能源危机"，并正在吞噬着"绿色革命"所增产的粮食。面对有限的资源及资源过度消耗的局面，开发利用资源回用技术成为城市资源发展战略的新途径。目前常见的资源回用技术主要包括中水回用、废纸回用、焦油回用和染液回用等。

3.3.3.4 生态修复技术

生态修复是指针对受到干扰或损害的生态系统，遵循生态学原理和规律，主要依靠生态系统的自组织、自调节能力及进行适当的人为引导，以遏制生态系统的进一步退化。狭义上，生态恢复强调的是恢复过程中充分发挥生态系统的自组织和自调节能力，即依靠生态系统自身的"能动性"促使已受损生态系统恢复为未受损时的状态；生态修复则强调将人的主动治理行为与自然的"能动性"结合起来，使生态系统修复到有利于人类可持续利用的方向。总之，生态修复是指以受到人类活动或外部干扰负面影响的生态系统为对象，旨在"使生态系统回归其正常发展与演化轨迹"，并同时以提升生态系统稳定性和可持续性为目标的有益活动的总称。目前常见的生态修复技术主要有水体修复、土壤修复、矿山修复和海岸带修复等。

3.3.3.5 清洁生产技术

绿色清洁生产是一种新的创造性思想，是环保和绿色生产的基础，可实现源头治理，突出重点，配合必要的末端治理来实现绿色制造。清洁生产的目的主要是采用最大限度地利用原材料和能源资源，尽可能使用清洁的原料，节省能源，降低消耗。清洁生产能满足持续发展的要求，最大限度地利用资源和能源，减少了末端治理的压力和二次污染的可能。

3.3.3.6 生物工程技术

生物工程是指直接或间接地利用生物体的机能，应用先进的生物学和工程学技术进行物质生产的一门新兴边缘学科。在广义上包括基因工程、细胞工程、酶工程和发酵工程等。在狭义上仅指能使生物学工业获得重大突破的基因重组、细胞融合、细胞大量培养、生物反应器等四大关键性技术。生物工程技术主要优点为采用可再生资源作为主要原料，反应条件温和、能耗低、选择性好、效率高、流程简单、环境污染较少、投资少、设备腐蚀较轻。目前可利用该技术进行作物育种、生物固碳、能量作物培育等。

3.4 生态产品第四产业发展指标体系

生态产品第四产业尚处在产业形成期，其产业发展的指标体系构建是促进生态产品第四产业发展的基础。我们主要参考王金南等（2021b）的研究，从范围、规模、结构、产业集聚等角度构建生态产品第四产业指标体系，其中部分内容结合其他学者的研究成果进行了创新。

3.4.1 生态产品第四产业范围

从生态产品的生产、分配、交换、消费等方面梳理生态产品第四产业范围，王金南等（2021b）将其分为生态产品生产、生态反哺（分配）、生态产品开发服务、生态产品交易服务四大类，笔者在技术环节上引进了一些创新提议。

3.4.1.1 生态产品生产

生态产品生产包括18项二级分类，分别为清洁空气（空气净化、释氧）；干净水源（水源涵养、水质净化）；安全土壤（土壤保持）；清洁海洋（海岸防护）；适宜气候（气候调节）；物种保育（为动植物提供生态空间）；减灾降灾（防风固沙、洪水调蓄）；碳汇（固碳释氧）；生态责任指标（绿化增量责任指标交易、清水增量责任指标交易）；生态资源权益（碳排放权、排污权、用能权、水权等生态资源权益交易，森林覆盖率等指标交易等）；生态休闲农业（农业观光、展览业等经营）；生态旅游（强调对自然景观的保护，可持续发展的旅游服务，国家公园、自然风景区、风景名胜区管理）；生态康养（基于生态产品优势开发的健康养老服务）；生态文化（生态文化产品、服务）；生态园区运营（生态农业园区、生态工业园区运营）；生态农产品（生态农业、生态林业、生态畜牧业、生态渔业）；生态能源（风能、太阳能、生物质能）；生态水源（非地下水资源开发、矿泉水等）。

3.4.1.2 生态反哺（分配）

生态反哺（分配）包括3项二级分类，分别为生态建设（生态环境保护相关基础设施建设等）；生态修复（山水林田湖草环境综合治理）；生态保护（脆弱生境保护和生物多样性维持）。

3.4.1.3 生态产品开发服务

生态产品开发服务包括4项二级分类，分别为生态产品综合开发（基于生态导向的生态产品综合开发经营，如"生态+光伏""生态+充电站"、田园综合体等）；生态金融（基于生态产品价值的金融服务）；生态产品监测核查（生态产品调查监测、价值核算服务）；生态咨询服务［生态资产（碳资产、排污权等）管理服务，生态产品价值实现项目勘查、设计、技术咨询等］。

3.4.1.4 生态产品交易服务

生态产品交易服务包括两项二级分类，分别为生态产品认证推广（生态产品溯源认证、信息平台、品牌推广服务）；生态产品交易平台（生态物质产品及碳排放权、排污权、水权、用能权、绿证等生态资源权益交易服务）。

3.4.2 生态产品第四产业总量指标

生态产品第四产业总量指标反映地区生态产品的数量和质量特征，主要通过生态产品总值（GEP）、单位面积 GEP 和人均 GEP 三个指标进行体现。

3.4.2.1 生态产品总值

生态产品总值（GEP）指生态系统在特定时间内（通常为一年）为人类福祉和经济社会可持续发展提供的产品与服务（简称生态产品）价值的总和，主要包括生态系统提供的供给服务（物质产品）价值、调节服务价值和文化服务价值。GEP 是反映地区生态系统提供最终福祉的总值，也是进行地区生态产品第四产业发展的基础。

$$GEP = EPV + ERV + ECV \tag{3-1}$$

式中，GEP 为生态产品总值；EPV 为供给服务价值；ERV 为调节服务价值；ECV 为文化服务价值。

笔者在进行东北地区 GEP 核算的时候，曾提出根据地域特点适当增加支持服务价值（EMV，并入调节服务价值中）、冰雪服务价值（EIV）两个可选择项。其中支持服务为科斯坦萨提出，并被列入联合国 SEEA-EA 体系中，与调节服务合称为调节与维持服务；而冰雪服务价值是根据习近平总书记"冰天雪地也是金山银山"的讲话，首次在该领域作为 GEP 的延伸和补充提出。

3.4.2.2 人均 GEP

人均 GEP 指地区生态产品总值与地区人口的比值。该指标考虑了地区生态产品总值的受益人群，与人均 GDP 作为衡量地区经济发展重要指标相同，人均 GEP 是衡量地区生态福祉惠益的重要指标。人均 GEP 越高，说明地区人口享受的生态福祉越高。

$$PER_{GEP} = \frac{GEP}{pop} \tag{3-2}$$

式中，PER_{GEP} 为人均 GEP；pop 为地区人口。

3.4.2.3 单位面积 GEP

单位面积 GEP 指生态产品总值与面积的比值。因 GEP 是一定地域面积上生态系统提供的最终生态福祉，采用单位面积 GEP 指标，可以反映不同区域的生态系统提供的生态福祉的质量和生态产品的产出效率。对于城市生态系统而言，其 GEP 可能相对较小，但其单位面积 GEP 相对较高，采用单位面积 GEP 指标，可以更科学反映出城市生态系统的区域特征。

$$UA_{GEP} = \frac{GEP}{area} \quad (3-3)$$

式中，UA_{GEP} 为单位面积 GEP；area 为核算区面积。

3.4.3 生态产品第四产业变化指标

3.4.3.1 GEP 多年增长率

GEP 多年增长率是核算期 GEP 与基期 GEP 相比的增长率，通过第 t 年 GEP 与第 $t-n$ 年 GEP 的比值，进行 n 年 GEP 增长指数开方减去 1 的方式进行计算。因地区 GEP 不一定每年都核算，采用 GEP 多年增长率指标，可以从时间尺度上反映一定时期生态产品总值 GEP 变化程度，也是反映一个地区生态福祉一定时期是否具有活力的基本指标。

$$R_{GEP} = \left[\left(\frac{GEP_t}{GEP_{t-n}} \right)^n - 1 \right] \cdot 100\% \quad (3-4)$$

式中，R_{GEP} 为 GEP 多年增长率；GEP_t 为第 t 年 GEP；GEP_{t-n} 为第 $t-n$ 年 GEP；n 为核算期与基期的时间差。

3.4.3.2 生态产品面积弹性系数

弹性系数是通过计算两个变量的增减率的比值，来考察两个有联系变量间的数量关系、变化特征和规律。在经济领域，弹性系数反映两个因素各自相对增长率之间的比例关系，用来衡量某一变量的改变所引起的另一个变量的相对变化。生态系统生态产品的变化量与具体生态系统的面积有关，通过构建生态产品面积弹性系数，分析生态系统生态产品变化与其面积之间的变化关系。

$$E_{aera} = \frac{GEP_t - GEP_{t-n}}{GEP_{t-n}} \bigg/ \frac{A_t - A_{t-n}}{A_{t-n}} \quad (3-5)$$

式中，E_{area} 为生态产品面积弹性系数；A_t 为地区生态系统第 t 年的面积；A_{t-n} 为地区生态系统第 $t-n$ 年的面积。

3.4.4 生态产品第四产业结构指标

生态产品第四产业结构指标反映的是生态产品第四产业中各产业的构成及各

产业之间的联系和比例关系。不同的产业结构反映区域经济发展的潜力和产业关系。随着产业之间时间、空间、层次、要素的相互转化,应该实现生产要素优化、产业结构升级和生态产品第四产业附加值的提升。

3.4.4.1 第四产业结构比指数

第四产业结构比指供给服务价值(EPV)、调节服务价值(ERV)和文化服务价值(ECV)分别占生态产品总值 GEP 比值的比,反映生态产品内部结构。供给服务和文化服务作为初级生态产品,其占比越高,区域生态产品市场化程度越高。

$$RS_{GEP} = R_{EPV} : R_{ERV} : R_{ECV} \tag{3-6}$$

式中,R_{EPV} 为供给服务价值 EPV 与 GEP 的比值;R_{ERV} 为调节服务价值 ERV 与 GEP 的比值;R_{ECV} 为文化服务价值 ECV 与 GEP 的比值;RS_{GEP} 为第四产业结构比指数。

如 3.4.2.1 节所述,在我们设定的指标体系中,原有的调节服务价值 ERV 需要再加上可选项支持服务价值 EMV,而 RS_{GEP} 整体还要再比上 R_{EIV}(冰雪服务价值 EIV 与 GEP 的比值)一个可选择项。

3.4.4.2 公共性生态产品指数

公共性生态产品价值(主要是调节服务价值)与 GEP 的比值,用于反映公共性生态产品比例大小。公共性生态产品占比高,说明区域生态功能突出,且生态产品的市场化程度相对较低,需要依赖政府和市场的共同作用实现价值。在我们设定的指标体系中,原有的调节服务价值 ERV 需要再加上可选项支持服务价值 EMV,以及可选项冰雪服务价值 EIV 中的调节性服务价值。

$$R_{ERV} = \frac{ERV}{GEP} \tag{3-7}$$

式中,R_{ERV} 为公共性生态产品指数;ERV 为调节服务价值。

3.4.4.3 经营性生态产品指数

经营性生态产品指数是指经营性生态产品价值与 GEP 的比值。经营性生态产品价值是指供给服务价值(EPV)和文化服务价值(ECV)中已被完全市场化的部分,通过供给服务价值(EPV)和文化服务价值(ECV)与其市场化比例 r 的乘积进行反映。经营性生态产品指数越高,说明生态产品的市场化程度越高,生态产品价值实现度高。在我们设定的指标体系中,还要再加上可选项冰雪服务价值 EIV 中物质产品和休闲旅游等服务价值。

$$R_{EE} = \frac{(EPV+ECV) \cdot r}{GEP} \tag{3-8}$$

式中，R_{EE} 为经营性生态产品指数；r 为供给服务价值和文化服务价值的市场化比例。

3.4.4.4 冰绿指数

由笔者提出的冰（冰天雪地）绿（绿水青山）指数是指冰雪服务价值与 GEP 的比值，反映"冰雪服务"对"绿水青山"价值的贡献。冰雪服务价值用 EIV 进行表征，绿水青山价值用 GEP 进行表征。

$$R_{IE} = \frac{EIV}{GEP} \tag{3-9}$$

式中，R_{IE} 为冰绿指数；EIV 为冰雪服务价值。

3.4.5 生态产品价值实现指标

生态产品价值实现指标用于测度生态产品从"绿水青山"向"金山银山"转化的程度，主要用绿金指数（R_{GE}）、衍生生态产品总值（EEP）等指标进行表征。

3.4.5.1 绿金指数

绿（绿水青山）金（金山银山）指数是指"绿水青山"价值与"金山银山"价值的比值，反映"两山"的结构与关系。"绿水青山"价值用 GEP 进行表征，"金山银山"价值用 EDP 进行表征。而 EDP 是指经生态环境因素调整的国内生产总值，即 GDP 扣减掉人类不合理利用导致的生态环境损失成本，包括生态破坏成本（EcDC）和环境退化成本（EnDC）。

$$R_{GE} = \frac{GEP}{EDP} = \frac{GEP}{GDP-EnDC-EcDC} \tag{3-10}$$

式中，R_{GE} 为绿金指数；EcDC 为生态破坏成本；EnDC 为环境退化成本。

3.4.5.2 衍生生态产品总值

与传统产业一样，生态产品第四产业除了提供生态产品主体之外，也有促进生态产品交易、保障生态产品供给资金、技术等产业服务方，如生态产品交易平台、技术支撑服务单位、绿色金融机构及其他衍生生态产品等。这些产业是由生态产品生产派生出来的，也可能已经包含在传统的服务业中。

$$EEP = EP_M + ER_F + EC_T + EE_O \tag{3-11}$$

式中，EEP 为衍生生态产品总值；EP_M 为生态产品交易平台产品；ER_F 为技术支撑服务单位产品；EC_T 为绿色金融机构产品；EE_O 为其他衍生生态产品。

3.4.6 生态产品第四产业的产业关联指标

产业的空间集聚性和产业关联性是经济活动最突出的特征。生态产品第四产业关联指标主要反映生态产品的区域分布特征和生态产品的产业关联特征，因此可以采用产业集中度、地理集中度和产业影响力系数等指标进行表征。

3.4.6.1 生态产品第四产业的产业集中度

生态产品第四产业的产业集中度（CR_n）是用规模最大的五个生态产品指标价值的和占全部 GEP 的份额进行度量，用于反映区域生态产品第四产业的产业集聚程度。

$$CR_5 = \frac{\sum_{i=1}^{5} GEP_i}{\sum_{i=1}^{n} GEP_i} \tag{3-12}$$

3.4.6.2 生态产品第四产业的地理集中度

$$G_h = \sum_{i=1}^{n} S_K^2 - \frac{1}{K} \tag{3-13}$$

式中，G_h 为赫芬达尔指数；S_K 为第 K 个地区 GEP 占区域 GEP 的比例；K 为地区个数。G_h 越大，表明 GEP 的区域集中度越高。从人类受益的角度，GEP 的空间分布集中度越高，相对受益人群就会越有限。对于两个 GEP 总量相当的区域，G_h 越小，越有利于提高生态福祉的均等化和有效性。

3.4.6.3 生态产品第四产业影响力系数

影响力系数是测度一个产业最终需求增加对产业其他部门产生的生产波及效果相对于全行业平均值的强弱程度的指标。把生态产品第四产业纳入投入产出表中，从产业关联的角度，对生态产品第四产业对其他产业的影响力进行分析。影响力系数大于1，说明产业对其他产业的拉动效应和辐射效应较大。一般来讲，原材料投入比例较大的制造业部门或文化服务业部门的影响力系数大于1，原材料部门的影响力系数多小于1。生态产品第四产业中产品供给服务影响力系数小于文化服务。

$$F_j = \frac{\sum_{i=1}^{n} \overline{b}_{ij}}{\frac{1}{n}\sum_{i=1}^{n}\sum_{j=1}^{n} \overline{b}_{ij}} \quad (j=1,2,\cdots,n; i=1,2,\cdots,n) \tag{3-14}$$

式中，F_j 为产业影响力系数；$\sum_{i=1}^{n} \overline{b}_{ij}$，$\sum_{j=1}^{n} \overline{b}_{ij}$ 分别为列昂惕夫逆矩阵的第 j 列之和与第 i 行之和；$\frac{1}{n}\sum_{i=1}^{n}\sum_{j=1}^{n} \overline{b}_{ij}$ 为列昂惕夫逆矩阵列和行的平均值。

3.5 我国生态产品第四产业发展状况评估

本案例摘选自王金南等（2021b）的研究成果。

3.5.1 生态产品第四产业发展趋势

2015～2019 年，中国的生态产品总值 GEP 呈现增长趋势，由 2015 年的 70.5 万亿元增长到 92.2 万亿元。其中，产品供给服务由 13.1 万亿元增长到 16.1 万亿元，调节服务由 49.7 万亿元增长到 60.3 万亿元，文化服务由 7.7 万亿元增长到 15.8 万亿元。2015～2019 年，我国 GEP 年均增速为 6.9%，其中，北京（11.6%）、内蒙古（18.2%）、黑龙江（15.6%）、海南（13.3%）等省（自治区、直辖市）的 GEP 增速相对较高。从生态系统的角度看，湿地生态系统是我国 GEP 的主要提供者，2019 年，湿地生态系统提供的 GEP 占比为 55%，其次为森林生态系统，其占比为 11.9%。

2015 年、2019 年我国的绿金指数分别为 1.01 和 0.96。从具体省（自治区、直辖市）看，西藏和青海的绿金指数最高，2019 年分别为 41 和 40，说明这两个地区"绿水青山"价值 GEP 远高于其 EDP 价值。上海、北京、浙江、江苏等发达地区的绿金指数小于 0.4，且呈现逐年下降的趋势，说明这些地区 EDP 高于其"绿水青山"价值 GEP，且 EDP 的增速快于 GEP 增速。

3.5.2 生态产品第四产业空间分布特征

通过人均 GEP 和单位面积 GEP 两个相对指标，揭示我国生态产品空间分布特征。2019 年，我国人均 GEP 为 6.56 万元，西部地区人均 GEP 为 8.05 万元，东部地区为 3.76 万元。其中，西藏（170.57 万元/人）、青海（94.96 万元/人）、内蒙古（40.46 万元/人）、黑龙江（25.56 万元/人）等省（自治区）人均

GEP 显著高于全国平均水平。全国单位面积 GEP 为 958.77 万元/km², 东部地区为 2070.35 万元/km², 西部地区为 539.78 万元/km², 上海、天津、北京、江苏等地区的单位面积 GEP 都超过了 2000 万元/km²。我国 GEP 呈现人均 GEP 西部地区相对较高, 单位面积 GEP 东部地区相对较高的空间特征。

利用产业集中度和地理集中度两个指标, 分析我国生态产品的产业和空间集聚特征。我国生态产品的地理集中度指数呈现增加趋势, 从 2015 年的 0.012 上升到 2019 年的 0.019, 表明我国生态产品地理空间集聚程度有所提高。究其原因, 我国生态产品价值高的地区不仅是我国生态功能突出区域, 也是我国生态建设重点投入区。我国林业建设投资从 2015 年的 4290.1 亿元增加到 2019 年的 4525.6 亿元, 且空间分布不均衡, 主要集中分布在贵州、四川、湖北、江西、北京、内蒙古、河南等省（自治区、直辖市）。从产业集中度看, 生态产品第四产业的产业集中度高, 以产品供给、水源涵养、气候调节、土壤保持、文化旅游等五大服务占 GEP 的比例进行计算, 产业集中度为 95.9%, 表明我国生态系统提供的生态服务相对集中, 调节服务主要来自水源涵养、气候调节和土壤保持三大指标。

3.5.3 生态产品第四产业价值实现度

通过生态产品初级生产率、生态产品第四产业结构比等指标, 可以衡量生态产品价值实现的程度和效果。2015~2019 年, 我国生态产品初级生产率呈现上升趋势, 从 2015 年的 29.6% 上升到 2019 年的 34.6%, 表明我国生态产品价值从"绿水青山"向"金山银山"的转化程度在逐年升高。从生态产品第四产业的结构比看, 2015 年我国供给服务、调节服务和文化服务结构比为 18.6∶70.4∶11, 2019 年其结构比为 17.4∶65.4∶17.2, 生态产品第四产业中文化服务业的比例逐年提高, 生态产品第四产业结构趋于优化。从具体省份看, 上海、北京、天津、山西等地区文化服务占比在 40% 以上。从公共性生态产品指数可知, 西藏、青海、黑龙江、内蒙古等地区的公共性生态产品指数都在 90% 以上, 这些地区生态区位重要, 是我国公共性生态产品的主要提供区, 但经济相对落后, 其生态产品价值实现需要政府和市场共同作用, 实现经济和生态"双增长", 努力推动实现"绿水青山"向"金山银山"的转变。

第 4 章 生态产品第四产业的发展机制

王金南指出，生态产品第四产业的形成和发展主要包括生态资源调查、生态系统生态生产、生态资源资产化、生态资产资本化、生态资本经营、生态建设反哺等 6 个环节，而生态资源、初级生态产品、生态资产、生态资本、终端生态产品、生态现金流等节点就是产品价值对应的 6 个载体。产业参与主体主要有自然生态系统、政府、社会公众、生态产品市场经营开发商、生态环境综合服务商、生态产品交易平台、产业支撑服务企事业单位等，分别承担着供给者、需求者及产业服务方等不同角色。本章将从生态产品第四产业发展的关键环节、转化路径、价值化与市场化、实现途径、市场化交易及相关案例等方面，结合王金南等（2021b）和高吉喜等（2016a, 2016b）的相关研究成果，介绍生态产品第四产业的发展机制。

4.1 产业发展的关键环节概述

4.1.1 生态"资源—资产—资本"转化

生态资源是生态产品第四产业的主导生产要素，也是产业形成的起点。生态资源作为生态产品的自然本底和生产载体，可以理解为生态系统经过长期历史积累形成的具有生态生产功能的存量，而经生态系统的生产过程产出的生态产品则可视为生态资源存量生产出的流量。生态"资源—资产—资本"转化是产业形成的基础。生态资产是具有稀缺性、有用性及产权明确的生态资源，具有经济的一般属性。生态资源资产化是指生态资源存量生产出的初级生态产品在经济稀缺性和产权界定的双重前提下可转化为生态资产。生态资产资本化是将生态资产投入市场获得经济效益，从而实现自身的良性循环。

4.1.2 生态资本经营

生态资本经营是产业形成和发展的核心环节。生态资本经营指产业运营方等市场主体通过人力、技术等要素投入开展生态产品的开发管理、市场化经营，最终形成面向终端消费者或可在生态市场实现交易的生态产品和服务，并通过对价支付形成可持续的现金流收入，以实现生态资产的增值和主体投资的退出。

4.1.3 生态建设反哺

生态建设反哺是产业实现可持续发展的保障。生态建设主要包括生态保护、修复及可持续生态系统管理。通过生态产业化经营和市场交易变现的一部分产品价值以实物、技术、资金等形式再次投入到生态保护恢复和生态建设中，从而实现生态反哺，是打通生态产品价值产业链闭环，实现生态资本持续增值、生态产品可持续再生产的关键和保障。下面，着重探讨以生态产品价值实现为中心的产业发展机制的几个重要问题。

4.2 从生态资源转化为生态产品的路径

生态资源是人类生存的基础，随着全球经济的高速增长，生态资源需求随之增加，同时由于发展带来的生态破坏和环境污染使生态资源对经济、社会发展的支撑能力逐步下降，致使生态资源成为制约经济发展的重要因素。这一现象产生的主因是生态资源产权不明，只有明确其产权，即将其转化为生态资产，才能增强人类保护生态资源的意识，进而从根本上杜绝资源的过度消耗与浪费。因此，生态资产及其价值的相关研究逐渐成为领域热点。但是，单一的对生态资产的认同并不能实现其价值，许多生态资产富饶的国家经济落后甚至贫困，存在资源诅咒现象，无法实现生态资产的可持续利用，因此需要进一步探寻生态资产实现的理论和方法。

学者们在该领域开展了许多研究。早在1991年安德森（Anderson）等就介绍了通过商业手段拯救野生动物、保护自然风景、改善水质的同时可创造经济利润。近年来，我国学者从生态资本化、生态资本构成要素、生态资本运营、生态经济化与经济生态化，以及生态资产相关价值核算等方面进行了探讨。高吉喜等（2016a）指出，生态资产资本化是实现生态资产价值并使其增值的最有效方法，它是以生态资产的价值和消费方式的改变，实现生态资产转化为生态资本，实现长期的总体效益最大化，从而实现经济发展与生态环境保护并驾齐驱，将生态保护与反贫困真正结合。生态资产资本化是一种全新的理论，它的概念与内涵尚不完全一致，因而对其进行了大量的探讨。本节内容主要借鉴了高吉喜及其团队近年来的系列研究成果进行论述。

4.2.1 基本概念

4.2.1.1 资源、资产与资本

资源是所有可以被人类开发使用的物质、能源和信息的统称，它广泛地存在于自然界和人类社会中，分为自然资源、经济资源和社会资源。资产在传统经济学中是指可以给人们带来预期经济收益的有形或无形的财富，其定义主要包括两个方面：①资产的经济属性，指资产的本质就是能够提供未来经济利益；②资产的法律属性，指资产必须为所有者控制。根据近期研究，可将资产界定为一种有用的、稀缺的、具有权利的、被一个或特定的经济实体所拥有或控制的资源。资本是与资产密切相关的概念。亚当·斯密在《国富论》中提出资产可分成两部分，一部分是目前的消费，另一部分能够创造收入，即为资本。按照马克思主义政治经济学观点，资本是一种可以带来剩余价值的价值，马克思认为资本不是物，而是一定的、社会的、属于一定历史社会形态的生产关系。目前的宏观经济学家通常把资本视为一种有形或无形的资产，它是由人的经济体系生产出来的，用于生产其他商品和劳务。

综上所述，资源在匮乏、拥有清晰所有权的情况下，可以转化为资产，即资源资产化。资产用于增值、创造收入时即成为资本，这一过程称为资产资本化。

4.2.1.2 生态资源、生态资产与生态资本

社会经济发展所带来的生态系统破坏、资源枯竭，使资产或资本的内涵从经济领域逐步扩展到生态领域。目前，学术界对生态资产和生态资本的概念并没有统一的认识，这里采用了高吉喜等（2016a，2016b）对其进行的定义。

(1) 生态资源

生态资源是指为人们提供生态产品和服务的各种自然资源，同时也是由各种基础元素构成的生态系统。生态资源具有利用价值，其中包含了生态产品和生态服务的价值，如土地、森林等具有很高的物质性价值，大气、水体则表现出在生态调节、环境容量等生态服务方面的使用价值。生态资源是人们生活和经济发展的重要物质基础，它不仅可以为人们提供直接的实物商品，还可以为人们提供其他的生态服务功能，包括调节服务、文化服务和支持服务。

(2) 生态资产

有的学者把生态资产视为生态服务的价值，有的学者认为生态资产就是其本

身的价值和它的服务功能的总和。生态资产指具有一定的物质和环境生产能力，能够为人类提供服务与福祉，主要包括煤炭、石油、天然气等化石能源和森林、草原、湿地、农田、水域等生态系统，其价值表现为自然资源价值（包括化石能源、木材资源、种质资源等）、生态服务价值（包括固碳释氧、水源涵养、土壤保持、科教游憩等）及生态经济产品价值（包括农林牧渔业等产品）。生态资产具备经济学属性，即稀缺性、归属性、价值性和可交易性等。其与生态资源的最大差异在于稀缺性和归属性。生态资源的稀缺已经是不容忽视的问题，生态资源的所有权以国家为主，故常被定义为"公共物品"，其非排他性使人们"搭便车"的心理需求更加强烈，不愿意为其付费，从而造成资源的过度利用和浪费。现行的生态资源管理体制中，没有把资源当作一种资产，按照资产运作的原则来进行经营和管理，仍然需要不断地明晰产权，运用资产管理的方式来维护生态资源。

（3）生态资本

生态资本是以自然资本为基础提出的，以往的许多研究都把自然资本与自然资源资产等价。20 世纪 70 年代以后，由于全球环境问题日益严重，人们对自然资本的认识也随之提高。自然资本被定义为一种稀缺的自然资源，它拥有清晰的所有权，可以在特定的技术和经济状况下为拥有者提供物质和非物质的形式。这一定义突出了自然资源的归属权和潜在的创新价值。同样，生态资本也是一种具有一定所有权的生态资源，它具有一定的物权，可以进行增值，包括自然资源总量、环境质量与自净能力、生态系统的使用价值，以及能为未来产出使用价值的潜力资源等。生态资本与生态资产既有区别又有联系。前者是能产生未来现金流的后者，具有资本的一般属性，即增值性，前者通过循环来实现自身的不断增值。两者的实体对象是一致的，但需强调，只有盘活生态资产，成为能增值的资产，才能成为生态资本，经过资本运营实现其价值，这一过程就是生态资产的资本化。

4.2.2 生态资产资本化概念及过程

4.2.2.1 生态资产资本化概念

由资源、资产和资本间的转化可见：生态资源的可持续发展，必经之路包含生态资源资产化、生态资产资本化。只有进入市场，具有产权的生态资产才能转化为资本流通，因此，高吉喜等（2016a）将生态资产资本化定义为：依据不同阶段所表现出的价值形态，通过对生态资产使用价值的有效运用，依据生态产品的消费需求，采取多种途径实现生态资产转为生态资本并运营产生长期收益的生态资产管理方法。生态资产经人为的开发与投资，将其转化为生态资本，并将其经营成为生态产品，并在生态市场中实现自身的价值，而获得的收益则反过来支持生态建设，从而形成一个良性循环。生态资产的形态和价值不断变化使其不断增值，该过程被称为生态资产资本化（图4-1）。在社会经济发展中，区域生态资本能否转化为增量，实现生态资产质变，对地区乃至国家都极为重要。

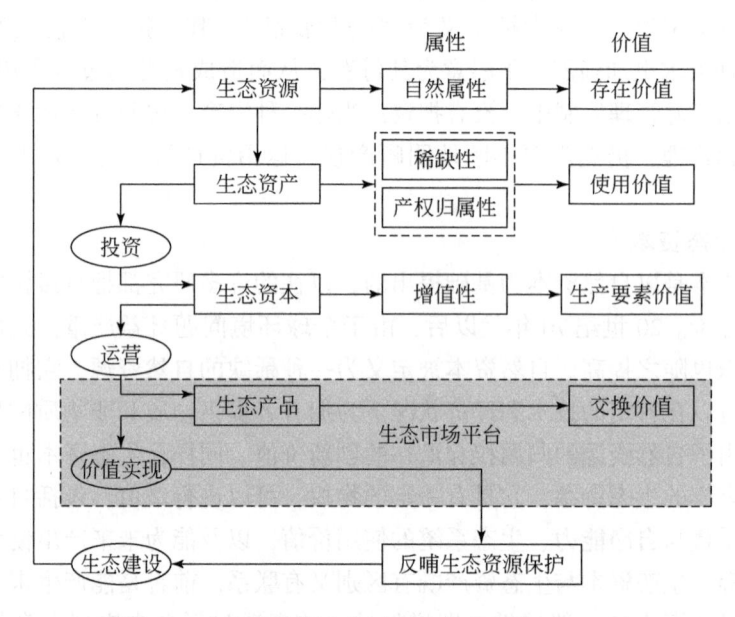

图4-1　生态资产资本化过程（高吉喜等，2016a）

4.2.2.2　生态资产资本化过程

生态资产资本化旨在打破不可持续的生态资产被动保护，从而达到"生态资产良好保护—增值—价值实现—保护生态资源"的良性循环。高吉喜等（2016a）将其分为了四个阶段。

（1）前期投资过程

生态资产资本化始于生态资产的货币化，通过多种方式实现生态资产向生态资本的转换，使生态资产的使用价值转化为生态资本的要素价值。要素价值论最基本的观点是土地、资本和劳动三种生产要素共同创造价值，资本作为一种要素价值，是实现价值必不可少的。

（2）生态资本运营过程

这一过程是从生态资本向生态产品的转变、从生产要素的价值向商品的转变，这一环节起着关键作用。生态产品是自然与人类劳动相结合生产的产物，包括食物、水、空气等有形产品，以及气候调节、固碳释氧、休闲旅游等无形产品。

（3）价值实现过程

生态产品的价值最终是以市场为基础的，它是生态资产资本化的关键。由图 4-1 可知，生态资产生产的生态产品包括经济产品、生态服务产品、矿物能源产品等，经市场实现其价值。

（4）生态建设反哺过程

生态资产的增值将被用来修复生态损失、建设生态工程、提高生产技术、提高当地人民生活水平。生态资产因科技进步、效率提升而增加，从而带动了人类生产、生活方式的转变，进而推动了生态资产的持续运作。最终通过一个个良性循环，促进生态保护与经济社会协调发展。

4.2.3 案例：英国基于自然资本的成本-效益分析

本案例摘选自自然资源部办公厅 2020 年推荐的《生态产品价值实现典型案例》（第一批）。

4.2.3.1 背景介绍

英国是最早开展自然资本研究、管理和应用的国家之一。2018 年，英国在《中央政府支出评估指南》中引入了自然资本框架，要求"对自然环境的影响进行评估和估价"，并提出了对自然资本"非市场和不可货币化价值"的估价标准，用于开展基于自然资本的成本-效益分析。目前，英国政府已将"对碳排放量的影响"作为一项指标，纳入了对公共政策的"影响评估"范畴，后续将有更多的自然资本指标被纳入评估范围；部分地方议会已经要求公共支出项目"考虑对自然资本存量的影响"，并将基于自然资本的成本-效益分析结果用于项目的决策。其中，位于英国牛津郡的 Chimney 草地自然资本评估项目就是其中的典型代表。

4.2.3.2 具体做法

Chimney 草地占地超过 260 公顷，主要用于当地农民的放牧和农业种植。1993 年，由于具有丰富的植物资源，同时也是稀有鸟类的重要栖息地，草地西南角一块 50 公顷的区域被划定为具有特殊科学价值的区域。2003 年，Berks Bucks & Oxon 野生动植物信托基金（以下简称信托基金）购买了这片土地，并立即实施了相应的管理改革，将以前用于农民耕种的区域和被野生作物覆盖的区域替换为物种丰富的草地，并恢复区域内的湿地功能，促使原来的中性草地牧场转变为湿草地和沼泽，以保护涉水鸟类和越冬野禽，增加该地区的生物多样性。根据信托基金的管理规划，如果改变原有的土地利用方式，该区域的生境将会迅速转变，但其整体的生态发展（即目标物种的反应，以及达到物种保育管理计划所拟定的目标）则需要较长时间，预计到 2023 年，土地使用的变化和更精细的生态反应将会发生。

为了证实和评估信托基金的管理改革为社会带来了额外的生态系统服务收益，以争取更多的公共投资和社会投资，2017 年，牛津郡议会联合部分自然环境咨询组织和大学，对该区域的自然资本和生态系统服务收益情况进行了评估。以 2023～2052 年为评估期，设立了两种方案：一种是期望方案（aspirational, ASP），代表的是信托基金已经实施和计划引入的管理变革，包括改变土地利用方式、增加湿地和草甸面积、保护生物多样性等。另一种是照常方案（business as usual, BAU），假设该区域没有经历信托基金的干预，仍然继续以往的管理模式和农业用地为主的土地利用方式。评估内容主要包括：尽可能多地量化生态系统服务及其带给人们的收益；评估两种方案的管理成本和净效益，以确定哪种管理方式能为社会提供更多的价值。

4.2.3.3　评估结果及分析

此次评估以年度价值和 30 年评估期内的资本化价值来表示 Chimney 草地区域的成本和收益，并采用 1.5% 的贴现率来评估未来收益的净现值。在传统核算中，一般只考虑草地管理方式带给私人的成本和利益，本次评估则区分了带给私人的价值和带给社会的价值，前者是为 Chimney 草地的所有者和管理者（如拥有土地所有权的农民或利用草地进行种植的经营者）所带来的成本和利益，后者是为社会带来的更广泛的外部利益。

表 4-1 是对期望方案（ASP）和照常方案（BAU）进行成本、收益评估的结果，反映的是 2023～2052 年整个评估期间的年度价值。首先，这两种方案都给社会带来了净收益。其次，期望方案给社会带来的年净收益（315 143 英镑）比照常方案（54 636 英镑）高出约 26 万英镑，即期望方案能够带来更好的结果。最后，期望方案的收益成本比为 4.2，即在 Chimney 草地上每花费 1 英镑，就能给社会带来 4.2 英镑的收益，表明这是物有所值的（value for money, VFM）。

表 4-1　年度收益和成本：BAU 和 ASP

类别		照常方案（BAU）			期望方案（ASP）		
		私人	社会	年度总价值	私人	社会	年度总价值
收益	1. 洪水调节		38 853	38 853		106 040	106 040
	2. 食物供给	38 083		38 083	20 825		20 825
	3. 全球气候调节		0	0		30 248	30 248
	4. 健康（步行）		6 300	6 300		32 400	32 400
	5. 娱乐和美学	3 880	4 408	8 288	500	63 152	63 652
	6. 水质净化		505	505		48 484	48 484
	7. 野生物种多样性		63 637	63 637		112 984	112 984
	收益合计	41 963	113 703	155 666	21 325	393 308	414 633
成本	1. 资金和设备	52 155		52 155	34 160		34 160
	2. 劳动力	45 662		45 662	50 400		50 400
	3. 场地及牲畜管理	3 213		3 213	14 930		14 930
	成本合计	101 030		101 030	99 490		99 490
总净收益				54 636			315 143
收益成本比（BCR）				1.5			4.2

注：所有货币价值均以英镑表示，均为 2015 年价格，下表同；按 1.5% 的贴现率，对 2023~2052 年期间的 30 年价值进行贴现，下表同

表 4-2 评估的是两种方案的资本化价值。在对整个评估期内的成本和收益进行贴现后，两种方案的差别变得更加明显。其中，期望方案预计将为社会提供超过 818 万英镑的净收益，比照常方案多出 600 万英镑。因此，当目标是社会利益最大化时，期望方案将是首选，其收益成本比为 4.3，表明每年在运行成本上每花费 1 英镑，就会为社会带来 4.3 英镑的收益，而照常方案的收益成本比只有 1.5。

表 4-2　2023~2052 年的资本化收益和成本：BAU 和 ASP

类别		照常方案（BAU）			期望方案（ASP）		
		私人	社会	资本价值总额	私人	社会	资本价值总额
收益	1. 洪水调节		840 740	840 740		2 294 596	2 294 596
	2. 食物供给	824 081		824 081	450 630		450 630
	3. 全球气候调节		0	0		2 019 203	2 019 203
	4. 健康（步行）		136 325	136 325		701 101	701 101
	5. 娱乐和美学	83 959	95 378	179 337	10 819	1 366 538	1 377 357

续表

类别		照常方案（BAU）			期望方案（ASP）		
		私人	社会	资本价值总额	私人	社会	资本价值总额
收益	6. 水质净化		10 928	10 928		48 484	48 484
	7. 野生物种多样性		1 377 033	1 377 033		2 444 861	2 444 861
	收益合计	908 040	2 460 404	3 368 444	461 449	8 874 783	9 336 232
成本	1. 资金和设备	1 128 570		1 128 570	739 185		739 185
	2. 劳动力	988 076		988 076	1 090 601		1 090 601
	3. 场地及牲畜管理	69 533		69 533	323 069		323 069
	成本合计	2 186 179		2 186 179	2 152 855		2 152 855
总净收益				1 182 265			7 183 377
收益成本比（BCR）				1.5			4.3

实际上，表格中所反映的社会利益和真正价值，只是一个非常保守的估计，因为许多生态系统服务只能部分地量化或根本不能量化，实际为社会带来的净收益可能要高得多。

为了进行比较，评估团队在采用1.5%的贴现率将未来成本和收益转换为现值之外，还同时采用了英国财政部建议的3.5%贴现率（最长评估期为30年）进行了测算。结果表明，期望方案和照常方案下的资本化净收益都有所减少，但收益成本比没有显著变化。

4.2.3.4 结论与建议

从评估结果看，如果只考虑私人部门的成本和收益，而不包括更广泛的社会利益，期望方案和照常方案的管理方式或商业模式都是不可行的，这意味着需要外部资金或补贴来实现社会收益。

在这两种情况下，为整个社会提供的利益大于为农民等私人部门带来的利益。在照常方案下，私人部门在评估期内将净损失约128万英镑。在期望方案下，为了实施湿地修复、生物多样性恢复等计划，私人部门的净损失将上升至170万英镑。这表明，通过外部资金来支持期望方案、实现社会利益是必要和合理的。例如，在照常方案中，将包括向单个农场付款；而在期望方案中，将包括政府给予更多的补贴或公共资金支持，以弥补私人部门因保护自然生态系统和生物多样性而受到的损失。即使是政府投入高达600万英镑的公共资金或补贴（与期望方案的额外净收益持平），实施期望方案仍将为社会提供正回报。

此外，与照常方案相比，期望方案给社会带来的净收益要高得多；如果只考虑私人收益，期望方案产生的净成本也要高得多。这表明，在社会利益最大化和私人利益最大化之间应当存在某种权衡。如果在评估具有重大环境或社会影响的项目时，仍然按照只考虑私人成本和利益的传统核算方式，将会给公共决策带来局限性。因此，在对可能涉及自然资本和生态环境保护的项目进行决策时，应当充分考虑包括社会利益在内的项目实际价值，并合理运用法规和政策、环境补贴等方式。

4.3 生态产品的价值化与市场化

4.3.1 生态产品价值实现与价值化、市场化的关系

生态产品的价值化、市场化是实现生态产品价值的必然途径。生态产品的价值化就是通过货币对生态资源消耗、生态成本和生态贡献进行度量，从而使人们能够正确理解环境破坏的代价、生态保护的收益和生态修复的成本。如前所述，价值多维性增加了生态产品价值核算评估的难度。市场化就是以市场为基本的资源配置方式，促进资源的有效分配，从而使生态资产得到保值甚至增值。上节已经论述了生态资源、生态资产、生态资本的概念与关联，这里从生态产品的价值化与市场化角度结合胡咏君等（2019）的研究成果来分析三者间是如何进行转化的。

4.3.1.1 从生态资源转化为生态产品

首先，要识别生态型关键生产要素，即其价值源于生态系统生产和人力劳动，而生态产品的非替代性、经济稀缺性是其价值产生的必要条件；其次，生态资源产品化应被视为权益主体的投资行为，其所有权是成为生态产品的限制条件。

4.3.1.2 从生态产品转化为生态资产

这种转化的先决条件是要形成一个有效的生态产品市场，这取决于是否能够正确全面地反映与其价格相关的市场信息；生态产品外部性决定了当其价格低于价值时，不能保证其有效供应，所以，构建一种能够将其外部性内部化的市场机制是有效市场建成的重点。

4.3.1.3 从生态资产转化为生态资本

此类转化以生态资产有效性为前提，以其产生的可持续现金流增值生态资产并倒逼主体投资退出，其部分最终收益以多种形式，如实物、技术、资金、补偿和劳动力等反哺生态环境保护和建设（即生态反哺），不断累加生态资本存量，进而实现生态产品价值实现的循环发展。

4.3.2 生态产品价值实现与"空间—产业—主体"的关系

从经济学的观点来看，以"青山绿水"为代表的生态资源要素是存在空间性的，而绿色增长取决于产业发展的条件。胡咏君等（2019）将生态与"空间—产业—主体"的关系分为割裂、和谐和共生三个阶段：①割裂阶段对物质生产的片面追求，过于注重物质资本的增值，忽略了生态资本的存在和价值，导致了经济发展可持续性的薄弱；②和谐阶段逐渐强调生态要素，产业向资源效率和环境保护方向发展，人力资本贡献较大，经济增长的可持续性得到增强；③共生阶段基于生态资本保值增值的目的，注重产业的低能耗、低污染、低碳循环。此阶段生态资本、物质资本、人力资本和社会资本相互协调促进，经济增长具备强可持续性。区域绿色发展内涵是指生态产品价值实现与"空间—产业—主体"存在积极的转化协同和反哺的良性循环，即以空间规划、生态建设、环境美化打造优质空间；以优质空间吸引人，以主体推动产业发展，加速产业转型，带动产业投资；以产业带动区域发展，增强区域实力，进一步提升区域形象和居住质量，从而聚集人才、资金和产业，实现生态反哺，促进可持续绿色发展。生态产品价值实现还是生态与"空间—产业—主体"互动融合的内在驱动力。

4.3.3 生态产品价值实现的基本方式

4.3.3.1 生态税费

生态税费源于庇古税，主要包括环境税和资源费，其适用范围为资源型和有明确、易衡量的征税标的物生态产品。环境税是一种对污染源的征税，它将环境污染、生态破坏的社会代价纳入到产品成本和市场价格之中，并以市场机制进行环境资源的配置。例如，我国从 2018 年起开征环境税，而哥斯达黎加、日本和瑞典等国家对化石燃料的使用征收碳税，体现碳汇价值。资源费细分为资源使用费、有偿服务费和经济补偿。资源使用费是一种以土地使用权出让、水资源费为主要内容的有偿使用制度。有偿服务费指因对资源、环境的损害或不良影响而进行的治理服务，如土地复垦、排污费等。经济补偿是资源开发利用者对资源使用过程中的占有或消耗而向资源拥有者支付的一种补偿，其中包括耕地占用税、水资源补偿费等。

4.3.3.2 生态保护补偿

生态保护补偿是一种经济激励或补贴的方式，其适用范围为有众多的受益者、交易费较大，或者生态系统服务涉及范围较广、没有具体的受益者的情况。在我国，一般由国家和地方政府代表全国或一定区域的公众，出资购买生态产品。生态保护的补偿方式分为纵向与横向两种，前者是指由上级政府向下一级政府或直接向农民发放的补偿方式，后者是由同级政府通过财政转移支付方式实现的，如果上游地区的生态环境得到了保护为下游提供了清洁水源，那么下游的政府就必须对上游的政府进行相应的补偿。

4.3.3.3 生态市场

生态市场是一种基于科斯定理进行的产权界定和交易的方式，其适用范围为有明确的受益者和提供者、参与者数量在可控范围之内，能够通过创建一个生态产品交易市场让更多的社会团体参与其中，主要包括以下三个方面：①改变绿色食品、环保木材等商品的生产方式，赋予其绿色生态、环保、健康的内在价值；以生态产品绿色为标签，提升商品价格，从而反馈激励绿色生态生产方式；②在现有的资源产权交易市场中，通过协商定价机制，对水权交易、排污权交易、用能权交易等方面进行协调和反映；③在碳达峰碳中和的国际框架内，利用现有的区域性、分散的、个别领域的碳排放交易市场，建立一个全国性的、统一的碳排放交易市场，实现从单一领域到多领域的交易市场化。

4.3.3.4 绿色金融

绿色金融以合理的收费机制、资产抵押、增信机制或产业链延伸设计为前提，建立供需方均认可的收费机制，进而实现跨期跨区域价值交换。在金融经营活动中要重视生态环境保护和污染治理，引导资金流向生态产品的供需方，以实现生态文明的可持续发展。目前，绿色金融主要有环境财税政策、绿色信贷、绿色证券、绿色债券、绿色保险、绿色基金、绿色PPP项目融资、绿色PPP基金等。

4.4 生态产品的市场化交易

目前，我国已经形成了一定规模的流域水权交易、排污权交易、林业碳汇交易等生态产权交易市场试点，生态交易以其交易成本低、环境治理效率高、多方参与、公开透明等优势，在初始权分配、交易平台建设、区域合作等领域都取得了一定的成效。总体来说，我国生态产权交易的实践探索要领先于理论研究。本节结合田野（2015）的研究成果进行介绍。

4.4.1 我国的生态产品交易实践

4.4.1.1 流域水权交易

随着人类社会和经济的迅速发展，许多自然资源，如水资源的稀缺程度显著提高，加之其具有的外部性特点，使得"搭便车"和"公地悲剧"现象时有发生。而且在一个流域中，会同时存在地域分水（水量分配）和上下游之间分水问题。另外，为了保障整个流域的用水安全和环境质量，以及下游的生态系统稳定，上游地区必然要舍弃一部分工业化和城市化权利，并为此付出保护环境的成本。因此，要在流域内重新配置水资源，必须建立一个有效的水权交易市场，按照流域和地域的范围进行水权分配，从而实现节约用水和水资源配置效率的提高，同时为上游地区保证水量、水质、水土保持等方面提供必要的补偿措施，是解决流域与地域间矛盾的一种有效途径。

下面对我国最早的东阳—义乌水权交易案例（胡鞍钢和王亚华，2001；胡从枢，2007）进行介绍。

（1）区域水资源概况

东阳市和义乌市均位于浙江省金华江流域，其中东阳市位于义乌市上游，区内水资源较为丰富，拥有约 19 亿立方米水资源储备量，人均水资源量超过 2200 立方米；并且东阳市拥有横锦水库和南江水库两座大型水库。这两大水库不仅能够保证东阳市每年的正常用水，而且每年还需要定时泄洪，释放部分水量。而同处于金华江流域的义乌市水资源总量却严重匮乏，储量仅有约 7.2 亿立方米，人均水资源量仅有 1100 立方米，缺水现象严重。加之义乌市经济发展速度不断加快，城市面积和人口增长迅速，城市发展面临着水资源短缺的巨大障碍。

（2）水权交易路径

为了解决这一矛盾，义乌市与东阳市于 2001 年 11 月签署了有偿转让部分水使用权的协议。义乌市购买了东阳市横锦水库每年 5000 万立方米的水量,交易价格为 2 亿元,义乌市同时投资 3.5 亿元修建引水管道,斥资 1.5 亿元修建新水厂。按照协议规定,东阳市需要制定配套计划来实现对义乌市的均衡供水。义乌市则需要按季度并根据实际供水量以每立方米 0.1 元的价格向横锦水库支付综合管理费用。同时该协议还规定了双方的违约事项。

(3) 成本—效益分析

按照浙江省水利厅的水库建造费用标准,义乌市若自行建造 5000 万立方米库容的水库的费用需要 2.5 亿元,折合水价每立方米水的价格将近 6 元,这一建造成本是向东阳市直接买水的 9 倍,加上水库建成投入运营之后的成本,水价要比协议中规定的 0.1 元每立方米要高得多。而按照此次水权转让,东阳市出资 3900 余万元对横锦水库进行了改造,使得水库的储水能力提高了 5500 万立方米,节水 1 立方米的成本仅为 0.71 元。东阳市通过此次水权交易,将每年原本无用的泄洪水量出售给义乌,在一次性获得 2 亿元综合费用的基础上,每年还有 500 万元的水量出售收入。同时,根据协议,义乌还需要对相关管道、水力发电机组等基础设施进行改造,提高了东阳的基础设施建设水平。在此次交易中,东阳和义乌实现了优势的互补,获得了彼此所需效益。这一互利共赢的水权交易合作,被人民日报称为开创了"中国水权制度改革的先河"。

4.4.1.2 排污权交易

所谓排污权交易,本质上是将企业使用环境的权利作为一种特殊的商品,并将其纳入到市场中进行销售。排污权交易充分利用市场的力量,推动排污企业由被动管理向积极管理转变,从而极大地提高环境治理的效能。我国正式的排污权交易始于 2007 年浙江省嘉兴市,目前江苏、湖北、湖南、重庆、内蒙古等多数省(自治区、直辖市)已建成排污许可证的初始分配制度和排污许可证交易平台。

下面结合江苏南通二氧化硫排污权交易案例(苗昆和姜妮,2008)和太湖流域水污染物排放权交易案例(叶维丽等,2008)对排污权交易进行介绍。

(1) 江苏南通二氧化硫交易

南通作为中美合作的第一批试点,有效推进市场化的排污权交易是试点工作的最主要目标。恰在此时,南通市醋酸纤维有限公司急需扩大生产规模,却因排污受限,难以实现,而南通天生港发电公司由于及时推进设备升级和技术进步,二氧化硫排放量有效降低,积累了多达数百吨的二氧化硫排放指标。在此背景下,南通市政府积极协调,在双方自愿的前提下,推动天生港公司以 50 万元的价格出售 1800 吨二氧化硫排放权给醋纤公司,有效期为 6 年,交易费用分年计算。这一实践的成功，为之后的排污权交易积累了非常宝贵的经验。随后，江苏省接连出台《江苏省电力行业二氧化硫交易管理暂行办法》和《江苏省二氧化硫排放指标有偿使用收费管理办法（试行）》等相关法律法规，为之后江苏相关排污权交易指明了方向。

(2) 太湖流域水污染物排放权交易

太湖流域所在的长江三角洲地区是我国经济发展水平较高的地区，同时也是环境污染的重灾区。太湖流域蓝藻事件频发导致的水污染事件成为该地区的主要污染问题。2008年财政部、环境保护部联合发文，确定江苏省太湖流域为全国重点湖泊主要水污染物有偿使用试点，随后制定了《太湖流域主要水污染物排放指标有偿使用试点方案》和《江苏省太湖流域主要水污染物排放指标有偿使用收费管理办法（试行）》等相关具体实施方案。在实施模式上，先确定266家重点污染企业，并按照国家和江苏省相关规划内容，依据各地水环境容量、自身经济发展水平、社会状况等确定太湖流域各市及所辖县（市、区）等的排污总量定额。各县（市、区）再根据各家企业的污染物排放状况，确定其排污份额，发放排污许可，由各家企业购买，并可在各企业之间进行交易。截至2012年底，所有参与该交易的企业及新建成的项目缴纳了有偿排放氮氧化物的费用共计1.82亿元，有效推动了太湖流域环境质量的改善。

4.4.1.3 林业碳汇交易

林业碳汇交易是《京都议定书》制定的清洁发展机制下的项目之一，其核心是促进发达国家通过向发展中国家提供减排项目、资金和技术来促进其碳汇能力。林业碳汇是以市场为导向的方式参与林业资源的交易，并以此为基础，创造附加的经济价值，包括森林经营性碳汇和造林碳汇两个方面。其中，森林经营性碳汇主要是指已有的森林，利用森林经营方式，促进森林的生长，提高碳汇。造林碳汇项目由政府、企业和林权主体共同参与，政府进行牵头和引导，林草部门负责组织协调，项目企业负责碳汇计量、核签、上市等工作，林权主体是受益方，有温室气体排放需求的企业购买碳汇。据测算，每亩林地可产生碳汇量约为1吨/年。目前中国与发达国家合作，已经开展了众多基于清洁发展机制（Clean Development Mechanism，CDM）的碳减排合同。此外，部分民营林业企业为了节省成本、扩大经营规模，也纷纷寻求CDM投资。

下面结合世界第一个林业碳汇项目——中国广西珠江流域治理再造林案例（李职奇，2017）对林业碳汇交易进行介绍。

中国广西珠江流域治理再造林项目是由中国政府和世界银行合作推进的基于CMD的林业碳汇项目。该项目于2006年注册成为世界上第一个得到联合国认证的林业碳汇项目，合作双方分别为环江县兴林营林公司与国际复兴开发银行，其中国际复兴开发银行为国际生物碳基金的委托机构。国际生物碳基金在珠江流域的环江县和苍梧县分别造林 2000 公顷，项目建设周期为 12 年，预计碳汇 50 万吨。这一碳汇量将在世界银行的协调下，以 200 万美元出售给西班牙和意大利，作为《京都议定书》要求两国减排温室气体的一部分。广西环江县兴林营林公司除了 200 万美元的直接收入外，国际复兴开发银行还要在基础设施、居民技能培训等方面进行投资，预计在该项目 12 年的建设周期内，将给项目区内的 5000 余户，共计约 2 万名居民带来 2100 万美元的收入，并且能够在该区域创造就业岗位 500 万个左右。该项目的顺利实施为之后中国吸引其他 CMD 林业碳汇项目创造了条件。因此，无论从国际影响还是对中国今后 CMD 林业碳汇项目的发展来看，珠江流域治理再造林项目都具有里程碑的意义。

4.4.2 生态产品交易的机理分析

生态产品的交易本质上就是以市场化的方式实现生态要素的产权交易，从市场的观点来看，对生态要素的价值评价越高的购买者和投入成本越低的供给方，就形成了生态要素交易的双方，其最终目的都是为了实现彼此交易成本的最小化，交易效益的最大化，而相对科学和完善交易平台则能够满足双方的需求。本节将从生态交易的基础、依托、原则和形式四个方面，结合田野（2015）的研究成果进行讲述。

4.4.2.1 生态产品交易的基础

生态产品的交易实质上是一种生态要素的产权交换，即通过第一次的要素分配，使所有的生态要素的所有者能够进行合理的权利转移与交易，从而更好地配置生态要素资源。例如，水权交易以明确的水资源使用权为前提，排污权交易以清晰的权限和初始分配为依据。然而，就我国而言，我国水权主要是国有，排污权、碳汇交易也是政府或跨国机构参与，其责任和权利的界定不明确。在产权界限不清晰的背景下，一般情况下会引起两种情况：一方面是对于生态要素、生态资源或生态环境的过度开发使用，造成其负外部性不断扩张，产生严重的过度使用、浪费甚至生态破坏；另一方面，政府作为生态要素产权所有者，其处理环境负外部性的代价将会大大提高。同时，由于生态要素是不可分割的，因此，国家必然会成为其所有权的主体，并在必要时将其权力下放到相关利益主体，从而使其拥有使用、支配和交易的权利，而国家则发挥协调、监督、调控的作用。

4.4.2.2 生态产品交易的依托

科学、广泛的市场化交易平台可以促进生态要素的高效流通,降低交易成本,提高交易效率,是生态产品交易的重要支撑。当前,我国流域水权交易平台的建设,以政府为主体,以行政方式进行协商,并在不同地区之间进行水权交易,以广东省东江流域为代表的部分地区虽然已开展了试点工作,但是就目前来看,我国水权交易平台建设还比较滞后。另一方面,目前浙江、北京、嘉兴等多个省市已形成了以二氧化硫、氮氧化物等为主要交易产品的交易平台,如排污权储备交易中心、北京环境交易所、浙江省排污权交易中心等,排污权交易较之水权交易发展迅速。在碳排放权交易平台方面,目前北京、上海、天津、重庆、湖北、广东和深圳等省市已开展碳交易试点,根据国家总体安排全国碳排放权交易于2021年正式开市且逐步与国际市场接轨,碳排放权交易近年来发展极为迅速。

4.4.2.3 生态产品交易的原则

由于生态产品交易自身的特点,需要遵循一定规则,有效地规范、监督、管理生态交易市场,从而促进其健康发展。其原则主要包括:①生态交易要充分发挥市场在资源配置上的基础性地位,遵守自愿、平等、公平原则;②生态交易必须遵循生态要素的自然和客观规律,同时也要尊重其商品性与价值规律,遵循可持续发展的原则;③生态交易必须以明确产权为基础,所转让的相关权利必须依法取得,遵守产权明晰的原则;④生态交易必须服从国家对生态要素实行统一管理和宏观调控,遵守市场调节与政府调控结合的原则。

4.4.2.4 生态产品交易的形式

生态产品的交易方式因其生态因素的特性而有所不同。从水权交易的时间维度上,可以将其分为临时和永久两类;在空间层面上,可以将其划分为流域内部和流域之间的水权交易。就排污权交易而言,可以分为基准—信用模式(即当污染企业的排污水平低于环保部门划定基准,环保部门就给予该企业一定的排污削减信用,这一信用可以在市场上交易)和总量—交易模式[即环保部门根据区域(行业)环境容量下发排污许可证,污染企业可将排污许可证在排污交易平台进行交易]。

4.4.3 生态产品交易的实现路径

生态产品的供给侧经济学分析结果表明,生态产品交易的实现路径主要表现在以下五个方面(田野,2015;柴志春和董为红,2020)。

4.4.3.1 建立生态产品多元所有权体系

如前所述,产权明晰是市场化交易的前提。当前,我国的生态产品及其所依赖的自然资源包括土地、森林、河流等,都属于国家。为了实现生态产品的市场化运作,必须根据自然资源、自然环境和其他各种生态要素的特点,建立多元化的可交易的所有权制度。对于产权界限相对清晰的生态要素,诸如森林、草原等,应该根据其经营管理的公共性、社会影响程度等,将自然资源的所有权进行划分,通过不同途径(免费分配、公开拍卖、标价出售等)将其产权有效划分给不同的权利主体,如政府、集体、企业、个人等,形成多元所有权结构。对生态产品,如空气、水资源等,产权边界模糊,难以直接界定,应由国家拥有,但要对目前多元管理权限进行调整,尽可能建立统一机构进行管理。

4.4.3.2 确定生态产品初始分配方式

生态产品的初始分配权是其交易的前提。例如,在水权的初始分配上,通常存在着以河岸土地占有权为主导的初始分配制度,以及以占有的时间顺序为基础的初始分配制度。鉴于我国水权国有的情况,目前我国主要实行政府主导的取水许可制度为核心的初始水权分配,总量控制和定额管理是其最主要的特征。排污权的初始分配主要包括免费分配、有偿分配两种分配方式。免费分配是环保管理部门按照一定的标准,将区域内污染物总量进行核算,综合考虑到各个排污部门的历史排放纪录、排放需求等,再将其无偿分发到各个部门;有偿分配则是政府对排污权进行定价,区内的排污单位通过购买的方式有偿获取,包括政府出售和拍卖两种方式。生态产品的初始权限分配,可以将两者的配置方法结合起来。例如,在主要的生态功能区,可以采用先占的原则来占有生态产品,但在城市的绿化、生态用地中,先占原则很难实现,应该采取政府总量管制。

4.4.3.3 确定生态产品价值评估机制

生态产品的价值评估是造成生态产品交易困难的主要因素。由于其自身的特点,并不是单一的生态要素自生成,而是多个生态因素的共同作用,因而难以对一个生态产品进行单独的评价,而对其整体的服务价值进行评价则更为可行。实际上,生态系统服务价值评估研究的飞速进展也使得生态系统的价值估算成为可能,如科斯坦萨等计算出世界生态系统服务价值平均为 33 万亿美元;王金南等(2021b)核算的 2017 年全球陆地生态产品总值(GEP)总量达到 148 万亿美元(其中中国的 GEP 为 11.4 万亿美元);欧阳志云等(2021)核算的 2015 年中国

GEP 为 62.7 万亿元。随着生态产品价值核算体系的标准化和规范化，这一结果会越来越准确并将得到社会普遍的认可。

4.4.3.4 推动生态产品的价格形成机制

生态产品价格是生态产品交易的条件。只有生态产品的价格既能在一定程度上弥补生产者的损失，又能获得消费者的认可，才能实现生态产品的可持续发展。因此，生态产品定价要综合考虑其法定性、个体利益、适应性和全面性等多种因素。另外，由于生态产品的生产与当地的经济发展存在着矛盾，使得生态环境良好、经济发展程度不高的地区往往会以牺牲生态环境为代价，谋求当地发展，导致局部利益与全局利益发生直接的冲突。因此，生态产品的定价需纳入区域整体性，必须由国家或者上一级政府对于重点生态区划定统一的生态产品价格补偿生态区发展。例如，通过横向价格协调、建立补偿交易基金、"异地开发"等，可以有效地解决生产区与消费区的矛盾。

4.4.3.5 完善法律政策体系保障

为了使生态产品的市场化交易能够正常进行，需要相关的法律保证，使其具备充分的合法性和权威。尽管我国已制定了相应的生态交易管理体系，但在市场化的生态产品交易方面仍然有很多缺陷。例如，在立法上，我们应该尽早制定相关的法律法规，明确其财产权利属性和可交易的商品属性，并对其进行交易的范围、方式等进行界定。在一些难以进行市场化交易的地区，如生态补偿，必须明确其必要性、紧迫性、可行性，并考虑尽快出台《生态补偿法》。另外，从环境政策来看，中国的环境政策还带有部分计划经济的色彩，存在地方保护主义，"公地悲剧"较为普遍，因此在政策制定上，必须要充分考虑区域协调性问题。

4.5 案例：余姚市和厦门市的生态产品价值实现

本案例摘选自自然资源部办公厅 2020 年、2021 年推荐的《生态产品价值实现典型案例》（第一批、第三批）。

4.5.1 浙江省余姚市土地综合整治

余姚市通过"土地整治+"模式，在全市范围内全要素综合整治农村"山水林田湖草"，实现空间形态、产业发展、生态环境、人居环境、乡村治理的系统性重塑和综合集成创新。2017年以来，已先后在7个乡镇（街道）开展全域土地综合整治项目7个，实施子项目186个，累计垦造耕地1535亩，建设用地复垦835亩，实施废弃矿山综合治理13个，全市已实施低效用地再开发332个，盘活闲置土地6330亩。

4.5.1.1 "土地整治+现代农业"实现农业增产

余姚市围绕现代化农业发展需求，通过耕地质量提升、农田基础设施和配套设施建设等，对各类农用地开展综合整治。同时，为补充耕地指标，对盐碱滩涂地进行了降盐及培肥处理，让盐碱地变为农作物种植地，取得了良好的经济效益。全市已规划现代农业产业园总面积15万亩，位于泗门、小曹娥、临山、黄家埠等四镇，将依托临山镇现有农业综合区、葡萄示范区、蔬菜产业示范区，延伸"江南葡萄沟"特色农业精品路线，逐步构筑长江三角洲农业发展高地。迄今，中泰生态农业产业园项目共计三期已交付并完成水稻种植；梁弄镇已通过全域土地综合整治，累计建成高标准农田1.97万亩，垦造耕地1200余亩，并建成一批特色四季鲜果园。

4.5.1.2 "土地整治+矿地利用"实现经济提升

余姚市现有废弃矿山100余处，面积约3700亩，伴随着水土流失、土地浪费、诱发地质灾害等问题，生态环境存在不同程度的破坏。为此，余姚市统筹考虑区域位置、结构形状、土质纹理、边坡稳定等自然禀赋和村庄规划、村民意愿等主客观因素，因地制宜，实施"一矿一策"，实现宜林则林、宜工则工、宜农则农，昔日环境脏乱差的"伤疤痼疾"变为经济社会发展的"聚宝盆"。例如，低塘街道利用洋山村洞池湖废弃山塘打造的"塘创园"，园区规划面积490亩，可引入企业40余家，年产值超10亿元，是余姚市"十园百亿千企"建设重点项目，一期已入驻企业10家，总建筑面积8万平方米，总投资3亿元。

4.5.1.3 "土地整治+工业发展"实现空间利用

在新增建设用地指标断崖式下降的新形势下，余姚市以提升"亩均"为核心标准，按照科学合理、高效利用原则，立足存量土地盘活，深挖发展潜力，积极通过建设用地盘活来推动乡村空间布局、产业结构、村庄形态的转型升级，开展工业企业"低散乱污"整治和小微园区建设，用好用活"空间置换"。例如，低塘街道通过对老帅康地块300余亩、新堰路57亩、黄湖183亩的闲置用地，实施综合开发利用，使其成为街道商业开发、经济发展的重要要素保障，实现土地节约集约利用和经济社会效益稳步提升；梁弄镇为保障水域及湿地生态修复，搬迁环湖工业企业 20 家，整治畜禽养殖场所 200 余家，最终引进台湾健峰培训城、四明湖国际会议中心及紫溪原舍等一批康养民宿新业态，吸引中国机器人峰会永久落户。

4.5.1.4 "土地整治+乡村治理"实现人居改善

余姚市以生态红线为底线，结合美丽城镇、美丽乡村建设，高标准、高质量推进美丽全域化，使人居环境得到显著改善。例如，陆埠镇 2019 年仅用两个月时间完成陆埠水库上游 407 家企业的搬迁清零，从根本上改善了饮用水水源地环境和人居环境质量；黄家埠镇近两年相继开展了回龙土地综合整治项目、500KV 电力线路拆迁工程，分别拆迁安置农户 108 户和 36 户，采用迁移集中安置的方式，统一搬进住宅小区，优化了村庄的空间布局，同时通过加强安置小区公共配套设施建设，大大提升了村民的居住品质；梁弄镇通过对山区旧村庄实施整体或集中连片搬迁，复垦建设用地近 1000 亩，建成了 3 个农民集中安置小区，引导了近 7000 农民移民下山致富。

4.5.1.5 "土地整治+生态旅游"实现价值转化

余姚市通过将生态优势转化为经济优势，带动了农村集体经济发展和村民就业增收，全市农民经济水平持续提升，实现了"绿水青山"的综合效益。例如，通过生态修复与环境综合整治，临山镇大河门山塘清理出塘渣 900 余万吨，在保障三号水库建设基础上，预计可增加镇、村经济收入 1.5 亿余元；梁弄镇通过建成四明湖滨水生态湿地公园、横坎头抗日根据地旧址群等一批旅游景区，推动生态产业发展，该镇 2019 年度旅游康养人数、商务培训人数分别突破 200 万人次和 20 万人次；黄家埠镇在土地综合整治的基础上，打造集旅游观光、生态休闲、农事体验和红色教育于一体的地方特色农旅精品线路，其中，十六户村依托丰富的红色资源，累计接待学习团队 40 余批 3000 余人次，有效带动了村级集体经济。

4.5.2 福建省厦门市生态修复与综合开发

"城市绿肺""城市新客厅"——近年来五缘湾从以农业种植、渔业养殖为主的村庄，变成如今集生态居住、休闲旅游、医疗健康、商业酒店、商务办公等现代服务产业为主导的城市新区，已渐渐成了厦门市的一张新名片。

4.5.2.1 具体做法

2002 年，厦门市启动了五缘湾片区生态修复与综合开发工作。针对村庄，实行整村收储、整体改造，先后完成457公顷可开发用地收储，建设城市绿地和街心公园，增加城市绿化覆盖率。针对海域，全面清退内湾鱼塘和盐田，还海面积约1平方千米；在外湾清礁疏浚73.88万立方米，拓展海域约1平方千米。厦门市充分利用原有抛荒地和沼泽地建设五缘湾湿地公园，通过保留野生植被、设置无人生态小岛等途径，增加野生动植物赖以生存的栖息地面积，营造"城市绿肺"。完善交通基础设施，建成墩上等4个公交场站、环湖里大道等7条城市主干道、五缘大桥等5座跨湾大桥，使湾区两岸实现互联互通。建成10所公办学校、3家三级医院、10处文化体育场馆、2个大型保障性住房项目，加强科教文卫体等配套设施建设。修建8千米环湾休闲步道，打造"处处皆景"的生态休闲空间。

近年来，五缘湾片区良好的生态环境成了经济增长的着力点和支撑点，湾区内陆续建成厦门国际游艇汇等高端文旅设施和湾悦城等多家商业综合体，吸引凯悦、喜来登等高端酒店和戴尔、恒安等300多家知名企业落户。

4.5.2.2 实践成果

经过生态修复与综合开发，五缘湾片区成为厦门岛内唯一集水景、温泉、植被、湿地等多种自然资源要素于一体的生态空间。

截至2019年底，五缘湾片区海域面积扩大为242公顷，平均深度增加了约5.5米，海域的纳潮量增加了约500万立方米，水质接近Ⅰ类海水水质标准，海洋生态系统得到恢复。片区内建成1处中华白海豚救护基地及厦门市栗喉蜂虎自然保护区和10余座无人生态小岛，吸引了90多种野生鸟类觅食栖息，提高了生物多样性。片区内生态用地面积增加了2.3倍，建成100公顷城市绿地公园和89公顷湿地公园，城市绿地率从5.4%提高至13.8%，人均绿化面积达19.4平方米，超过了厦门市人均水平。据测算，2019年片区内财政总收入较2003年增加了37.7亿元左右，占本岛财政总收入的比例由3.7%增长到8.3%；2019年城镇居民人均可支配收入达到6.7万元，较2003年增长了约5倍。

截至2019年底，片区内划拨用于各类配套设施建设的用地面积212公顷，是整治开发前的20多倍。随着五缘湾自然生态系统的建立和各类配套设施的落地，片区内的人居环境得到显著改善，居民不仅拥有"山青、水绿、天蓝"的良好生态产品，还可以享受到丰富和便捷的城市公共服务，获得感与幸福感日益增强。

第 5 章　生态产品第四产业的资产核算

生态产品第四产业的资产一般统称为生态资产。生态资产是在自然资产和生态系统服务两个概念的基础上逐渐发展起来的，但由于起步较晚，生态资产概念并不统一。在生态资产价值理论研究方面，对生态资产空间异质性、时间动态性及生态资产的空间转移性等的研究相对薄弱；在生态资产核算方面，多年来对自然资源进行价值核算只局限于人类劳动产生的新价值，而将生态环境资源本身的价值和对环境的补偿价值排除在外，造成对资源环境价值评估过低，大量自然资源不断地耗损乃至枯竭，进而使区域经济发展不平衡程度越来越明显。为了保证人类持久地从生态系统获得生态系统服务，在生态资产的研究中，不仅要研究一个国家或地区在一定时期内生态资产的动态，更要研究生态资产的总量。因此生态资产研究应与区域经济社会发展相结合，以生态资源自身价值和生态系统服务价值为理论依据，对生态资产进行损益和流转评估。一方面，可有效评估人类对生态系统服务功能的干扰，实施生态补偿；另一方面，可分析生态资产流转与生态承载力变化的关系，以维持生态系统物质、能量和信息的输入、输出的动态平衡。本章将从生态资产价值核算理论的形成与发展、思路与框架、内容与指标、核算方法，以及具体案例等方面，结合戴波（2007）、高吉喜和范小杉（2007）及欧阳志云等（2019）有关生态资产的研究成果，介绍生态产品第四产业的资产核算的相关知识。

5.1　生态资产价值核算理论

生态资产价值核算（又称生态资产评估）是指生态环境经济学者从经济价值角度，运用科学方法，对生态资产的各种类型经济价值及总经济价值进行评定和估算。

5.1.1　生态资产价值

生态资产主要由化石能源和生态系统等组成，即为人类提供服务和福利的生物或生物衍化实体，包括自然资源、生态系统服务和生态经济产品三方面价值，核算主要针对生态资产的人工价值、自然价值、稀缺价值和服务价值（高吉喜等，2016）。近年来的国际研究还增加了存在价值和遗赠价值两方面间接价值内容。

5.1.1.1 生态资产的自然价值

生态资产的自然价值是指未经人类开发利用或已经被人类开发利用、整治保护过的生态资产的原始部分所固有的使用价值。生态资产自然价值一般取决于其自身丰饶度和地理位置。生态资产丰饶度越高，使用价值越高，对经济活动的影响就越大。另一方面，生态资产距离需求地越远，生态资产价值越高。

5.1.1.2 生态资产的人工价值

生态资产人工价值是指直接或间接通过人工劳动而附加在生态资产上的价值。其中，直接附加价值是指直接作用于生态资产上的人类劳动价值，如人类在从事生态资产勘测、开发利用等活动中，附加到生态资产上、与生态资产不可分割的活劳动和物化劳动价值。间接附加价值是指那些并不直接作用于生态资产，但对于改善生态资产的使用价值具有重要影响的劳动价值，如修建防洪堤坝、人工林地建设等。

5.1.1.3 生态资产的稀缺价值

生态资产的稀缺性是指在给定的时期内，与需要相比较，其供给量是相对不足的。从经济学上讲，指由生态资源的自然有限性所引起的竞争性获取的状态。生态资产稀缺性是一种与生态资产独立且与其自然和劳动价值相关联的特殊价值，它主要由供需关系决定。

5.1.1.4 生态资产的服务价值

生态资产服务价值近似于本书所阐述的生态产品价值，即国际上通用的生态系统服务价值，是指生态资产为社会所提供的公益性价值，主要包括供给服务、调节服务、支持服务和文化服务等，具体包括生态系统提供的农林牧渔相关产品和产出价值及水源涵养、土壤保持、气候调节、物种保育等价值。

5.1.2 生态资产价值核算目的

生态资产是支撑经济社会发展和人类福祉的重要基础，也是生态产品第四产业的根基。但在经济发展过程中，环境破坏和自然资源过度开发问题频发导致生态资产负债急剧增加，经济社会可持续发展面临挑战。建立完善的生态资产管理办法，是保护我国生态资源和应对生态环境问题的重要措施。生态资产管理办法的实施，需要对生态资产核算指标和方法进行探索。但生态资产核算目前还面临一些技术、观念和制度方面的障碍，如生态资产的概念没有统一的界定，各类生态资产的核算方法还存在很多争议，缺乏全面系统的生态环境监测数据，以及环境数据质量还达不到核算要求等。统一生态资产及生态资产核算的概念，探索建立生态资产核算的指标和方法体系，开展生态资产核算的案例研究，是建立生态资产管理办法、健全生态资产管理制度的科学支撑和重要保障。

5.1.3 生态资产价值研究进展

5.1.3.1 国外研究

生态资产是在自然资本和生态系统服务功能两个概念的基础上发展起来的，是两者的结合与统一。1948年美国学者福格特在讨论国家债务时就曾提出了自然资本的概念，他认为耗竭自然资源资本，就会降低偿还债务的能力，这是国际上对生态资产重要性的萌芽认识。20世纪70年代，生态系统服务功能开始成为一个科学术语及生态学与经济学研究的分支。霍尔德伦和埃尔利希（Holdren and Ehrlich）、韦斯特曼（Westman）分别于1974年、1977年进行了全球生态系统服务功能的研究，论述了生态系统在土壤肥力和基因库维持中的作用，并指出生物多样性的丧失将直接影响着生态系统服务功能。至此，产生了生态资产价值评估的概念，对生态资产的研究取得了较大的进展。

20世纪80年代以来，随着全球资源、环境和人口问题日益加剧，生态资产及生态系统服务功能效益评估引起了世界各国的普遍关注。及时、准确和动态地掌握国家或区域生态系统效益价值，对国民经济发展、生态环境建设、政府宏观决策都具有重要意义。

国内外诸多科研人员、政府部门和国际组织都致力于该问题的研究，从不同角度开展了对自然资源及生态系统服务效益的价值评估，并试图将其纳入国民经济核算体系之中。1990年，英国环境经济学家皮尔斯和阿特金森（Pearce和Atkinson）将环境资源的价值分为使用价值（包括直接使用价值、间接使用价值和选择价值）和非使用价值（包括遗赠价值和存在价值），环境资源的总经济价值等于这5种价值的总和。麦克尼利根据生态环境产品的实物性将其价值分为直接价值和间接价值，根据产品是否经过市场贸易和被消耗的性质将这两类价值进一步划分为消耗性使用价值、生产使用性价值、非消耗性使用价值、选择价值和存在价值（McNeely，1990）。1997年，科斯坦萨等在 Nature 上发表题为《全球生态系统服务与自然资本的价值》的论文，其对应全球16个生态系统类型，将生态系统服务功能分成了17大类，计算了全球生物圈所提供的生态系统服务功能的价值，得出的结论在全世界相关领域得到普遍的关注，引发了人们对生态资产价值的广泛讨论。另外，由戴利撰写的《生态系统服务：人类社会对自然生态系统的依赖性》一书，使得生态系统服务估算研究成为生态和环境经济学领域的研究热点。2000年联合国开始的千年生态系统评估（MEA）的启动将生态系统服务评估的研究热潮进一步推向顶峰。该项目是人类首次联合对全球生态系统的过去、现在及未来状况进行量化评估，并据此提出相应的管理对策。至此，生态资产评估或资源核算已成为可持续发展战略的重要组成部分。

从政府实践来看，1974年挪威设立自然资源部，开发和引入自然资源的结算和预算制度，开始了资源环境核算，重点是矿物资源、生物资源、流动性资源（水力）、环境资源、土地资源。芬兰随即也建立起了自然资源核算框架体系，其中最重要的是森林资源核算。1978年，法国成立了自然资源核算委员会，20世纪80年代后期加拿大也开始开发同样的自然资源核算系统，日本于1991年开始研究和建立环境核算体系和相关指标，美国1992年开始着手建立"经济环境一体化卫星账户"。90年代以后，发展中国家如墨西哥、印度等也开始在国际组织的提议下，进行有关的尝试工作。

1992年联合国环境与发展大会通过的《21世纪议程》明确提出开展对生态系统价值和自然资本的评估研究，提出"应在所有国家中建立环境—经济一体化体系，应挖掘更好的方法来计量自然资源的价值，以及由环境提供的其他贡献的价值，国民生产总值和产值核算应予扩充，以适应环境—经济一体化的核算体系，从而补充传统的国民生产总值和产值核算方法""提倡将树木、森林和林地所具有的社会、经济、生态价值纳入国民经济核算制的各种方法，建议研制、采用和加强核算森林经济和非经济价值的国家方案"。近年来，联合国相继出台了综合环境经济核算体系（SEEA）、生态系统和生物多样性经济学体系（TEEB）及《林业环境与经济核算指南》（FAO）等指导性文件，并在许多国家进行了试点和推广，取得了一定的进展。

近五十年来，欧盟等一些国际组织和发达国家在资源环境核算方面进行了有益的探索，但由于资源环境成本估价方法和资料来源方面的巨大困难，至今还没有任何一个国家能够完成全面的资源环境核算。因此，目前资源环境核算仍然是一个充满探索、实验的研究领域。

5.1.3.2 国内研究

我国生态资产思想的起源很早，春秋时期管仲认为"山泽林蔽"即"天财之所出"。20世纪80年代以来,国外有关生态资产和生态系统服务的概念、价值理论及评估方法等开始引入国内,受科斯坦萨、戴利等思想影响,我国对生态系统的重新认识与生态资产评估的研究相继出现。因此,我国对生态系统服务价值的评估研究起步较晚,正处于建立评估理论与方法、积累研究案例的初始阶段,虽然近年来随着"生态文明""两山"理论的提出取得较快发展,但与国外相比,国内的研究从理论到实践上还存在一定的差距。在早期研究中,熊毅(1983)阐述了自然资源条件为人类活动提供了必不可少的生活资料与生产资源。胡聘(2001)、李海涛等(2001)运用能值分析法及生态足迹计算方法量化生态资产,分别对太湖流域生态环境与经济社会发展的关系进行了研究;史培军等(2002)建立了一整套生态资产遥感监测技术、野外抽样调查技术及监测结果质量控制技术的标准与规范;谢高地等(2003)利用能值法对青藏高原生态资产的价值进行了评估;潘耀忠等(2004)对中国陆地生态系统生态资产价值进行遥感测量,并绘制了中国陆地生态系统生态资产价值空间分布图;陈曦等(2004)对干旱区生态资产评估体系进行了探讨;高云峰(2005)利用替代市场法对北京市山区森林资源的整体价值进行了评估。随着遥感与地理信息系统技术的引入,生态系统的生态资产评估进入了一个全新的阶段。高吉喜和范小彬(2007)提出应开展生态资产消耗、损失、流转评估与研究,并从生态承载力和生态压力的角度建立生态资产动态评估研究与应用体系;戴波(2007)提出生态资产评估与基于能值指标体系的可持续发展评价理论和方法。近年来,操建华和孙若梅(2015)构建了自然资源资产负债表的编制框架;欧阳志云等(2016)提出了生态资产、生态补偿及生态文明科技贡献核算理论与技术;欧阳志云等(2021)对全国生态资产价值进行了核算,积累了许多实践经验。

5.1.4 生态资产价值核算主要方法

根据生态经济学、环境经济学和资源经济学的研究成果,戴波和周鸿(2004)将生态资产功能量核算的方法分为两类——生态足迹分析法和能值分析法;将生态资产价值量核算的方法分为三类——直接市场分析法、替代市场分析法和间接市场分析法,这种分类方式目前仍不过时。

5.1.4.1 功能量核算

(1) 生态足迹分析法

生态足迹是在现有技术条件下,按空间面积计量的支持一个特定地区的经济和人口的物质、能源和废弃物处理所要求的土地和水等自然资产的数量。大多数人类对自然物品和服务的消费以及所排放的废物是可以定量描述的，被人类所占用的生产消费品和同化废弃物的具有生物生产力的土地面积是可以计算的。生态足迹自然也就是被一个地区所占用的生产所消耗的资源和服务，并能同化所排放的废弃物的生物生产性土地。

（2）能值分析法

能值是生产某种类别的能量所包含或需要的另一类别能量的数量，即在人类系统或自然系统，任何物品或服务的形成过程中直接或间接使用的各种能量的总量，就是该物品或服务的能值。该方法是从系统生态角度，将自然生态系统与人类经济系统相结合，以太阳能能量为基本衡量单位，与能量流图相互补，来研究分析不同时间和空间尺度下的自然和人类—自然生态系统的能量经济行为的方法。分析手段包括能量系统模型图和能值综合图的绘制、各种能值分析表的制定、能物流量计算与能值计算评估、能值转换率和各种能值指标的计算分析、系统模拟等。

5.1.4.2 价值量核算

（1）直接市场分析法

1）市场价值法，也称生产率法，就是把生态系统看做生产要素，环境质量的变化导致生产率和生产成本的变化，从而导致产品的价格和产出水平的变化，而后者是可观察和测定的。市场价值法适用于没有费用支出，但有市场价格的生态资产的价值评估。例如，没有市场交换而在当地直接消耗的生态资产，这些生态资产虽没有市场交换，但它们有市场价格，因而可按市场价格来确定它们的经济价值。因此，市场价值法首先定量地评估某种生态资产的生态系统服务功能效果，再根据这些效果的市场价格来评估其经济价值。

2）计量反应评估法，也称人力资本法或生产函数方法，一般用于评估环境质量变化对人体健康的影响、环境污染对人体健康造成的危害。该方法重要的是辨别剂量与反应之间的关系，然后再作评估。例如，将空气污染同发病率相联系，发病率同误工相联系，通过市场工资率来评估误工损失，最后倒推出环境的价值。

3）机会成本法，也称收入损失法，是指在无市场价格的情况下，资源使用的成本可以用所牺牲的替代用途的收入来估算。例如，保护国家公园，禁止砍伐树木的价值，不是直接用保护资源的收益来测量，而是用为了保护资源而牺牲的最大的替代选择的价值去测量；保护土地，则用为保护土地资源而放弃的最大的效益来测量其价值。

（2）替代市场分析法

1）享乐价格法，是根据人们为优质环境的享受所支付的价格来推算环境质量价值的一种估价方法，即将享受某种产品由于环境的不同产生的差价，作为环境差别的价值。

2）旅行费用法，即把确定旅行者的支出费用作为替代市场。一个家庭的效用取决于景点的娱乐性和其他商品服务。利用游憩的费用资料可求出"游憩商品"的消费者剩余，并以其作为生态游憩的价值。

3）享乐工资模型。使用劳动市场作为替代市场来评估无致命损伤的风险，其中的假定是风险会产生工资和保险费。

4）离散选择技术，也叫作基于选择的结合分析模型，即通过选择一个市场商品来表达非市场商品的隐含价格。对时间的评估常用离散选择技术。

5）随机效用模型。它是旅行费用法的一种替代模型，它提供了一种在多个景点之间以效用为基础，进行选择的分析方法。其优点是能够评估不同景点之间可测量的景点属性变化。

(3) 间接市场分析法

该项技术属于模拟市场技术，也称为条件价值法（CVM）或调查法，其核心是直接调查人们对生态环境质量变化的支付或补偿意愿。该方法是建立在消费行为力量基础上，支付意愿可以表示一切商品价值，也是商品价值的唯一合理表达方法。它从消费者的角度出发，在一系列假设问题下，通过调查、问卷、投标等方式来获得消费者的支付意愿和净支付意愿来估测产品和服务的价值。

1）防护费用法。用来估算人们对改善环境质量（如大气、水体）、生态保护（如生物多样性）的支付额度，从而得出最低防护费用。

2）恢复费用法。假设该生态环境资源遭到破坏，将其恢复到原有状态所需费用可作为估计生态环境资源价格的依据。

3）影子工程法。即恢复费用法的一种特殊形式，当难于直接计量某项自然生态环境资源的价值时，可通过另一项情况相近的、有计量数据的工程的相关费用来进行评估。

5.2 生态资产价值核算框架

在这个方面，高吉喜等在《区域生态资产评估理论、方法与应用》、欧阳志云等在《生态系统生产总值（GEP）核算理论与方法》进行了较为详细的阐述，本书借鉴了他们的主要观点和结论。

5.2.1 核算基础

如前所述，关于生态资产核算，国内外已经进行了多方面的研究，形成了阶段性的理论和方法，如综合环境经济核算体系（SEEA）、生态系统和生物多样性经济学体系（TEEB）、林业环境与经济核算指南（FAO）及欧洲森林环境与经济核算框架（IEEAF）等，这为生态资产核算奠定了思路和理论基础。

党的十八届三中全会通过的《中共中央关于全面深化改革若干重大问题的决定》提出，探索编制自然资源资产负债表。以资产核算账户的形式，对全国或一个地区主要自然资源资产的存量及增减变化进行分类核算。客观地评估当期自然资源资产实物量的变化，全面反映经济发展的资源消耗、环境代价和生态效益，为环境与发展综合决策、政府生态环境绩效评估考核、生态环境补偿等提供科学依据。2022年，中共中央办公厅、国务院办公厅印发《全民所有自然资源资产所有权委托代理机制试点方案》，为生态资产核算在实践上提供了重要的前提和保障。

5.2.2 核算框架

欧阳志云等（2021）将生态资产定义为"生产与提供生态产品与服务的自然资源，包括森林、农田、草地、湿地、农田、城镇绿地等"。生态资产核算内容包括实物量和价值量两部分。实物量即森林、农田、草地、湿地、农田、城镇绿地等各类生态系统的资源存量，包括生态系统的面积、质量及综合评价指数。价值量是通过估价的方法，将实物量转换成货币的表现形式。生态资产的核算框架如图5-1所示。

生态资产的实物量核算是对生态资产存量进行核算，由生态资产面积和质量两部分的核算组成，然而由于生态资产面积和质量量纲不一，无法加和，因此对区域生态资产的综合评估需要融合面积指标和质量指标。欧阳志云指出，生态资产面积可以通过对基于遥感的生态系统分类图对不同生态资产类型进行统计后确定，而生态资产质量的评估比较复杂，其主要与两个因素有关：

1）如何选取生态资产质量的替代性指标。影响生态资产质量的因子包括生物因子和非生物因子。生物因子中，植被种类和数量、生境面积、特别物种、群落和性状的保有，生物多样性和景观复杂性直接影响生态资产提供生态系统服务功能的强弱；非生物因子中，土壤、地形和气候等通过影响生物因子间接影响生态资产提供生态系统服务功能强弱。

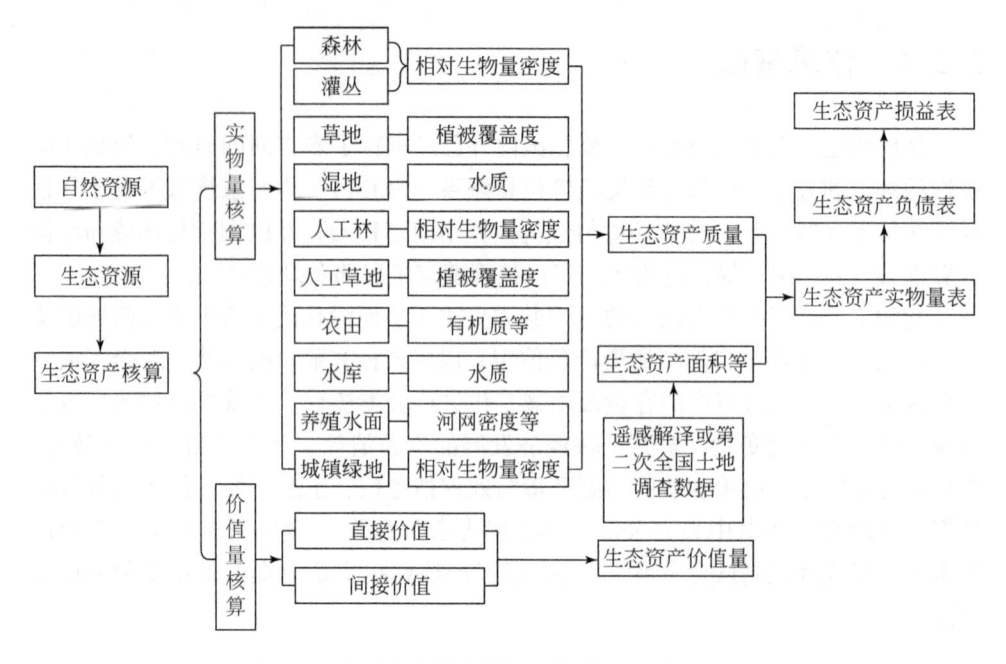

图 5-1　生态资产核算框架（欧阳志云等，2021）

2）如何消除气候、地形和土壤等自然禀赋的空间异质性对质量评估的影响。由于我国横跨多个气候带、地理区，以及土壤的空间异质性，在没有人类活动干扰条件下，不同区域生态资产类型和质量存在固有差异，因此在对其质量进行评估时需要根据气候、地形和土壤的空间差异进行空间分区，根据这些自然禀赋的空间异质性对生态资产质量进行评估。

5.3　生态资产核算内容及指标

5.3.1　核算内容

生态资产实物量是不同质量等级生态系统的面积及野生动植物物种数和重要保护物种的种群数量。核算内容分为自然生态系统和以自然生态过程为基础的人工生态系统。自然生态系统包括森林、农田、草地、湿地、荒漠；人工生态系统包括农田、水库、养殖水面和城镇绿地（表5-1）。

表 5-1 生态资产实物量核算指标表

生态资产类别	生态资产科目	质量等级（公顷）					实物量核算指标
		合计	优	良	中	差	劣	
自然生态系统	森林	森林小计						相对生物量密度
		针叶林						
		阔叶林						
		针阔混交林						
	草地	草地小计						植被覆盖度
		草甸						
		草原						
		草丛						
	湿地	湿地小计						水质
		湖泊						
		沼泽						
		河流						
以自然生态过程为基础的人工生态系统	农田	农田小计						面积、坡度、土壤有机质、灌溉保证率、有效土层厚度
		旱地						
		水田						
		园地						
	水库	水库						面积、库容、水质
	城镇绿地	城镇绿地						面积
	养殖水面	养殖水面						面积
野生动植物	野生植物数量							物种数量
	野生动物数量							
重要保护动植物	保护植物种群数量							各种保护动植物的数量
	保护动物种群数量							

资料来源：欧阳志云等，2021

5.3.2 核算指标

根据不同的生态系统，设定质量评价指标，分为优、良、中、差、劣5个等级（表5-1）。其中，森林和农田的质量评价指标为相对生物量密度；草地的质量评价指标为植被覆盖度；湿地的质量评价指标为水质；农田质量评价指标包括坡度、土壤有机质、有效土层厚度和灌溉保证率等；养殖水面和城镇绿地暂不进行质量分级。

5.4 生态资产价值核算方法

本书主要借鉴了欧阳志云等在《生态系统生产总值（GEP）核算理论与方法》中提出的生态资产核算方法。

5.4.1 生态资产面积核算

生态资产的面积可以通过遥感解译法获取，同时也可以根据研究区自然资源部门的土地利用空间数据进行核算。遥感（RS）和地理信息系统（GIS）广泛应用于全球或区域尺度的生态系统评估。栅格数据的分辨率一般为25~1000米，高于10米的分辨率为高分遥感，如SPOT卫星影像等，目前也被广泛应用于生态系统评估。

5.4.2 生态资产质量评估方法

5.4.2.1 生态资产特征区划

为降低和消除气候、地形、土壤等自然禀赋差异对生态资产评估的影响，使不同自然因子条件限制下生态资产具有可比性，黄斌斌等（2019）提出利用气候、地形、土壤等非生物因子的空间差异特征进行生态资产特征区划，在不同区划范围内重新制定标准对生态资产进行分级。由于不同非生物因子间并不完全互相独立，一些非生物因子间具有较强的耦合效应。通过分析后最终选取如表5-2所示的因子并依据相应的标准进行分级，同时结合GIS空间制图技术对生态资产进行特征分区。

表5-2 不同非生物因子分级标准

气温		降水		土壤有机质		坡度	
日均温>10℃年积温（℃）	名称	年降水量（mm）	名称	有机质含（%）	名称	坡度范围（°）	名称
<1600	寒温带	≤200	干旱区	<0.6	低	≤5	平坡
1600~3400	中温带	200~400	半干旱	0.6~1.0	较低	6~15	缓坡

续表

气温		降水		土壤有机质		坡度	
日均温>10℃年积温（℃）	名称	年降水量（mm）	名称	有机质含（%）	名称	坡度范围（°）	名称
3400~4500	暖温带	400~800	半湿润	1.0~2.0	中	16~25	斜坡
4500~8000	亚热带	>800	湿润	>2.0	高	26~35	陡坡
>8000	热带					≥35	急坡
<2000（青藏高原）	高寒区						

资料来源：欧阳志云等，2021

5.4.2.2 生态资产质量分级

由于森林、农田、草地、湿地等不同生态资产类型存在差异，所以针对不同类型的生态资产分别采用不同的评价指标对生态资产质量进行分级，所采用的评价指标及分级标准如表5-3所示。

表5-3　生态资产等级划分标准

生态资产类别	指标	生态资产等级				
		优	良	中	差	劣
森林	相对生物量密度	(100, 80)	(80, 60)	(60, 40)	(40, 20)	(20, 0)
农田	相对生物量密度	(100, 80)	(80, 60)	(60, 40)	(40, 20)	(20, 0)
草地	植被覆盖度（%）	(100, 80)	(80, 60)	(60, 40)	(40, 20)	(20, 0)
湿地	水质	Ⅰ类	Ⅱ类	Ⅲ类	Ⅳ类	Ⅴ类和劣Ⅴ类
农田	光温潜力、土壤质量、灌溉保证率等	1~3级	4~6级	7~9级	10~12级	13~15级

资料来源：欧阳志云等，2021

5.4.3　生态资产类型指数及综合指数

区域生态资产状况评价的生态资产面积和质量两个指标量纲不统一，黄斌斌等（2019）提出生态资产类型指数与生态资产综合指数概念，以对类型水平和区域水平的生态资产存量及变化进行评价。生态资产类型指数依据生态资产等级从劣到优分别赋予1~5不同权重，用以衡量不同类型生态资产的综合状况；生态资产综合指数是各类型生态资产类型指数之和，用以衡量区域生态资产的综合状况。具体计算方法如下所示：

$$EQ_i = \frac{\sum_{j=1}^{5}(EA_{ij} \times j)}{(EA_i \times 5)} \times \frac{EA_i}{S} \times 100$$

$$EQ\sum_{i=1}^{k}EQ_i = \frac{\sum_{i=1}^{k}\sum_{j=1}^{5}(EA_{ij} \times j)}{\sum_{i=1}^{k}EA_i \times 5} \times \frac{\sum_{i=1}^{k}EA_i}{S} \times 100$$

式中，i 为生态资产类型；j 为生态资产等级权重因子；EA_i 为第 i 类生态资产的面积；EA_{ij} 为第 i 类第 j 等级生态资产的面积；EQ_i 为第 i 类生态资产指数；k 为区域的生态资产类型种类数；EQ 为生态资产综合指数；S 为区域的总面积。

5.4.4　生态资产实物量核算

生态资产实物量是指不同质量等级的森林、草地、湿地、农田、城镇绿地等生态系统的面积及野生动植物物种数和重要保护物种的种群数量。生态资产实物量核算的目的是记录不同质量的生态资产当期的实物量存量，并以此为依据，计算生态资产实物量在核算期内发生的变化情况（博文静等，2019）。

5.4.4.1　生态资产实物量负债表

生态资产实物量负债表记录不同质量的生态资产期初和期末存量及在该核算期内发生的变化情况。从生态资产核算期期初开始，到期末结束，实物量负债表计算核算期间不同质量等级生态资产实物量的变化率。

5.4.4.2　生态资产实物量损益表

生态资产实物量损益表记录森林、草地、湿地、农田等各单项生态资产期初和期末的存量，以及存量在该核算期内发生的各类变化。生态资产实物量损益表核算目的是评估当前的经济活动方式是否会导致现有生态资产发生耗减和退化，能够为生态资产管理提供有效帮助。

5.4.5　生态资产价值量核算

尽管欧阳志云等提出了比较详细可行的生态资产实物量核算方法，但有关生态资产价值量的核算并没有给出答案，这也是当前困扰该领域国内外学者的一个难题。本书摘选了王红岩等（2012）提出的有关生态资产价值量核算的一种方法，供大家参考。

研究区自然资源价值按森林（针叶林和阔叶林）、灌丛、草地、农田、水体等五个生态资产类型分别计算其提供的自然资源价值，最后相加获得该地区总的自然资源价值。

具体来说，首先根据前期王红岩等（2010）研究获得的研究区各类植被生物量估测模型和高精度土地覆盖类型图，分别估测森林、灌丛、草地的生物量；然后根据研究区内各区域的优势树种种类估测森林蓄积量；再根据各个树种的出材率及立木价格计算森林资源价值。同样，根据《中国生物多样性国情研究报告》中前期建立的模型估测灌丛和草地的生物量，将生物量折算为有机物价值，获得灌丛和草地资源的价值。农田自然资源价值包括生产的粮食价值和秸秆价值两部分，根据《中国统计年鉴》中各类作物产量、面积等数据，计算获得研究区农田自然资源价值。

5.5 案例：我国的生态资产核算

5.5.1 全国生态资产实物量核算

本案例摘选自欧阳志云等的《生态系统生产总值（GEP）核算理论与方法》一书。

5.5.1.1 生态资产整体情况

2015年，全国生态资产总面积为562.39万平方千米（未包括香港、澳门、台湾地区数据，下同），其中，森林生态资产面积占比为34.13%（191.98万平方千米），优、良等级质量森林生态资产面积占比分别为9.02%、18.93%。森林生态资产主要分布在天山、大小兴安岭、长白山等地区。灌丛生态资产面积占比为12.02%（67.58万平方千米），优、良等级质量灌丛生态资产面积占比分别为13.29%、9.91%。灌丛生态资产主要分布在天山南部、祁连山、黄土高原等地区。草地生态资产面积占比为47.41%（266.65万平方千米），优、良等级质量草地生态资产面积占比分别为13.46%、10.29%。草地生态资产主要分布在阿尔泰山、天山山脉、内蒙古高原中东部等地区。湿地生态资产面积占比为6.43%（36.18万平方千米），优、良等级质量湿地生态资产面积占比分别为3.26%、45.29%。湿地生态资产主要包括十大流域范围内的江河湖泊。

2000~2015年，全国生态资产总面积增加了10.61万平方千米，优、良等级质量生态资产面积明显增多。其中，森林生态资产面积增加6.54%（11.79万平方千米），优级面积增加66.45%，良级面积增加88.67%；灌丛生态资产面积增加8.84%（5.49万平方千米），优、良等级质量灌丛生态资产面积分别增加28.70%和74.22%；草地生态资产面积减少3.07%（8.46万平方千米），优级质量草地生态资产面积增加90.24%；湿地生态资产面积增加6.43%（1.79万平方千米），优、良等级质量湿地生态资产面积增加了14.05%。

5.5.1.2 森林生态资产

全国森林生态资产包括常绿阔叶林、落叶阔叶林、常绿针叶林、落叶针叶林、针阔混交林和稀疏林等6种类型。2015年，森林生态资产总面积为191.98万平方千米，占全国陆地总面积的19.99%。其中，常绿阔叶林面积为38.04万平方千米，占森林总面积的19.81%；落叶阔叶林面积为56.37万平方千米，占森林总面积的29.36%；常绿针叶林面积为77.29万平方千米，占森林总面积的40.26%；落叶针叶林面积为11.09万平方千米，占森林总面积的5.78%；针阔混交林面积为8.90万平方千米，占森林总面积的4.64%；稀疏林面积为0.28万平方千米，占森林总面积的0.15%。全国森林生态资产质量整体状况较差。其中，差级森林生态资产面积为35.42万平方千米，劣级森林生态资产面积为39.47万平方千米，两者之和占森林生态资产总面积的39.01%。

从省域来看，优、良等级森林生态资产面积较大的地区有黑龙江、云南、内蒙古、吉林、西藏、四川。西北地区的青海与新疆，森林面积较少，但优、良等级森林生态资产面积比例较高。山东、山西、北京、天津、河北、上海等地区的森林生态资产质量普遍较低。

5.5.1.3 灌丛生态资产

全国灌丛生态资产包括常绿阔叶灌丛、落叶阔叶灌丛、常绿针叶灌丛和稀疏灌丛等4种类型。2015年，灌丛生态资产总面积为67.58万平方千米，占全国陆地总面积的7.04%。其中，常绿阔叶灌丛面积为16.68万平方千米，占灌丛总面积的24.68%；落叶阔叶灌丛面积为43.33万平方千米，占灌丛总面积的64.12%；常绿针叶灌丛面积为0.87万平方千米，占灌丛总面积的1.29%；稀疏灌丛面积为6.70万平方千米，占灌丛总面积的9.91%。全国灌丛生态资产质量整体较差。其中，差级灌丛生态资产面积为11.13万平方千米，劣级灌丛生态资产面积为27.32万平方千米，两者之和占灌丛生态资产总面积的56.89%。

从省域来看，优、良等级灌丛生态资产面积较大的地区有西藏、四川、云南、新疆和青海。东北地区的黑龙江，灌丛面积较小，但优级灌丛生态资产面积比例较高。宁夏、内蒙古、山东和天津等地区的森林生态资产质量普遍较低。

5.5.1.4 草地生态资产

全国草地生态资产包括草甸、草原、草丛和稀疏草地等4种类型。2015年，全国草地生态资产总面积为266.65万平方千米，占全陆地总面积的27.78%。其中，草甸面积为41.24万平方千米，占草地总面积的15.46%；草原面积为120.05万平方千米，占草地总面积的45.02%；草丛面积为11.95万平方千米，占草丛总面积的4.47%；稀疏草地面积为93.42万平方千米，占草地总面积的35.03%。全国草地生态资产质量整体较差。其中，差级草地生态资产面积为62.47万平方千米，劣级草地生态资产面积为103.90万平方千米，两者之和占草地生态资产总面积的62.39%。

从省域来看，优、良等级草地生态资产面积较大的地区有青海、四川、内蒙古和西藏。安徽和广东的草地生态资产面积较小，但优级草地生态资产面积比例较高。西藏、新疆和宁夏等地区的草地生态资产质量普遍较低。

5.5.1.5 湿地生态资产

2015年，全国湿地生态资产总面积为36.18万平方千米。其中，长江流域、松花江流域和西北诸河流域是全国湿地生态资产的重要组成部分，面积分别为7.17万平方千米、9.21万平方千米和8.65万平方千米。

全国湿地生态资产质量状况总体较好，优级和良级面积占比分别为3.26%和45.29%，而差级和劣级湿地生态资产面积占比仅为12.71%和9.36%。其中，珠江流域、西北诸河和西南诸河流域湿地质量状况相对较好，优级和良级面积之和分别为77.8%、96%和72.4%；淮河流域、海河流域和辽河流域湿地质量状况相对较差，差级和劣级面积之和分别为45.7%、57.8%和60%。

5.5.2 丰宁县生态资产价值量核算

本案例摘选自王红岩等（2012）《县级生态资产价值评估——以河北丰宁县为例》一文。

5.5.2.1 自然资源概况

丰宁满族自治县位于河北省北部、承德市的西部，地处燕山北麓和内蒙古高原南缘，南邻北京市怀柔区，北靠内蒙古正蓝旗和多伦县，东西邻河北省围场、隆化、滦平等县，总面积8765平方千米。该县地形复杂，由东南向西北呈阶梯状抬升，分为坝上、接坝、坝下三个不同的地貌单元，海拔374~2293米。该区属中温带大陆季风型半湿润半干旱高原山地气候，年平均气温坝下 7.2℃，坝上为 2.1℃，南北温差大，多年平均降水量坝上为 416.5 毫米，坝下为 457.4 毫米。主要土壤类型有黑土、灰色森林土、棕壤土、栗钙土、草甸土、沼泽土和风沙土等。坝下与接坝地区属温带落叶阔叶林区，植被以落叶阔叶林、针阔混交林和落叶灌丛为主，而坝上地区以典型草原和草甸草原植被为主。

5.5.2.2 生产有机物质价值

基于研究区 NPP 数据，采用市场价值法对丰宁县生态系统生产有机物质价值进行了估算。丰宁县生态系统 2008 年生产有机物质价值总量为 11.44 亿元，单位面积最高达 2838 元/公顷。中部、西南部及东部的 NPP 明显高于西北部，这是由于丰宁县西北部分布大面积的草地，草地植被的净初级生产力明显低于森林、灌丛植被的净初级生产力。

5.5.2.3 营养物质积累和气体调节价值

丰宁县生态系统 2008 年营养物质积累总价值达 7.76 亿元，单位面积最高达 2381 元/公顷，丰宁县东南地区及农田的营养物质积累价值明显高于西北草地地区。丰宁县生态系统 2008 年固碳释氧总价值达 61.6 亿元，单位面积最高达 15 288 元/公顷，固碳释氧价值分布与 NPP 空间分布基本一致，中部、西南部及东部的固碳释氧价值明显高于西北部。

5.5.2.4 涵养水源价值

丰宁县 2008 年生态系统水源涵养总价值约为 75.19 亿元。从分布来看，西北部地区较高，主要因为该地区土壤类型为栗钙土和草甸土，其土壤孔隙度较大，土层较厚。

5.5.2.5 保育土壤价值

丰宁县生态系统 2008 年保育土壤总价值约为 202.14 亿元，西南及中部地区森林分布较多，植被覆盖度高，土壤保持量大，生态系统保育土壤价值高；西北坝上草原及农田分布区域，地势较平坦，水土流失量小，土壤保持量小，生态系统保育土壤价值较低。

5.5.2.6 自然资源价值

丰宁县 2008 年自然资源总价值约为 56.29 亿元，西南部、中部及东部的森林植被及灌丛植被的自然资源价值明显高于西北部的草本植被和农作物的自然资源价值。

5.5.2.7 丰宁县生态资产总价值

将上述计算获得的丰宁县生态资产各分项价值进行叠加，2008年丰宁县总生态资产约为414.44亿元，单位面积生态资产在1123元/公顷至390 029元/公顷，其中最大值出现在中部与西南部的森林生态系统。在三种自然植被生态系统中，森林（针叶林和阔叶林）的生态资产总值最高，达到162.51亿元，占总生态资产价值的39.21%；其次为灌丛，生态资产价值约为119.47亿元，占总生态资产的28.83%；草地的生态资产价值占总生态资产的16.18%，总价值约为67.07亿元。

第 6 章　生态产品第四产业的产值核算

生态产品第四产业本质是围绕生态产品供给和价值实现形成的产业,因此其产值可以用生态产品总值(GEP)来计量。生态产品总值是在实物量核算的基础上进行的价值量核算,该核算基于资源经济学、生态经济学、环境经济学与生态系统服务价值核算的理论方法体系,采用遥感解译技术、机理模型、实地监测法、统计分析法、现场调查法等方法,对森林、湿地、草地、农田等不同生态系统的产品供给服务、生态调节服务和文化服务的实物量和价值量进行核算(王金南等,2021a)。生态产品总值与上一章所介绍的生态资产价值是密不可分的,相当于经济学领域的流量和存量的概念。本章将从生态产品价值核算研究的进展、意义、体系构建、核算方法及具体案例等方面,主要结合王金南和欧阳志云等相关研究成果,介绍生态产品第四产业的产值核算的相关内容。

6.1　国内外生态产品价值核算的研究

6.1.1　国外研究进展

如前所述,生态产品价值在国外被称为生态系统服务价值。20 世纪 70 年代以来,国外学者逐渐认识到生态系统服务功能对人类生存与发展发挥着重要的作用,开展了相关的研究,并在生态系统提供的服务功能、概念以及对价值评估等方面取得了一定的进展。

霍尔德伦和埃利希(Holdren and Ehrlich)于 1974 年首次提出了生态系统服务的概念;费格尔(Fergal)将生态系统服务功能定义为生态系统与生态过程所形成及所维持的人类赖以生存的自然环境条件与效用(Pharo and Daily,1999)。在人们认识到生态系统服务功能有巨大的价值后,学者们开始寻求一种核算方法,能够定量地表示生态系统服务功能的具体价值。随着 1997 年戴利的专著《生态系统服务:人类社会对自然生态系统的依赖性》出版发行,以及他的同事马里兰大学生态经济研究所所长科斯坦萨在 *Nature* 上发表论文,首次以货币的形式向人们展示了自然生态系统为人类提供的服务价值为16 ~ 54 万亿美元,标志着生态系统服务核算研究成为生态和环境经济学领域的研究热点。这是一场科学上的革命，也为后续国内外生态产品价值及其相关核算体系的建立奠定了理论基础。

戴利和科斯坦萨把生态系统服务定义为直接或间接增加人类福祉的生态特征、生态功能或生态过程，也就是人类能够从生态系统获得的效益。随后 *Ecological Economics* 于 1998 年、1999 年以专题的形式讨论了生态系统服务及其价值评估的研究成果。至此，生态系统服务价值评估及核算方面的论文呈指数上涨趋势。在此基础上，许多学者提出可以将生态保护整合到经济社会发展的决策之中。为了评估生态系统为人类福祉做出的贡献价值，在 2001 年联合国千年生态系统评估（MEA）项目中，来自全世界的 1360 名专家参与了此项研究。其中，生态系统服务价值评估是 MEA 的核心内容之一，2003 年千年生态系统评估概念框架组对生态系统服务功能的内涵、分类体系、评估基本理论和方法均进行了详细的阐述，这些工作都极大地推动了生态系统服务功能在全世界各国的普及和发展。2012 年，*Ecosystem Services* 问世，其刊发了大量与生态系统服务相关的研究成果及政策应用。上述研究初步建立了生态系统服务功能评价的理论指标框架，并探索了不同生态系统、不同服务功能类型生态系统服务价值的指标体系和评估方法。此后的研究开始考虑如何基于评估结果，将生态系统价值核算体系纳入经济社会发展的评价体系中，建立一个符合地区可持续发展的考核体系及考核办法，鼓励和引导地区保护、改善生态系统的服务功能，防止生态环境进一步的恶化（廖薇，2019）。

6.1.2 国内研究进展

在我国，对生态系统服务功能及其价值评估的研究始于 20 世纪 80 年代。董纯（1985）首次提出关于森林生态系统经济价值的评价和计算问题；吴江天（1991）对鄱阳湖湿地生态系统进行评价，阐述了鄱阳湖湿地生态系统为鸟类、鱼类提供栖息环境，为人类提供观赏旅游等价值。李金昌、孙刚、欧阳志云等于 1999 年分别对全球、森林和红树林等不同生态系统进行价值核算研究，并总结出不同的核算指标体系及核算方法。谢高地等（2001，2003）利用能值法对中国天然草地生态系统服务价值和青藏高原草地生态系统服务功能的经济价值进行了评估；赵同谦等（2004）把中国森林生态系统的服务功能划分为提供产品、调节功能、文化功能和生命支持功能 4 类，并选取了 13 项指标，建立了我国首个森林生态系统服务功能的核算体系。随着生态系统服务价值功能研究逐渐深入，研究者对生态系统的分类也逐渐细化，根据用途和组成成分的不同细分到森林、草地、农田、水域、城市绿地、城乡居民用地、工矿建设用地、未利用地等。2013~2015年，曾杰、刘永强、马骏等根据城市化带来的土地利用类型的转型，对生态系统服务价值进行了研究。随着生态系统服务价值研究的深入，人们逐渐认识到，某个区域的生态价值不仅取决于其自然环境状况，还取决于该区域社会层面对环境状况的认识、掌握程度、生态环境保护水平及环境破坏的治理程度等（胡和兵等，2013）。因此，大家都在寻找与建立一个独立的区域生态系统核算体系，其中包括生态系统为人类提供的产品与服务功能的核算指标及方法等。2013年，欧阳志云和世界自然保护联盟（IUCN）朱春全首次提出了生态系统生产总值（GEP）的概念，并参照联合国MEA指标体系构建了一套与GDP核算体系相对应的生态系统价值核算体系，包括生态系统供给价值、生态系统调节价值以及生态系统文化价值等，并在内蒙古库布齐沙漠首次开展生态系统生产总值核算项目。以此为依据，曹玉昆和李迪（2013）、王保乾和李祎（2015）对国有林场、水资源生态系统等不同区域的GEP进行了核算；金丹和卞正富（2013）、白玛卓嘎等（2017）对云南、四川甘孜藏族自治州等不同地区的GEP进行了核算（廖薇，2019）。2020年，欧阳志云和王金南等编制了国家技术标准《生态系统评估 生态系统生产总值（GEP）核算技术规范》（征求意见稿）以及《陆地生态系统生产总值核算技术指南》，标志着我国生态产品价值评估开始走向规范化和正规化。欧阳志云等于2020年在《美国科学院院报》（PNAS）上发表了青海省GEP核算的成果；王金南等于2021年在 *Ecosystem Services* 上发表全球179个国家的GEP核算结果，标志着我国在该领域的研究开始达到国际先进水平。

6.2 国内外生态产品价值核算体系

6.2.1 国外生态产品价值核算体系

下面对笔者整理出来的受广泛认可的国外四套生态产品价值核算体系分别给予简要介绍（表6-1）。

6.2.1.1 联合国千年生态系统评估体系（MEA）

联合国于2001年启动，全球千余名专家参与了MEA的工作，旨在评估生态系统变化对人类福祉所造成的影响，为改善生态系统的保护和可持续性利用从而促进人类福祉奠定科学基础。MEA评估结果包含在5本技术报告和6个综合报告中，对全世界生态系统及其提供的服务功能（洁净水、食物、林产品、洪水控制

表 6-1 国内外主要生态产品价值核算体系比较

核算体系		Costanza	MEA	TEEB	CICES	GEP
供给服务		食物生产	食物	食物	生物量—营养	农业产品、畜牧业产品、林业产品、渔业产品
		供水	淡水	水	水	生态能源
		原材料	纤维等	原材料	生物量—纤维、能源及其他	
		—	观赏性资源	观赏性资源	材料	—
		遗传性资源	遗传性资源	遗传性资源	—	—
		—	—	—	生物量—机械能	其他
调节服务		气体调控	大气质量	空气净化	气体和空气流动调节	空气净化
		气候调控	气候调控	气候调控	大气成分和气候调节	气候调节、氧气提供
		干扰调控（防风暴和防洪）	自然灾害调控	干扰防御或缓和	—	防风固沙、海岸带防护
		水调节（比如自然灌溉和防旱）	水调控	水流调控	空气和液体流动调节	洪水调蓄
		废物处理	净水和废物处理	废物处理（比如净水）	废物、毒物和其他有害物质调节	水质净化
		防侵蚀和水土保持	防侵蚀	防侵蚀	质量流调节	水源涵养、土壤保持
		土壤形成	土壤形成（支持性服务）	土壤肥力维护	土壤形成和成分维护	碳固定
		授粉	授粉	授粉	生命周期维护（包括授粉）	物种保育
		生物防治	虫害和人类疾病调控	生物防治	虫害和疾病防治维护	病虫害防治
支持服务		营养循环	营养循环和光合作用，初级生产	—	—	
		难民（托儿所和迁徙住地）	生物多样性	生命周期维护（特别是托儿所）	生命周期维护和基因库保护	
		—	—	基因库保护	—	
文化服务		娱乐（包括生态旅游和户外活动）	休闲与生态旅游	休闲与生态旅游	身体上的与体验性的互动	休闲旅游
		文化（包括美学、艺术、精神、教育和科学等）	文化（包括美学、艺术、精神、教育和宗教价值观等）	审美价值观、文化多样性	审美信息，文化，艺术和设计灵感	景观价值
			精神和人类教育价值观	精神体验	精神的和/或象征性的互动	
			知识系统，教育价值观	认知发展信息	智力和代表性的互动	

资料来源：俞敏等，2020

和自然资源等）的状况与趋势进行了科学评估，并提出了恢复、保护或改善生态系统可持续利用状况的各种对策。

6.2.1.2 联合国生态系统和生物多样性经济学体系（TEEB）

TEEB是由联合国环境规划署2007年主导的关于自然价值的经济学政策的国际行动倡议，即建立生物生多样性和生态系统服务价值评估、示范及政策应用的综合方法体系，推动生物多样性保护、管理和可持续利用。TEEB以生态系统服务价值和生物多样学的经济学为基础，为政策决策者、私营部门及非政府组织参与生态系统保护提供了动力，并成为推动绿色经济发展和脱贫的工具和指南。迄今已有包括中国在内的20多个国家启动了该项目。

6.2.1.3 美国国家生态系统服务分类系统（NESCS）

NESCS是美国环保署2015年建立的，现行的为NESCS plus版本，其主要目的是作为分析生态系统变化如何影响人类福利的框架。该系统有助于分析不同类型的环境管理行动、政策和法规。其潜在的应用包括但不限于环境项目的成本效益分析、自然资本核算和衡量"绿色"国内生产总值（GDP）。虽然NESCS Plus不是一个估值或会计系统，但它旨在支持对最终生态系统服务变化进行系统和全面的会计核算。

6.2.1.4 联合国环境经济综合核算体系（SEEA）

SEEA是联合国统计署等国际机构在总结各国自然资源核算研究和实践的基础上，形成的自然资源与生态环境统计核算的国际标准。它的特点主要为以下三个方面：①三支柱论——指同时实现经济、社会和环境的可持续。②生态论——经济和社会系统是全球环境的子系统，因此经济和社会的可持续性从属于环境的可持续性；发展是指生态系统做出适应性反应的动态能力的维护，可持续性的关键是生态系统对外界干扰和变化做出弹性反应的能力；人类活动对生态系统的压力，生态系统对这些人类压力的反应。③资本论——可持续发展是通过替代或保持财富的源泉确保人均国民财富不下降的发展。财富的源泉即生产资本、人力资本、社会资本和自然资本的存量。

在具体价值核算方面，SEEA又分为一个中心框架和多个卫星账户，下面主要针对SEEA-CF和SEEA-EA进行介绍。

(1) 环境经济核算体系：中心框架（SEEA-CF）

2014年，联合国统计署发布了最新版环境经济核算的国际标准——SEEA-CF，其从自然资源经济利用视角，将自然资源资产分类为矿产和能源资源、土地、土壤资源、木材资源、水生资源、其他生物资源、水资源七类环境资产，进行实物量和价值量核算。其中价值核算采用与SNA相一致的价值概念，以"经济所有者获得的经济利益"（即经济价值）为估价基础。SEEA-CF为目前国外自然资源资产核算的主流模式。

(2) 环境经济核算体系：生态系统核算（SEEA-EA）

2021年最新第五版的SEEA-EA将自然生态系统作为核算对象，核算生态系统资产及生态系统服务。对于生态系统服务核算，按最终服务原则界定了核算内容：供给服务、调节服务、文化服务三类，没有核算属于中间服务的支持服务。SEEA-EA生态系统服务价值的概念从SEEA-CF的"经济所有者的经济利益"扩展到了"人类惠益"，价值内涵包括市场交换价值与福利经济价值。我国GEP被推荐为SEEA-EA的综合核算指标之一。

SEEA-EA是在国民经济核算（SNA）总原则下建立的生态系统核算体系，它具有以下三个特点：①SEEA-EA内容主要为生态系统资产（存量）核算、生态系统服务（流量）核算。生态系统资产核算包括生态系统的范围、条件及其变化，主要为实物量核算。生态系统服务核算基本沿用了MEA生态系统服务价值评估的成果，但按照与SEEA核算体系相一致性的原则，对相关内容进行了调整。②SEEA-EA实质上是与SEEA-CF并行的核算系统。对于自然资源资产中的生态资产，根据核算目的，可以分别适用于环境资产核算（SEEA-CF）和生态系统核算（SEEA-EA）。③SEEA-EA的生态系统核算规范为开展生态资产及生态产品价值核算提供了总体思路的支撑。

6.2.2 我国生态产品价值核算体系

生态产品生产总值（GEP）是指一定区域在一定时间内生态系统为人类福祉和经济社会可持续发展提供的最终产品与服务价值的总和，主要包括生态系统提供的物质产品、调节服务和文化服务，一般以一年为核算期限。GEP的概念是由欧阳志云（中国科学院生态环境中心）和朱春全（世界自然保护联盟）2013年首次提出的。GDP是对经济增值的统计，GEP是对GDP的一种有效补充。GEP与GDP的逻辑内涵是一致的，分别是对人类经济活动和生态系统中的经济增值部分进行核算，而GEP填补了评估生态产品价值的空白。

迄今，GEP核算在我国得到广泛关注，如国家发展和改革委员会在浙江丽水市、江西抚州市试点探索基于GEP核算的生态产品价值实现机制；深圳市正在探索构建基于GEP核算的生态文明考核体系。目前已有青海、贵州、海南、内蒙古等8个省（自治区），深圳、合肥、丽水、抚州、甘孜、普洱等23个市以及阿尔山、开化、赤水等162个县（区）开展了GEP核算工作。浙江省丽水市2021年发布的《丽水市（森林）生态产品政府采购和市场交易管理办法（试行）》是以森林GEP核算结果为生态产品交易对象，将GEP中的调节服务价值作为政府采购和市场交易的标的。

同SEEA-EA相比，GEP核算属于生态系统服务流量核算，且核算内容与SEEA-EA中的生态系统服务核算内容基本一致。另外，GEP与SEEA-EA的生态系统服务价值都是生态产品总量指标，包含市场交换价值和福利经济价值两类价值，SEEA-EA将这种混合价值核算称为"货币核算"。由此可见，GEP核算作为生态产品价值核算的技术基础在理论和实践上积累了较多的经验。

6.2.2.1 GEP核算内容

GEP主要包括生态系统提供的物质产品价值、调节服务价值和文化服务价值。我们在进行东北地区GEP核算的时候，曾提出根据地域特点适当增加支持服务价值（并入调节服务价值中）、冰雪服务价值两个可选择项。其中支持服务为科斯坦萨提出，部分内容被列入联合国SEEA-EA（2022）体系中，与调节服务合称为调节与维持服务；而冰雪服务价值是宋有涛等根据习近平总书记"冰天雪地也是金山银山"的讲话，首次在该领域作为GEP的延伸和补充提出。

生态系统最终产品与服务是指生态系统与生态过程为人类生存、生产与生活所提供的物质资源与环境条件。生态系统物质产品包括食物、药材、原材料、淡水资源和生态能源等；生态系统调节服务包括水源涵养、土壤保持、防风固沙、洪水调蓄、固碳释氧、大气净化、水质净化、气候调节和病虫害控制等；生态系统文化服务包括自然景观游憩等。

6.2.2.2 GEP核算内涵与特点

GEP核算内涵主要包括以下8个方面：①用经济手段定量表达生态系统的服务价值，通过货币的形式来量化价值；②生态系统是GEP核算的前提和基础，脱离生态系统的GEP核算是不存在的；③GEP核算评估包括对生态系统物质产品供给的价值、调节服务价值及文化娱乐价值的核算；④生态系统是广义概念，包括自然生态系统，也包括人居环境生态系统；⑤GEP核算具有明确的尺度边界特征，不同尺度和边界下的GEP核算方法可能有差异，核算结果可能出入较大；⑥GEP核算结果反映的是某时点的静态值；⑦生态系统的GEP是变化的，伴随生态系统的动态变化而发生变化；⑧GEP核算包括了对产品的核算，这部分价值与GDP重叠。

GEP核算主要有以下6个特点：①将生态系统主要的资源价值量化、货币化；②采用体系—指标方法形成框架；③利用直接与间接相结合的方法对价值进行核算；④本地化参数和不变价运用是 GEP 核算与比较的关键；⑤GEP 核算结果是一个数值；⑥GEP 核算以特定的行政单元或自然地理单元为边界进行。

6.3　GEP 核算体系的构建

本节主要借鉴了欧阳志云等编制的国家技术标准《生态系统评估生态系统生产总值（GEP）核算技术规范》（征求意见稿），以及生态环境部综合司发布的欧阳志云和王金南等编制的《陆地生态系统生产总值核算技术指南》中相关内容，并增加了宋有涛等针对我国北方地区特色而编制的《辽宁省生态产品总值（GEP）核算技术规范》（征求意见稿）中增加的支持服务、冰雪服务等部分核算内容。

6.3.1　核算目的

根据各类生态模型定量评估生态产品总值的功能量，借助价格将不同计量单位的生态系统产品和服务的功能量货币化得到生态产品总值。生态产品总值可以为生态效益纳入经济社会发展评价体系、完善发展成果考核评价体系提供重要支撑，为区域生态补偿、自然资源资产审计等制度的制定提供科学依据，为评估区域生态资产及其变化状况提供科学方法。

6.3.2　核算原则

6.3.2.1　GEP 核算遵循原则

(1) 科学性原则
根据生态系统与人类福祉的关系构建核算框架与指标体系。以生态系统结构、格局和过程与生态系统服务关系为基础，构建核算方法。

(2) 实用性原则
根据核算区域生态系统的特点、核算目的和数据可获得性，确定适合本区域的核算内容、指标和方法。

(3) 系统性原则
生态系统生产总值核算既要考虑为当地人提供的惠益，也需要考虑为其他地区提供的惠益。

（4）开放性原则

应根据生态系统核算研究的最新成果，发展和完善核算的指标与方法。

6.3.2.2　GEP 指标选取原则

（1）来自自然生态过程

生态系统服务必须由自然生态过程产生，生态资产必须为自然生态要素。不具有自然生态过程的人工生态环境设施不作为生态资产，其产生的生态环境改善服务业不能作为生态系统服务。

（2）对人类有益

由于生态系统对人类也有负面影响，且大多数负面影响为人为控制的原因导致（或受限于目前的技术），而生态产品总值核算的目的在于增加正面生态系统服务，所以生态产品总值核算中仅考虑对人类产生惠益的生态系统服务。

（3）数据能够获取

生态产品总值核算中涉及的数据类型多、范围广，为了提高方法的适用性，规范的数据尽可能来自现有的统计和调查数据，或是其他城市基于自身现有统计调查体系能够得到的合理但非精确的数值。同时，在计算参数上应采用本地化参数，以便反映出当地实际情况。

6.3.3　核算程序

根据现有发布的部分技术规范、指南，GEP 核算的思路及主要工作程序主要包括：根据核算目的，确定生态系统生产总值核算区域范围，明确生态系统类型及生态系统服务的清单，确定核算模型方法与适用技术参数，开展生态系统生产总值实物量与价值量核算。

（1）确定核算的区域范围

根据核算目的，确定生态系统生产总值核算的范围。核算区域可以是行政区域，如村、乡、县、市或省，也可以是功能相对完整的生态地理单元，如一片森林、一个湖泊、一片沼泽或不同尺度的流域，以及由不同生态系统类型组合而成的地域单元及功能相对完整的生态单元，如城镇、农业、林业、畜牧业、生态能源、渔业、淡水资源等生态系统。

（2）明确生态系统类型与分布

调查分析核算区域内的森林、草地、湿地、荒漠、农田、城镇等生态系统类型、面积与分布，绘制生态系统空间分布图。

（3）编制生态系统产品与服务清单

根据生态系统类型及核算的用途，如生态补偿、离任审计、生态产品交易等，调查核算范围的生态系统服务的种类，编制生态系统产品和服务清单。当核算目标为评估生态保护成效时，可以只核算生态调节服务和生态文化服务价值。

（4）收集资料与补充调查

收集开展生态系统生产总值核算所需要的相关文献资料、监测与统计等信息数据及基础地理与地形图件，开展必要的实地观测调查，进行数据预处理及参数本地化。

（5）开展生态系统产品与服务实物量核算

选择科学合理、符合核算区域特点的实物量核算方法与技术参数，根据确定的核算基准时间，核算各类生态系统产品与服务的实物量。

（6）开展生态系统产品与服务价值量核算

根据生态系统产品与服务实物量，运用市场价值法、替代成本法等方法，核算生态系统产品与服务的货币价值；无法获得核算年份价格数据时，利用已有年份数据，按照价格指数进行折算。

（7）核算生态系统生产总值：

将核算区域范围的生态产品与服务价值加总，得到生态系统生产总值。

6.3.4 指标体系

由欧阳志云和王金南等提出生态系统生产总值核算指标体系由物质产品（又称供给服务）、调节服务和文化服务等三大类服务构成，其中，物质产品（供给服务）主要包括农业产品、林业产品、畜牧业产品、渔业产品及淡水资源；调节服务主要包括水源涵养、土壤保持、洪水调蓄、碳固定、氧气提供、空气净化、水质净化和气候调节功能构成；文化服务主要包括休闲旅游、景观价值等（表6-2）。

表6-2 GEP 实物量及价值量核算指标体系

服务类别	核算科目	实物量指标	价值量指标
物质产品	农业产品	农业产品产量	农业产品产值
	林业产品	林业产品产量	林业产品产值
	牧业产品	畜牧业产品产量	畜牧业产品产值
	渔业产品	渔业产品产量	渔业产品产值
	淡水资源	淡水资源量	淡水资源产值

续表

服务类别	核算科目	实物量指标	价值量指标
调节服务	水源涵养	水源涵养量	水源涵养价值
	土壤保持	土壤保持量	土壤价值
	洪水调蓄	洪水调蓄量	调蓄洪水价值
	空气净化	净化二氧化硫量	净化二氧化硫价值
	水质净化	净化 COD 量	净化 COD 价值
	碳固定	固定二氧化碳量	碳固定价值
	氧气提供	氧气提供量	氧气提供价值
	气候调节	植被蒸腾消耗能量	植被蒸腾调节温湿度价值
		水面蒸散发消耗能量	水面蒸散发调节温湿度价值
文化服务	休闲旅游	游客总人数	旅游收入
	景观价值	受益土地面积或公众	—

在联合国 SEEA-EA 和宋有涛提出的技术体系中，支持服务价值被并入调节服务价值中（可选项），另外宋有涛提出了一个具有寒冷地区地域特色的可选项——冰雪服务价值，其中支持服务主要包括物种保育、养分循环、生物多样性等功能，冰雪服务主要包括淡水资源、径流调节、气候调节、冰雪旅游等功能（表 6-3）。

表 6-3　GEP 实物量及价值量核算指标体系（可选项）

服务类别	核算科目	实物量指标	价值量指标
支持服务	物种保育	物种保育数量	物种保育价值
	养分循环	养分循环当量	养分循环价值
	生物多样性	生物多样性当量	生物多样性价值
冰雪服务	淡水资源	由冰雪涵养的淡水资源量	淡水资源产值
	径流调节	冰雪控制地表水资源量	径流调节价值
	气候调节	积雪覆盖反射阳光照辐射量	气候调节价值
	冰雪旅游	冰雪游客总人数	冰雪旅游价值

6.4 GEP 核算方法

6.4.1 实物量核算

欧阳志云和王金南等提出生产总值实物量核算包括三大类，即物质产品实物量核算、调节服务实物量核算、文化服务实物量核算。生态系统生产总值实物量核算的核算项目、实物量指标和核算方法见表6-4。宋有涛等提出的增加支持服务、冰雪服务两个可选择的实物量核算，核算项目、实物量指标和核算方法见表6-5。

表 6-4　生态系统生产总值实物量核算方法

服务类别	核算项目	实物量指标	核算方法
物质产品	农业产品	农业产品产量	统计调查
	林业产品	林业产品产量	
	畜牧业产品	畜牧业产品产量	
	渔业产品	渔业产品产量	
	淡水资源	淡水资源量	
调节服务	水源涵养	水源涵养量	水量平衡法
	土壤保持	土壤保持量	土壤保持量模型
	洪水调蓄	湖泊：可调蓄水量	蓄水量模型
		水库：防洪库容	
		沼泽：滞水量	
	空气净化	净化二氧化硫量	污染物净化模型
	水质净化	净化 COD 量	
	碳固定	固定二氧化碳量	固碳机理模型
	氧气提供	氧气提供量	释氧机理模型
	气候调节	植被蒸腾消耗能量	蒸散发模型
		水面蒸散发消耗能量	
文化服务	休闲旅游	游客总人数	统计调查
	景观价值	受益土地面积或公众	

表 6-5　生态系统生产总值实物量核算方法（可选项）

服务类别	核算项目	功能量指标	核算方法
冰雪服务	淡水资源	由冰雪涵养的淡水资源量	统计调查
	径流调节	冰雪控制地表水资源量	等效水量法
	气候调节	积雪覆盖反射阳光照辐射量	光辐射反射模型
	冰雪旅游	冰雪游客总人数	统计调查
支持服务	物种保育	物种保育数量	统计调查
	养分循环	养分循环当量	当量因子法
	生物多样性	生物多样性当量	当量因子法

6.4.2　价值量核算

在生态系统生产总值实物量核算的基础上，确定各类生态系统服务的价格，核算生态服务价值。具体而言，生态系统生产总值价值量核算中，物质产品价值主要用市场价值法核算，调节服务价值主要用替代成本法（洪水调蓄用影子工程法）核算，文化服务价值使用旅行费用法和支付意愿法核算。宋有涛新提出的支持服务价值中物种保育使用机会成本法，养分循环和生物多样性使用当量价值法；冰雪服务价值中淡水资源使用市场价值法，径流调节使用影子工程法，气候调节使用替代成本法，冰雪旅游使用旅行费用法进行核算。

6.5　案例：国内外生态产品价值核算

6.5.1　我国 GEP 核算

本案例摘选自欧阳志云等（2021）《生态系统生产总值（GEP）核算理论与方法》一书。

6.5.1.1　GEP 总体特征

2015 年我国 GEP 总价值为 626 975.33 亿元，是当年 GDP 的 0.87 倍。其中，生态系统物质产品总价值为 113 664.58 亿元，占比为 18.13%；调节服务总价值为 461 472.07 亿元，占比为 73.60%；文化服务总价值为 51 838.68 亿元，占比为 8.27%。

（1）物质产品价值

2015年，全国生态系统物质产品总价值为113 664.58亿元，占GEP的比例为18.13%。其中，农业产品价值为57 686.33亿元，林业产品价值为4 436.39亿元，畜牧业产品价值为29 780.38亿元，渔业产品价值为10 934.61亿元，水资源价值为4 836.43亿元，生态能源价值为5 990.45亿元。

（2）调节服务价值

2015年，全国生态系统调节服务总价值为461 472.07亿元，占GEP的比例为73.60%。其中，气候调节价值最高，为234 181.17亿元，占GEP的比例为37.35%；其次为水源涵养价值，为117 997.88亿元，占GEP的比例为18.82%；洪水调蓄价值62 835.3亿元，占GEP的比例为10.02%；其余的土壤保持价值、固碳释氧价值、防风固沙价值、空气净化价值、水质净化价值及病虫害控制价值总计为46 457.72亿元，占GEP的比例为7.41%。

（3）文化服务价值

2015年，全国旅游总人数为40亿人次，总收入为34 195亿元。全国生态系统文化服务价值为51 838.68亿元，占GEP的比例为8.27%。

6.5.1.2 GEP区域分布特征

2015年，我国生态系统生产总值较高的地区有四川和内蒙古。除此之外，华中地区的湖南、湖北和江西，华南地区的广西和广东，西南地区的云南和西藏等也都具有相对较高的生态系统生产总值。西北地区的山西、甘肃和宁夏，华南地区的海南，华北的北京、天津和华东地区的上海等的生态系统生产总值则相对较低。

从各省（自治区、直辖市）生态系统生产总值排序情况来看，四川的生态系统生产总值最高，达到40 077.5亿元；内蒙古次之，生态系统生产总值为38 131.49亿元。湖南、江西、云南、广西、广东、西藏、湖北和新疆等地的生态系统生产总值也在30 000亿元以上；生态系统生产总值位于20 000亿~30 000亿元的有福建、黑龙江、江苏、安徽和浙江；生态系统生产总值位于10 000亿~20 000亿元的有山东、贵州、青海、河南、陕西、河北、辽宁和吉林；重庆、海南、山西、甘肃、北京、天津、上海和宁夏等地的生态系统生产总值均低于10 000亿元。

6.5.1.3 单位面积GEP、人均GEP及GDP/GEP

从单位面积GEP来看，全国经济较发达、人口密度较高的地区的单位面积GEP较高。其中，单位面积GEP最高的为江苏，达到了2202.84万元/平方千米,其次是上海,为2154.29万元/平方千米,再次为福建,为2129.06万元/平方千米。除此之外,单位面积GEP较高的地区还有天津、浙江、江西和广东等地。

从人均GEP来看,全国经济欠发达、生态系统生产总值较高、人口密度较低的地区的人均GEP较高。其中,西藏的人均GEP最高,为1 020 919.2元;其次是青海,人均GEP为293 658.58元;内蒙古和新疆的人均GEP均在10万元以上,分别为151 857.79元和127 981.10元。除此之外,海南、广西、江西、福建、云南、贵州、黑龙江、湖北和湖南等地也都具有较高的人均GEP。而华北和东北的大部分地区人均GEP相对较低,其中上海的人均GEP仅为7093.52元。

我们以GDP与GEP的比值作为区域经济发展对生态环境资源利用强度的衡量指标。从全国总体来看,GDP与GEP的比值为1.15,表明GDP与GEP基本持平,说明我国总体经济发展强度基本是在生态环境与资源所能允许的范围内。但从各省(自治区、直辖市)的GDP和GEP的比值来看,区域GDP与GEP并不完全匹配。其中,上海、北京、天津这三个直辖市的GDP远远高于当地生态系统生产总值(GEP),它们的经济发展是依靠消费其他地区的生态资产来维系的,属于特殊发展区。而在这三个特大型城市之外,山东、江苏、广东的GDP显著高于区域GEP,属于对生态环境资源利用极高强度的地区;河南、河北、浙江、辽宁、宁夏的GDP较高于区域GEP,属于对生态环境资源利用高强度的地区;重庆、山西、吉林、陕西、安徽和福建的GDP与GEP基本平衡,属于对生态环境资源利用中等强度的地区;而甘肃、湖北、湖南、四川、黑龙江、贵州、内蒙古、江西、广西、海南、云南、新疆、青海和西藏的GDP则远低于区域GEP,属于对生态环境资源利用强度较低的地区。

6.5.2 东北三省GEP核算

宋有涛等(2021)对2019年东北三省生态产品价值(GEP)进行了核算,在此略作介绍。

6.5.2.1 GEP总体特征

2019年,东北三省GEP总值为5.95万亿元,为GDP的5.1倍。其中,调节服务价值最高,占比达67%;物质产品价值和文化服务价值,占比分别为22%和11%。分省来看,黑龙江省GEP最高,为2.96万亿元,辽宁省为1.59万亿元,吉林省为1.39万亿元。另外,本部分除了对东北三省生态系统物质产品价值、调节服务价值和文化服务价值等进行总体论述,还增加了支持服务价值1项作为可选择内容。

(1) 物质产品特征

经核算，2019年东北三省生态系统物质产品价值为分布情况如表6-6所示。其中，农业产品价值量最高，约为6599亿元，占物质产品总价值48.46%；其次是畜牧业产品，价值量为4481亿元，占比为33.3%；淡水资源、渔业产品和林业产品价值较低，价值量分别为1288.2亿元、875.7亿元和373.6亿元，占比均小于10%。

表6-6 2019年东北三省生态系统物质产品价值表 （单位：亿元）

物质产品	东北三省	黑龙江	吉林	辽宁
农业产品	6 598.9	3 774.5	1 016.3	1 808.1
林业产品	373.6	193.9	65.9	113.8
畜牧业产品	4 481	1 671.8	1 239.6	1 569.6
渔业产品	875.7	123.1	40.1	712.5
淡水资源	1 288.2	724.6	267.6	296
总计	13 617.4	6 487.9	2 629.5	4 500

2019年，黑龙江省物质产品价值为6487.9亿元，其中农业产品占物质产品总价值的58.18%，价值量为3774.5亿元，是东北三省中农业产品价值占比最高的省份。畜牧业产品价值量为1671.8亿元，占比为25.77%；淡水资源、林业产品和渔业产品价值量较低，分别为724.6亿元、193.9亿元和123.1亿元。

吉林省物质产品价值为2629.5亿元，其中畜牧业产品价值占比最高（47.14%），价值量为1239.6亿元；其次是农业产品价值，价值量为1016.3亿元，占比为38.65%；淡水资源价值位列第三，价值量为267.6亿元，占比为10.18%。林业产品和渔业产品价值量占比较低，均小于5%。

辽宁省物质产品价值为4500亿元，农业产品和畜牧业产品是该省主要物质产品，价值量分别为1808.1亿元和1569.6亿元，占比分别为40.18%和34.88%。渔业产品价值量为712.5亿元，占比为15.83%。由于自然条件限制，林业产品和淡水资源价值量占比较低，均小于10%。

(2) 调节服务功能特征

2019年东北三省生态系统调节服务功能价值分布情况如表6-7所示。东北三省调节服务总价值为3.93万亿余元，其中气候调节、水源涵养及洪水调蓄价值量较高，达5000亿元以上，占调节服务总价值量的75%左右。土壤保持、固碳释氧、病虫害控制、空气净化和水质净化价值量较低，占调节服务总价值的比例不到10%。东北三省各省份气候调节价值分布情况类似，生态系统气候调节价值最高，占比可达30%~50%。其次为水源涵养价值，占比为20%左右。再次为洪水调蓄及固碳释氧价值，占比在10%~20%。土壤保持、空气净化、水质净化及病虫害控制均在10%以下。

表6-7　2019年东北三省生态系统调节服务功能价值表

服务类别	指标		功能量		经济价值（亿元）	
			功能量	单位	价值量	小计
水源涵养	水源涵养量		1067.52	亿立方米	8 785.7	8 785.7
土壤保持	减少泥沙淤积		41.03	亿吨	710.4	1 950.5
	减少面源污染	氮源污染	7266.7	万吨	1 240.1	
		磷源污染	2203.28	万吨		
洪水调蓄	湖泊调蓄量		164.35	亿立方米	1 352.62	5 009.96
	库塘调蓄量		444.39	亿立方米	3 657.34	
空气净化	净化二氧化硫量		843.6	万吨	1 615.53	1 625.38
	净化氮氧化物量		30.6	万吨	9.19	
	净化粉尘量		22	万吨	0.66	
水质净化	净化COD量		338	万吨	94.61	106.56
	净化总氮量		26.3	万吨	4.59	
	净化总磷量		26.3	万吨	7.36	
固碳释氧	固碳量		2.99	亿吨	597	2 010
	释氧量		2.17	亿吨	1413	
气候调节	耕地蒸腾降温增湿		163.58	亿kW·h	81.79	19 759.08
	林地蒸腾降温增湿		221.59	亿kW·h	78.43	
	草地蒸腾降温增湿		21.52	亿kW·h	7.01	
	水域蒸腾降温增湿		39 383.7	亿kW·h	19 591.85	
病虫害控制	病虫害控制		3.1	亿亩	54.41	54.41
合计						39 301.59

1）水源涵养。黑龙江省生态系统水源涵养价值最高，为4225亿元，这是由于黑龙江省各类生态系统面积远高于吉林省和辽宁省，特别是林地生态系统。吉林省和辽宁省生态系统水源涵养价值接近，分别为2600亿元和1960亿元。东北三省林地提供的水源涵养价值最高，占总水源涵养价值的50%以上，因为林地在生态系统水源涵养功能中发挥关键性作用，森林是陆地生态系统的主体，水是生态系统物质循环和能量流动的主要载体，森林生态系统是通过林木林冠截留雨

水，根下土壤对水分的涵养、枯枝落叶层对水分的吸收等过程来实现涵养水源的。其次为耕地生态系统，其水源涵养价值占总价值40%~50%。草地提供的水源涵养价值较低，最高不超过7%。

2）土壤保持。东北三省生态系统土壤保持价值通过不同土地类型的单位土壤保持量及价值进行核算，从减少泥沙淤积和减少面源污染两个方面评估土壤保持价值。东北三省土壤保持功能总价值量约为1950亿元。其中，黑龙江省土壤保持价值最高，为1145亿元，占东北三省生态系统土壤保持价值的58.72%。其次为吉林省及辽宁省，分别为503亿及302亿元。在土壤保持价值构成中，林地生态系统提供的土壤保持价值最高，占总土壤保持价值60%以上，草地生态系统也可提供接近30%的土壤保持价值，耕地生态提供价值较低，最高不超过2%。

3）空气净化。在东北三省空气净化功能价值研究中，选用二氧化硫、氮氧化物及粉尘作为空气净化功能研究对象。采用替代成本法计算东北三省生态系统空气净化及功能价值。对于东北三省生态系统空气净化功能，功能量为实际污染物排放量。其中，二氧化硫、氮氧化物及粉尘的处理量分别为843.6万吨、30.6万吨和22万吨。经计算，得出空气净化价值为1626.38亿元。其中，黑龙江省生态系统空气净化价值最高，约为958亿元，吉林省及辽宁省空气净化价值分别约为421亿元及247亿元。东北三省林地对生态系统空气净化功能起关键作用，林地空气净化价值占比在90%以上。

4）水质净化。选用COD（化学需氧量）、总氮和总磷作为生态系统水质净化功能指标，运用水体污染物的净化能力乘以单位污染物的处理费用，可以核算东北三省水质净化价值总量。生态系统水质净化功能主要来源于湿地生态系统，东北三省生态系统的水质净化价值约为107亿元，黑龙江省水质净化价值最高，约为75亿元，辽宁省及吉林省水质净化价值分别为16亿元左右。

5）固碳释氧。通过固碳速率法计算东北三省生态系统固碳功能量，同时，根据系数换算得出东北三省生态系统氧气释放功能量，然后通过固碳释氧功能量与其单价的乘积作为东北三省生态系统固碳释氧价值。黑龙江省生态系统固碳释氧价值最高，价值量为862亿元。其次为吉林省，价值量为750亿元，辽宁省固碳释氧价值最低，价值量仅为398亿元。生态系统固碳能力主要体现在林地，东北三省的林地土壤固碳价值最高，为651亿元，而草地的固碳价值较低，为0.5亿元。此外，东北三省的林地氧气提供价值最高，为1320亿元，而草地的氧气提供价值较低，为1.2亿元。

6）气候调节。东北三省生态系统气候调节价值核算结果如下：黑龙江省生态系统气候调节价值最高，价值量约为12 136亿元，辽宁省及吉林省气候调节价值接近，均为 4000 亿元左右。生态系统水域由于强蒸散发能力较强，其气候调节价值远高于植被生态系统（植被系统包括林地、耕地及草地），因此，东北三省水域气候调节价值高达 19 759 亿元左右，耕地、林地和草地气候调节价值分别为 81.79 亿元、78.43 亿元和 7.01 亿元。相比于辽宁省和吉林省，黑龙江省气候调节价值更高，这是由于黑龙江省水域面积更大，而水面蒸散发价值是气候调节价值的主要组成部分。

7）洪水调蓄。通过单位湿地正常水位水面蓄水量及面积计算生态系统洪水调蓄量，计算出的洪水调蓄量为各生态类型的最大蓄水量。东北三省生态系统洪水调蓄服务的价值约 5010 亿元，其中黑龙江省洪水调蓄服务价值最高，为 2200亿元，吉林省和辽宁省洪水调蓄服务价值分别为 1350 亿元和 1460 亿元。在生态系统洪水调蓄价值构成中，库塘调蓄价值较高，约为 3657 亿元。湖泊调蓄价值来源于湿地生态系统，价值量约为 1352 亿元。

8）病虫害控制。森林病虫害控制可以用发生病虫害后自愈的面积和人工防治病虫害的成本来核算其价值。草地病虫害控制价值则可以采用综合防治成本与非综合防治成本之差与草地面积来核算。东北三省生态系统的病虫害防治服务价值为 1662 亿元，其中黑龙江省生态系统的病虫害防治服务价值最高，达 980 亿元，吉林省和辽宁省分别为 430 亿元和 252 亿元。

(3) 文化服务功能特征

生态系统文化服务功能包括旅游收入及旅行成本两方面。使用区域消费者成本模型，计算分析出东北三省的生态系统文化服务的价值量为 6295 亿元，其中辽宁省的生态系统文化价值最高，达 2785 亿元，占东北三省生态系统文化服务价值的 44.24%，吉林省和黑龙江省的生态系统文化价值分别为 2010 亿元和 1500 亿元。

(4) 支持服务功能特征

2019 年东北三省支持服务总价值约为 4.4 万亿元，其中受威胁和濒危物种价值最高，为 2.78 万亿元，占比约为 63%；非使用价值为 1.03 万亿元，占比约为 23.4%；保育价值最低，仅为 0.59 万亿元，占比约为 13.4%。分省来看，黑龙江省的生物多样性总价值为 17 353.2 亿元，吉林省的生物多样性总价值为 13 982.6 亿元，辽宁省的生物多样性总价值为 12 673.2 亿元。本可选项内容未计入到 GEP 总值核算里，仅供参考。

6.5.2.2 GEP 区域分布特征

东北三省 GEP 总值区域分布特征如图 6-1 所示。高 GEP 城市主要分布在黑龙江及吉林省，辽宁省仅大连、沈阳 GEP 较高。具体来看，东北三省各城市中

GEP最高的城市是黑龙江省佳木斯市，价值为4617亿元，其次是黑龙江省哈尔滨市。辽宁省GEP最高的城市为大连市，价值量是2896亿元，总排名为第4名。吉林省GEP最高的城市是长春市，价值2520亿元，总排名为第7名。

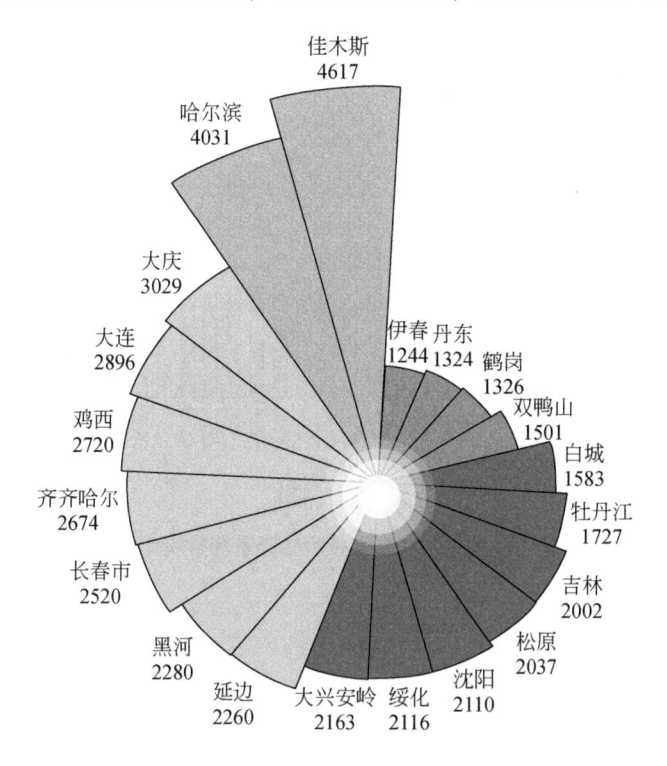

图6-1 东北三省GEP总值区域分布特征（单位：亿元）

（1）物质产品价值分布特征

2019年东北三省生态系统物质产品价值分布情况如图6-2所示。东三省生态系统物质产品价值主要分布在省会及沿海沿河地区，如辽宁省的沈阳市、大连市，黑龙江省的哈尔滨市、佳木斯市及吉林省长春市、松原市等。2019年物质产品价值超过1000亿元的城市有2个，分别是哈尔滨市和绥化市。除此之外，大连市、齐齐哈尔市、长春市、佳木斯市等都有相对较高的物质产品价值。而受限于自然条件，辽宁省的丹东市、吉林省的辽源市、黑龙江省的七台河市的物质产品价值较低。

（2）调节服务价值分布特征

2019年东北三省调节服务价值区域分布情况如图6-3所示。东北三省调节服务价值较高的城市主要分布在黑龙江省。除此之外，吉林省多市也都具有较高的

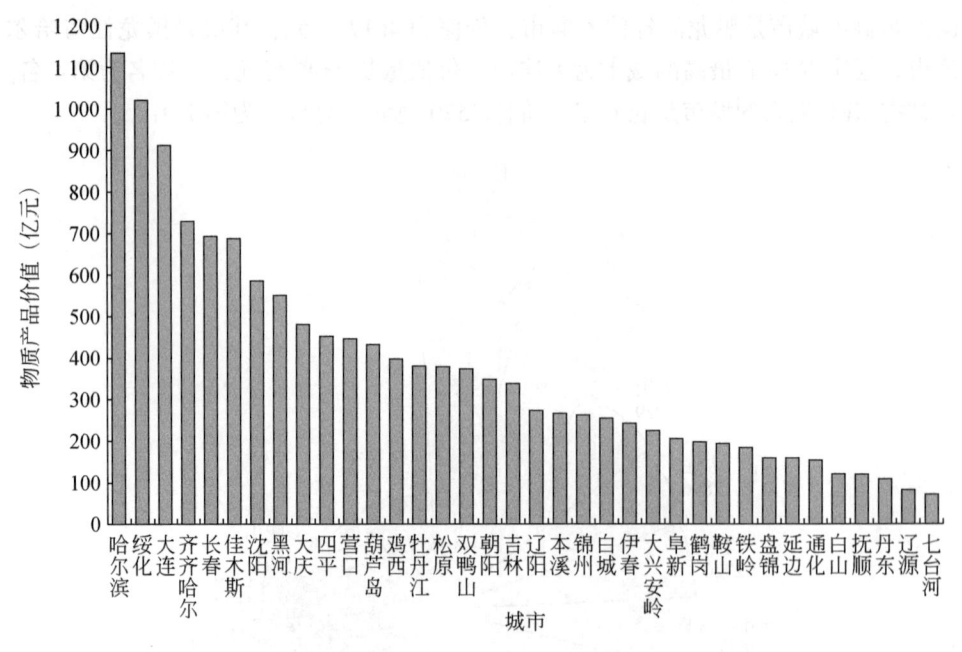

图 6-2　2019 年东北三省各市生态系统物质产品价值

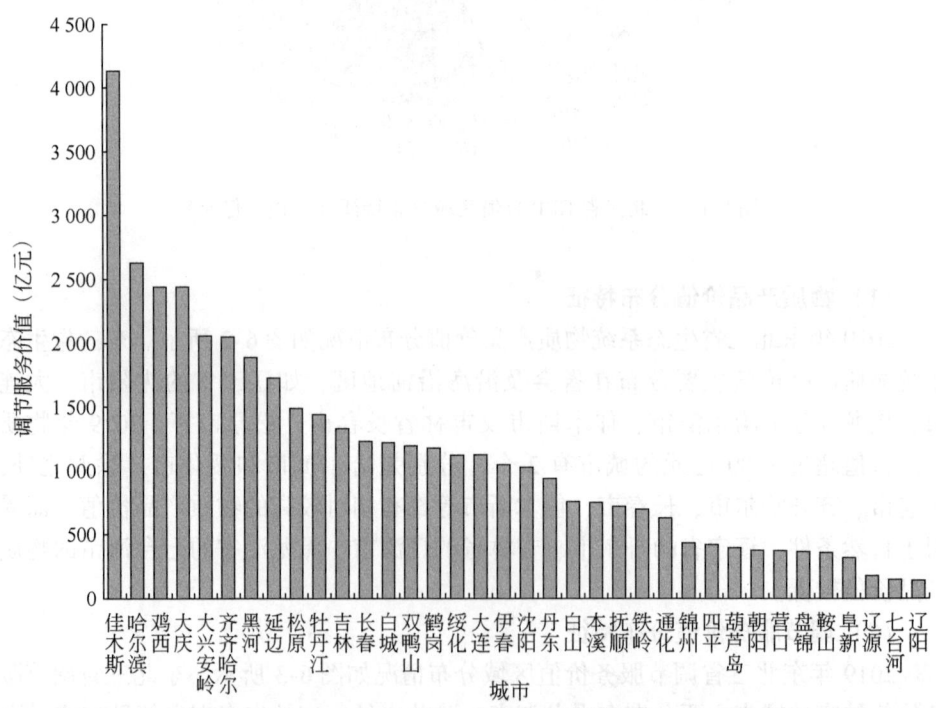

图 6-3　2019 年东北三省各地级市生态系统调节服务价值

调节服务价值，而辽宁省各市的调节服务价值相对较低。具体来看，佳木斯市的生态系统服务价值最高，达到 4135 亿元；其次是哈尔滨市，生态系统调节服务价值为 2630 亿元。鸡西市、大庆市、大兴安岭地区、齐齐哈尔的调节服务价值较接近，均在 2000 亿元以上。

（3） 文化服务价值分布特征

东北三省生态系统文化服务价值区域分布特征如图 6-4 所示。生态系统文化服务价值主要分布在省会、沿海城市及旅游城市，如辽宁省大连市、沈阳市，吉林省长春市、延边市，黑龙江省哈尔滨市等。其中，大连市的生态系统文化服务价值最高，达到 737 亿元；而哈尔滨和长春的生态系统文化服务价值较为接近，均在 550 亿元左右。生态系统文化服务价值在 200 亿~400 亿元的城市有沈阳、延边、吉林、大庆、锦州、鞍山和通化等 7 个城市。

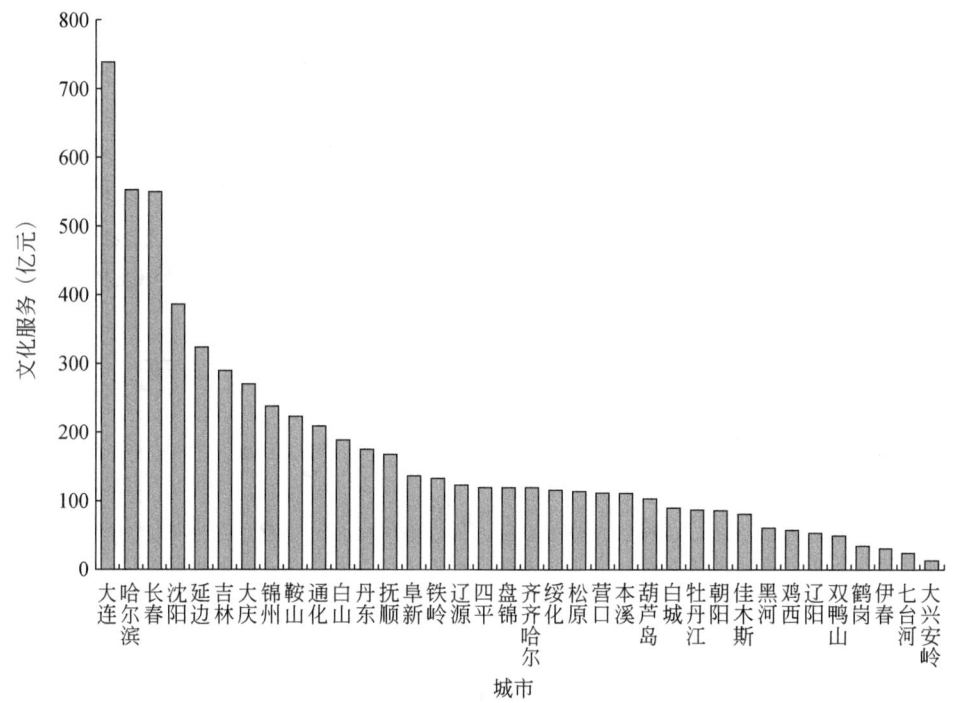

图 6-4 2019 年东北三省各地级市生态系统文化服务价值

6.5.2.3　单位面积 GEP、人均 GEP 及 GEP/GDP 特征

（1） 单位面积 GEP 特征

2019 年，东北三省单位面积 GEP 为 775 万元/平方千米。其中，辽宁省单位面积 GEP 最高，为 1080 万元/平方千米，吉林省单位面积 GEP 为 745 万元/平方

千米，黑龙江省为 678 万元/平方千米。位于单位面积 GEP 最高区间的城市均来自辽宁省，如沈阳、大连、盘锦等 5 个城市；位于第二区间的城市有 7 个，如长春、佳木斯、大庆、辽阳、松原、抚顺；位于第三区间的城市较多，共 14 个城市，如辽源、双鸭山、丹东、鞍山、吉林、四平等；位于第四区间的城市主要来自吉林省及黑龙江省，如吉林、白城、绥化、牡丹江等。

(2) 人均 GEP 特征

东北三省人均 GEP 为 5.9 万元/人。其中，黑龙江省人均 GEP 最高，为 8.82 万元/人，吉林省人均 GEP 为 5.42 万元/人，辽宁省 3.77 万元/人。因大兴安岭自然资源丰富、人口稀少，所以该地区人均 GEP 最高，其次是黑龙江省鹤岗市。位于第二区间的城市也主要来自黑龙江省，如佳木斯、鸡西、黑河等城市。第三区间的城市人均 GEP 较低，包括齐齐哈尔、盘锦、大连等城市。

(3) GEP 与 GDP 的区域耦合关系

东北三省各城市 GEP 与 GDP 比值在 0.32~4.27 之间（图 6-5）。第一组位于右上角象限，显示的是 GEP 和 GDP 都很高的城市；第二组位于左上角象限，表示 GEP 高但 GDP 低的城市；第三组位于左下角象限，显示的是低 GEP 和低 GDP 的城市；第四组位于右下角象限，表示 GEP 水平低但 GDP 高的城市。由图 6-5 可知，大连、盘锦、沈阳和大庆等城市 GEP 和 GDP 都很高，松原、辽阳、锦州和葫芦岛等 GEP 高但 GDP 低，齐齐哈尔、绥化、伊春和朝阳等 GEP 和 GDP 均较低。

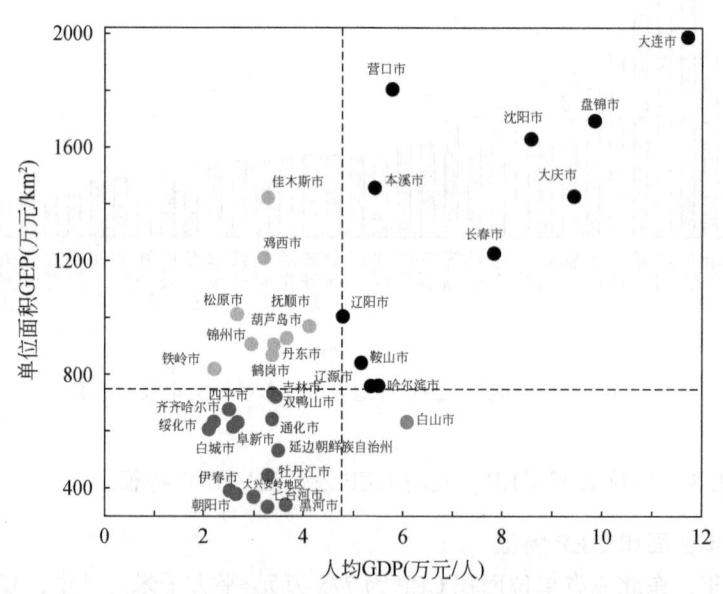

图 6-5 2019 年东北三省各城市基于单位面积 GEP 和人均 GDP 分类

第一组城市应继续稳定地维持和促进当前的自然生态系统保护和社会经济发展。第二组城市应继续在维持当前自然生态系统保护的基础上寻求进一步的社会经济发展。第三组城市应加强对自然生态系统的保护和提高价值，同时探索可持续和环保的发展路径。第四组城市应进一步分析其自然生态禀赋和产业结构，查明其经济发展是否以破坏自然生态环境为代价，实施产业升级转型，实现可持续发展。

6.5.3 东北三省冰雪服务价值核算

本案例摘选自王敏（2022）发表在《中国改革报》的新闻稿《量化"冰天雪地"价值，助力"金山银山"转化——辽宁大学、辽宁省金融研究中心等单位联合发布首个东北地区冰雪服务价值核算研究成果》。

6.5.3.1 冰雪服务价值总体特征

研究结果显示，2019年东北地区冰雪服务总值为2.96万亿元，冰绿指数为0.48，价值巨大。其中，冰雪气候调节价值最高，占比为75%，冰雪提供的淡水资源、调节径流及文化服务价值占比分别为2%、10%及13%。分省来看，黑龙江省冰雪服务价值最高，为2.06万亿元；其次为吉林省，冰雪服务价值为0.59万亿元；辽宁省冰雪服务价值为0.31万亿元。

6.5.3.2 冰雪服务价值区域分布特征

东北三省36个地级市中，黑龙江省大兴安岭排名第一，冰雪服务价值为4591亿元，排名二到五位的城市分别为黑河、哈尔滨、伊春及牡丹江。吉林省冰雪服务价值最高的地区为延边，冰雪服务价值为1263亿元，辽宁省冰雪服务价值最高的城市为沈阳，冰雪服务价值为468亿元（图6-6）。

6.5.3.3 单位面积及人均冰雪服务价值

2019年东北地区平均单位面积冰雪服务价值为377万元/平方千米，排名前四的城市分别为大兴安岭、鹤岗、白山及黑河，单位面积冰雪服务价值在500万元以上（图6-7）。2019年东北地区平均人均冰雪服务价值为2.89万元/人，排名前四的城市分别为大兴安岭、鹤岗、黑河及伊春，人均冰雪服务价值在10万元以上（图6-8）。

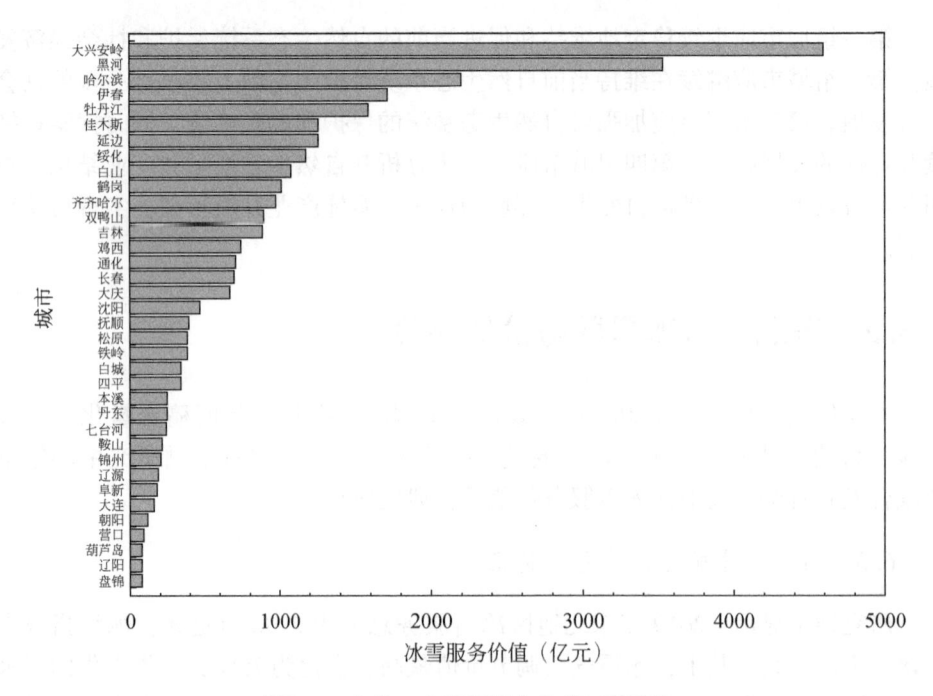

图 6-6 东北三省冰雪服务价值区域分布

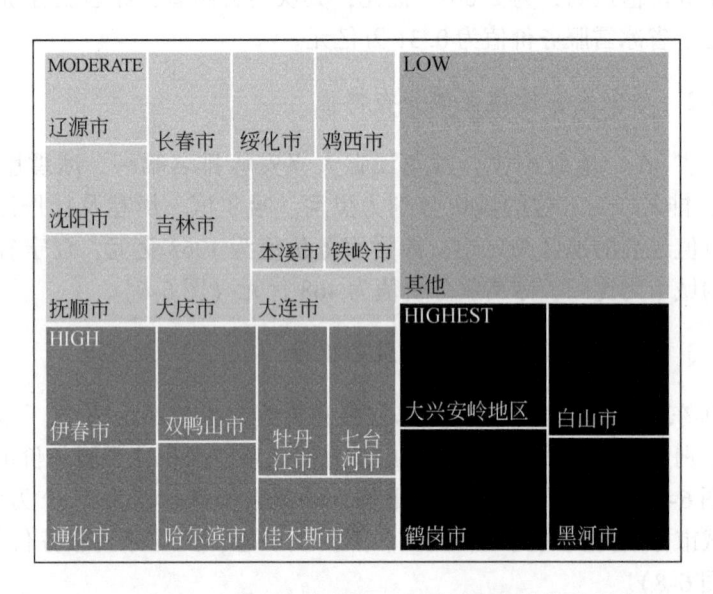

图 6-7 东北三省各地级市单位面积冰雪服务价值聚类分析

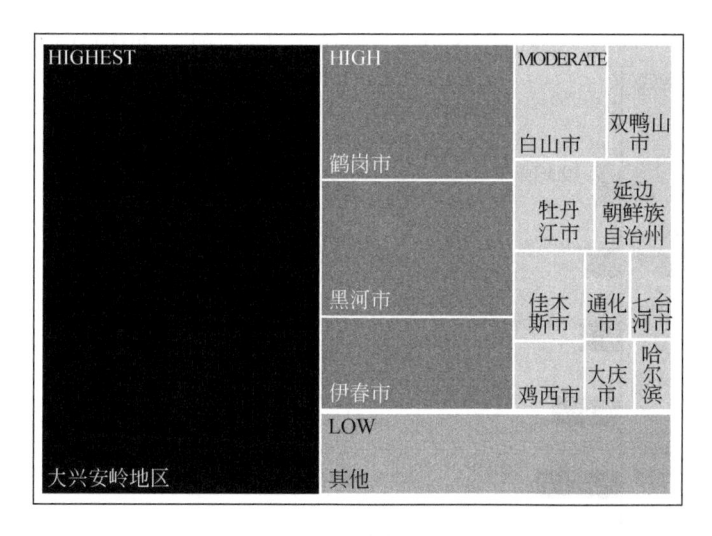

图 6-8　东北三省各地级市人均冰雪服务价值聚类分析

6.5.4　欧盟 SEEA-EA 核算

本案例摘选自联合国统计署官网（https：//seea.un.org/ecosystem-accounting）。

6.5.4.1　生态系统范围账户

生态系统范围核算为了解国家一级（或其他选定区域）不同生态系统类型的类型、分布和份额提供了思路。它们提供了一个国家（地区）生态系统总面积（会计语言为存量）随时间的增加或减少及这种变化发生的速度的数据。在范围核算中编制的生态系统类型分布的空间数据为其他生态系统核算（如生态系统状况或生态系统服务流）的计算提供了重要的数据输入。

图 6-9 显示了 2000～2018 年所有生态系统类型面积的相对增加或减少。大多数生态系统类型的增减幅度相对较小；但城市生态系统显著增加了 5.8%。这代表了大约 12 800 平方公里的城市发展土地占用，相当于农田和草地生态系统类型的总和所损失的面积（尽管所有生态系统类型都不同程度地受到城市增长的影响）。

6.5.4.2　生态系统状况账户

生态系统状况是指某一特定时间点上生态系统的非生物、生物和景观特征的

| 生态产品第四产业概论 |

| | 0 | 250 000 | 500 000 | 750 000 | 1 000 000 | 1 250 000 | 1 500 000 | 1 750 000 |

- 海洋进水口和过渡水域 +0.2%
- 植被稀疏的土地 +0.5%
- 内陆湿地 -0.5%
- 河流和湖泊 +1.2%
- 石南和灌木 -1.2%
- 城市 +5.8%
- 草原 -0.8%
- 农田 -0.5%
- 森林和林地 +<0.05%

2000年　2018年

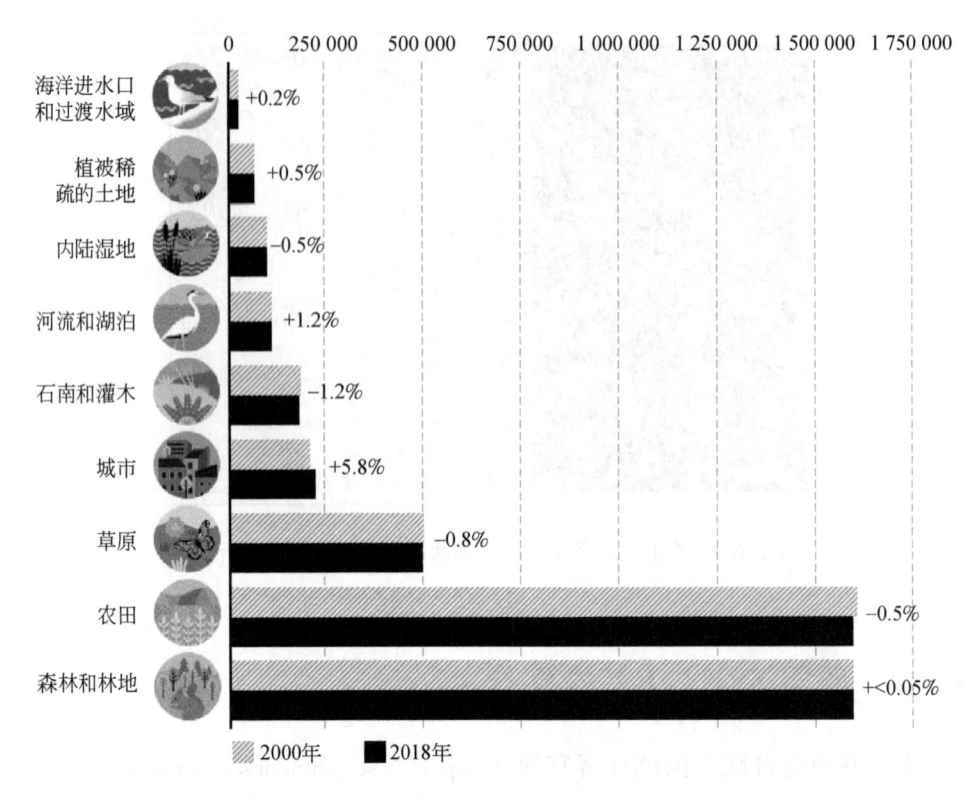

图 6-9　2000 年和 2018 年的欧盟生态系统范围账户（单位：平方千米）

质量，其他经常使用的术语是生态系统完整性或生态系统健康。生态系统的状况决定了它们能够提供的生态系统服务的类型和水平。管理不善和生态系统退化往往导致丧失提供多种生态系统服务的能力。例如，健康的湿地在净化水、储存和封存大量碳、保护人类和基础设施免受洪水侵袭，以及吸引大量观鸟者等方面具有很高的潜力。退化的湿地支离破碎、干涸并使动物失去了它们的自然栖息地，其提供这些功能的能力就更有限。因此，了解生态系统状况、改善或损害这一状况的因素，以及它们对生态系统服务及其给人们带来的效益的影响，是与我们的生态系统资产有关的有效管理、决策和政策设计的关键。这样的理解有助于有针对性地保护或恢复行动，更广泛地说，可持续利用。表 6-8～表 6-10 分别列出了欧盟的森林、农业、湖泊和河流生态系统状况账户的情况。

表6-8 森林生态系统状况账户

条件组	条件类	描述	单位	期初库存（2010）	期末库存（2020-预计）	每十年变化（%）	置信度
非生物特征	物理态	土壤含水量	%	13.50	13.45	-0.4	中
	化学态	有效降雨量	毫米/年	-32	-44	-38	高
		富营养化临界负荷超标	当量/公顷/年	251.8	173.7	-31	中
		对流层臭氧浓度	ppb	19 265	13 293	-31	高
生物特征	组成	常见森林鸟类指数①	指数（1990=100）	93.23	104.86	17.8	中
	结构	生物量法	立方米/公顷	200	220	10	中
		枯木	吨/公顷	4.1	4.5	10.3	中
		落叶	%	20	22	10	高
	功能	土壤水分蒸发蒸腾损失总量	毫米/年	482.0	490.2	1.7	高
		物质生产	吨/公顷/年	11.8	13.1	11.1	高
景观特质		森林面积密度	%	72.0	72.1	0.1	高

①常用森林鸟类指数的收盘价采用2017年数据

表6-9 农业生态系统状况账户

分类条件	描述	单位	期初库存（2010年）	期末库存（2010年）	每十年变化（%）	置信度
物理态	利用农业面积	万公顷	180.14	179.14（2018）	-1	高
化学态	土壤有机质含量	吨/公顷	80.5	80.2（2020，预计）	-0.4	中
	地下水中的氮浓度	百分含量>50毫克/升	14.4	12.7（2020，预计）	-11.9	中
组成	常见农田鸟类指数	指数（1990=100）	67.4	66.8（2017）	-1.3	高
	草地蝴蝶指示器	指数（1990=100）	61.06	60.74（2017）	-0.8	高
结构	UAA有机农业份额	%	5.2	7.5（2018）	55.3	高
	作物多样性	指数[0-1]	0.59	—	—	高
功能	农田初级生产总值	焦耳/公顷/年	921	1 036（2020，预计）	12.5	中
	草地初级生产力总量	焦耳/公顷/年	998	1 143（2020，预计）	14.5	中
景观	高自然价值农田面积①	万公顷	75.16	75.08（2018）	-0.2	中

①2012年高自然价值农田面积使用的开盘价

表 6-10 湖泊和河流生态系统状况账户

分类条件	描述	单位	期初库存（2010）	期末库存（2020-预计）	每十年变化（%）	置信度
物理态	河岸土地中的人工区域份额	%	7	7.5	7	高
	总取水量	百万立方米/年	204 489	204 448	−2	中
化学态	氨浓度	毫克/升	0.131	0.034	−74	高
	硝酸盐浓度	毫克/升	1.87	1.7	−8	高
	磷酸盐浓度	毫克/升	0.07	0.05	−28	高
	总磷浓度	毫克/升	0.103	0.059	−43	高
组成	—	—	—	—	—	—
结构	达到良好生态状态的河流长度①	%	30	46	44	低
	实现良好生态状态的湖泊面积①	%	58	52	−14	中
功能	生物需氧量	毫克/升	2.09	1.55	−26	高
景观	大坝截流	%	60.3			

①2016 年达到良好生态状态的河流长度和实现良好生态状态的湖泊面积的 Closinq 存量

6.5.4.3 生态系统服务账户

生态系统服务是生态系统对用于经济和其他人类活动的效益的贡献。它们支撑着我们的经济和福祉。我们的社会经济系统如何依赖生态系统及其服务？森林为我们提供木材，但它们也调节水流，控制土壤侵蚀，清洁我们呼吸的空气，并从大气中吸收大量的碳排放。内陆和沿海湿地支持商业渔业，为抵御洪水提供保护，并净化水源。农业生态系统为授粉昆虫或害虫控制物种提供食物或充当栖息地。城市绿地允许雨水渗入，同时也增加了对人们至关重要的娱乐机会。所有这些由自然和管理的生态系统提供的服务为人们带来了好处，如食物、材料、清洁的空气和水、免受灾害及娱乐。

生态系统服务核算、估计和跟踪我们的社会正在使用的来自自然的流量或数量，就像是两个经济单位之间的交易。在 SEEA-EA 体系中，生态系统服务是连接生态系统与企业、家庭和政府的生产和消费活动的概念。如前所述，生态系统可以通过其大小（范围）和状况来表征，这反过来又决定了它们提供生态系统服务的潜力。生态系统的大小很重要（大森林比小森林能捕获更多的碳），但状况也很重要。健康的生态系统比退化的生态系统提供更多的服务。土地占用和污染等变化的驱动因素会使生态系统退化，从而降低其生态系统服务的潜力。关于范围和状况的信息不足以记录生态系统与经济之间的交易。在核算中，量化实际使用的服务数量是至关重要的，这被称为生态系统服务的实际流量，记录在生态系统服务供应和使用表中（表6-11，表6-12）。

表6-11 欧盟2012年生态系统服务账户供应表

（单位：百万欧元）

	城市	耕地	草地	林地和森林	湿地	石南和灌木	植被稀疏的土地	河流湖泊	入海口和过渡水域
作物提供	0	20 795	0	0	0	0	0	0	0
木材供应	0	0	0	14 739	0	0	0	0	0
作物授粉	—	4 517	—	—	0	—	0	0	0
碳固定	0	0	0	9 189	0	0	0	0	0
防洪	89	1 015	3 129	11 388	333	357	1	—	—
水质净化	1 105	31 041	4 128	15 374	330	312	170	3 114	
自然休闲[①]	77	4 073	7 482	30 723	2 296	3 097	1 351	1 015	279

[①]以自然为基础的康乐活动范围限于每日离人类聚居区4千米内的游憩活动，以及自然质量最高的地点

表6-12 欧盟2012年生态系统服务账户使用表

（单位：百万欧元）

	农业	林业	制造业	第三产业	居民	国际社会
作物提供	20 795	0	0	0	0	0
木材供应	0	14 739	0	0	0	0
作物授粉	4 517	0	0	0	0	0
碳固定	0	0	0	0	0	9 189
防洪	799	0	2 402	1 384	11 726	0
水质净化	38 615	0	16 960			0
自然休闲[①]	0	0	0	0	50 393	0

[①]以自然为基础的康乐活动范围限于每日离人类聚居区4千米内的游憩活动，以及自然质量最高的地点

第 7 章　生态产品第四产业资本损耗核算

工业文明为人们带来富足、便利生活的同时，其所造成的环境污染与生态破坏等问题也持续困扰着全球。伴随我国改革开放 40 多年的经济高速增长，生态环境同样也面临资源约束趋紧、环境污染严重、生态系统退化的严峻形势。传统上，清洁的空气和水被认为是大自然提供的免费产品，然而目前人类经济活动排出的残余物已使得空气质量和水质日益恶化，世界性的空气质量下降、淡水短缺已经是一个现实的威胁。因此生态产品第四产业资本损耗主要包括传统的自然资源耗减、环境退化等内容，我们在此处引入的生态环境损害赔偿与前三者有交叉的部分，但该核算法规健全，制度和方法相对完善，其经验反过来又可以指导前三者的规范性核算。本章将主要结合王金南等（2009a，2009b）和彭武珍（2011）等的相关研究内容，从生态产品第四产业资本损耗的概念、核算方法和具体案例介绍相关知识。

7.1　生态产品第四产业资本损耗的含义

生态产品第四产业的资本损耗主要包含两个方面的问题：自然资源耗减和环境退化。另外，"防护性支出"的概念在国际上也被频频提出，下面进行简要介绍。

7.1.1　自然资源耗减

自然资源耗减，又称资源耗减成本，是指在人类经济活动中被利用或消耗的资源价值。其中，有些自然资源具有一次消耗性质，如不可再生的矿产资源、部分可再生的森林资源（用材林）和我国北方及西部的水资源等，这些资源的使用为资源耗减成本，具有中间消耗的性质；有些自然资源具有多次消耗性，如土地资源、部分可再生的森林资源（特用林、防护林等）和我国南方的水资源，这些资源多次消耗的使用类似于固定资产使用的性质，其资源耗减具有"固定资产折旧"的性质。我国绿色 GDP 的核算是采用联合国出台的综合环境经济核算体系的通用框架进行编制的。在1993版SEEA中,"绿色GDP＝GDP-自然资源耗减-环境污染",其中自然资源耗减是指人类生产活动过程中,使用和消费的自然资源(卢冶飞,2008)。在国民经济核算体系(SNA)中,自然资源的耗减费用主要是指经济资产的耗减(如矿产资源的开采),也包括非经济资产的耗减(如国家为收集燃材而造成的未受控制的森林的耗减)(余慧,2010)。

7.1.2 生态环境退化

生态环境退化是指由于自然或人为原因而造成的生态系统结构破坏、功能衰退、生物多样性减少、生物生产力下降,以及土地生产潜力衰退、土地资源丧失等一系列生态环境恶化的现象。在国际上,1972年联合国人类环境会议组织编写了《人类环境宣言》,"罗马俱乐部"发表《增长的极限》研究报告,从而引起了学术界对生态环境退化的广泛重视；1983年联合国成立世界环境与发展委员会,于1987年发表《我们共同的未来》报告并提出了"可持续发展"的理念；1992年联合国环境与发展大会通过并签署了《里约环境与发展宣言》《二十一世纪议程》等文件,指出各国应有效开展合作共同防治生态环境退化问题。另外,自20世纪60年代以来,国际生物计划(IBP,1964年)、人与生物圈计划(MAB,1971年)、国际地圈—生物圈计划(IGBP,1986年)、国际全球环境变化人文因素计划(IHDP,1996年)、第三极环境研究计划(TPE,2009年)、未来地球计划(FE,2014年)等组织,陆续开展了与生态环境退化相关的研究。近几十年来,中国的生态环境脆弱区(如农牧交错带、沙漠边缘带等)生态退化问题十分严峻,该领域的研究起始于郑度和傅小锋(1999)及欧阳志云和王如松(2000)等开展的全国尺度上的诸如土地退化及整治、生态环境敏感性、生态退化、生态环境胁迫等。此后,田水松(2004)、袁晓波等(2015)和马玉寿等(2016)从不同的地域单元、流域等空间尺度对生态环境退化问题进行了研究(万炜和颜长珍,2018)。

防护性支出一词来源于联合国的综合环境经济核算体系(SEEA),即已发生的环境保护成本,是指人们用于预防或治理环境损害或为了改善环境所实际支付的本期费用,这部分支出已经发生并体现在现有的SNA(国民经济核算)中。SEEA将其定义为环境防护活动核算,此部分核算内容主要分为四个部分：预防性环保活动、环境恢复活动、避免环境恶化导致负面影响的活动及处理环境恶化所造成负面影响的活动。环境防护性支出是否应作为绿色GDP核算的扣减项,当前理论界意见不一。达斯古普塔认为,如若环境防护性支出可以正确地进行经济度量,则应在国民经济核算过程中加以扣减(Dasgupta and Mäler,1995)。而巴特姆斯认为环境防护性支出作为国民生产价值的中介消耗部分，不应从国民收入中扣除（Bartelmus，1998）。高敏雪（2000）认为，如以环保防护性支出来对GDP进行调整将不可避免地存在一定的不彻底性，可将环保防护性支出视为环境投入成本核算的下限值，由此得到的绿色GDP也只是一个粗略的估计数（郭红燕和樊峰鸣，2007）。

7.2 自然资源耗减价值核算

自然资源的价值核算是一个相当难解的命题。在国民经济核算（SNA）中对于自然资源作为经济资产的价值估算也十分棘手，首选是使用环境资产的市场价格来进行赋值，但由于有些环境资产缺乏交易市场，这时则需要采用其他估价方法作为补充，常用的方法有净现值法和生产成本法。总体来看，SNA在资产估价方法上的选择次序是：市场价格法—净现值法—生产成本法。这样的思路也可以用于自然资源的估价。从理论上而言，可以按照环境资产的实际或类似资产的交易价格对其进行估值。但环境资产相对于生产性资产而言，市场交易总量十分有限，甚至绝大多数环境资产不存在交易市场，不存在市场交易价格。所以，在环境资产估值中很难将最具代表性的市场价格作为通用方法，在实践中人们不断探索各类间接方式来对环境资产价值进行估算。其中，基于资源租金的净现值法成为首选估价方法。自然资源的价值取决于该资产未来使用寿命期内所得的全部收益的现值的总和。影响环境资产价值的因素有资源租金、资源寿命和贴现率，这里结合彭武珍（2011）的论述进行简要介绍。

7.2.1 资源租金

估算资源租金一般有两种方法：①拨付法。作为资源所有者，国家从理论上而言可以拥有所有自然资源所产生的租金。该方法以实际交易为基础，政府通过对资源使用者收取服务费、税收和特别许可权等费用来获取资源租金。在实际应用中，由于政府可能出于其他因素对开采企业实行隐性价格补贴等，导致这种方法常常会低估资源租金，但这种方法因为数据资源的可得性而经常被采用。②间接推算法。间接推算法又分为两种，基于资本服务流量的间接推算法和基于永续盘存法（PIM）的间接推算法。前者将资产各期提供服务量作为建模依据，资源租金的核算思路是从资产年盈余中直接扣除资本服务流量价值；后者设定资产未来折旧率，将资产损耗从资产年盈余中进行扣除，从而确定资本存量价值。资源租金（资源报酬）则通过资本存量价值进行计算。

7.2.2 贴现率

贴现率是指将未来若干期的收益或成本换算为当前价值的每期折扣率。资产价格核算过程中可将贴现率理解为合理的要求收益率,即风险调整的收益率,即资产所有者出于对风险的考虑,如果未来收入的风险补偿无法达到这个水平,投资者就不会购买相应的资产。在目前的金融研究及实践中,通常采用机会成本法、行业平均收益率法、加权平均资本成本法及资本资产定价模型来确定贴现率。对于确定性较高的未来收益现金流的核算常采用无风险收益率,一般采用政府长期债券收益率来代替,可以近似地反映收益的时间价值。

7.2.3 资源的寿命期

资源寿命,指资源从投产到持续开采或获取完毕的时期长度,计算公式为:资源寿命=现有存量/(年开采量-年再生量)。由于资源可分为可再生资源及不可再生资源,对于可再生资源,根据该公式,存量既定情况下,资源寿命主要取决于每年开采量与再生量之间的差额及变化趋势,对于不可再生资源,由于再生速度为零,资源寿命主要取决于开采速度。可再生资源中一些资源类型很难计量再生速度,如一些生物资源。所以在实际核算过程中,当可再生的资源类型的年度再生量难以衡量或数据不可得时,经常假设其与自然损耗量相等,在计算资源寿命时采用与不可再生资源同样的方法。

7.3 生态环境退化价值核算

环境退化是人类对环境的不合理开发利用,引起环境系统的结构发生变化,导致自我调节能力下降、功能减退的现象,可由自然和人为的原因引起,人类生产生活使有害残余物扩散到环境介质中超过一定限度引起的环境退化尤其严重。因此,环境保护核心要义就是减少环境中有害残余物的数量。环境保护方式可分为两种:事前预防和事后治理。事前预防指避免或减少有害残余物的产生,对于已产生的有害残余物,可对其进行集中处理直至其有害程度不至于过度影响环境再进行排放。避免残余物的产生可以通过改变生产和生活的方式或结构,如对生产设备及生产工艺进行升级改造从而减少有害残余物的排放量,如果一些落后产业的排放量较大且无法进行升级改造,则应减少甚至逐步停止此类生产过程。另一种是事后治理,事后治理是指有害残余物已被排放到环境中,则需要通过治理活动来降低环境中有害残余物的数量及其危害程度。在环境保护方式的选择上，应该以事前预防为主，原因在于，一方面已排放的有害残余物会对环境造成不可逆的损害，另一方面事后治理需投入的时间成本及资金成本通常较大。生态环境退化价值核算主要包括基于成本的估价方法、基于损害—受益的估价方法和虚拟治理成本核算方法等，这里结合彭武珍（2011）、胡颖（2017）的论述进行说明。

7.3.1 基于成本的估价方法

无论是事前预防还是事后治理，环境保护活动都需要一定的环保投入，这就会产生相应成本。事前预防的成本称为避免成本，事后治理的成本称为修复成本。

7.3.1.1 避免成本

避免成本就是为避免残余物被排放进入环境而发生的成本。按照采取的方式不同又可以分为结构调整成本和减弱成本。①结构调整成本，是指减少或完全节制某些活动、改变生产生活方式所产生的成本，即通过减少或全面停止那些会产生残余物排放的活动的方式，或者通过对生产或生活的方式的改变来避免排放。结构调整成本是效率较高的一种成本，可以在不过度影响 GDP 的前提下大量减少残余物排放，它只能通过建立经济模型的方式来估算。②减弱成本，是指残余物在排放到自然环境前对其进行终端处理、采取安全措施而产生的成本。减弱成本的支出可以降低有害残余物对环境的直接损害，其具体核算过程并不是要求残余物排放后环境质量达到某一既定标准，而是只需知道处理单位排放量的残余物的处理成本。因此需要根据调查数据确定污染物的成本函数，如果污染物的种类过多，成本函数也将变得更为复杂。需要注意的是，这种减弱成本曲线和消除技术水平存在线性关系。确定成本曲线需要的数据包括残余物实物量数据、消除技术的相关参数及消除的成本数据。

7.3.1.2 恢复成本

恢复成本的计算需先设定环境需达到的某一既定标准或期望达到的某一质量水平，然后再计算要减少或消除已积累的环境退化所需耗费的成本。其计算包括以下三个方面：①残余物排放的实物量数据，包括残余物的排放总量和不同污染物的排放数量。②设定环境的期望目标或标准，不同的地区根据自身的环境特点，设立一个期望达到的目标。③建立恢复成本函数，即要达到这样的目标需要付出的成本,由于环境的复杂性,需要较高的建模技术及多个函数。

7.3.1.3 环境治理成本

环境治理成本根据成本是否在 SNA 体系中体现或是否是实际发生的费用,又可以分成实际治理成本和虚拟治理成本两类:①实际治理成本,是指为了改善环境质量或避免环境质量下降,在现实经济中已经发生的治理成本支出,SEEA 将这种成本称为"防护性支出",环境统计中通常用"本年运行费用"指标来反映。②虚拟治理成本,是指由于自然环境向经济过程提供服务而导致其功能的下降的价值,是需要间接估算的未实际发生的成本,即为了消除本期排放的所有残余物所需总成本减去已经支出的实际治理成本之后还需要支出的成本,对应的是本期排放的所有残余物减去已经被去除的残余物之后剩下的尚未被消除的残余物的治理成本。SEEA 中所描述的基于成本方法估算的环境退化价值,就是对虚拟治理成本的估算。

7.3.2 基于损害—受益的估价方法

基于成本的估价方法得到的价值的大小与环境问题的严重性并没有直接关系,它只是从成本的角度表示了解决环境问题需要的最低投入。基于损害—收益法计算的环境退化价值,不仅可以反映环境恶化导致人类生产生活过程实际遭受的损失,还能衡量避免这种环境恶化能来的收益,是一个考核环境成本较为全面的指标。这种估价技术通过核算一个受到环境恶化影响的单位愿意支出多少费用以摆脱这种影响来确定环境退化价值。由此可见,基于损害—受益法的核算要点就是单位的主观环保支付倾向。这种主观支付倾向通常以两种方式体现:①直接观察法,又称为显示偏好法,该方法里面最常用的就是根据单位已经支付的环境损害补偿费用来衡量环境污染损失,这部分费用也就是环境造成经济损害的市场估价,不论支付单位愿意与否,都已经为环境污染付出了相应代价。②调查法,又称为陈述偏好法,即直接询问受体的支付意愿,这包括条件估价法和联合分析法。由于环境退化问题的复杂性,需要根据估价对象的特征不同,设计出不同的估价方法。

7.3.3 虚拟治理成本核算方法

虚拟治理成本是指对已经排放但未被消除的污染物进行治理需要的成本。在生产和消费过程中,会产生废气、废水和固体废物等各种残余物,其中有害残余会导致环境质量恶化，为恢复初期质量水平，需将已经排放的污染物全部去除。这些污染物中一部分经过终端处理或采取安全措施后被去除，但还有一部分未能被去除，直接排放至环境中导致环境恶化。分别讨论这两部分污染物：一部分是已被处理的那部分污染物，在环境统计中对应的实物量指标是"污染物去除量"，将它们去除所支付的费用称为"本年运行费用"，这个费用是在现实经济中已经发生的治理成本支出，因此指的就是"实际治理成本"；另一部分是未被去除直接被排放至环境中的那部分污染物，对应的实物量指标是"污染物排放量"。这两部分的总和就是本期的生产生活产生的污染物的总量。假设可以把本期生产生活所产生的全部污染物全部清除，那么人类生产生活就不会损害环境质量，但由于主客观因素限制只能对第一部分污染物进行去除，因此环境损害就是由第二部分污染物造成的，"虚拟治理成本"所要估算的就是若将这部分污染物也进行去除付出的成本。总结来说就是：污染物总产生量＝污染物去除量＋污染物排放量，对应的等式是：治理总成本＝实际治理成本＋虚拟治理成本。

7.3.3.1 虚拟治理成本核算的基本思路

虚拟治理成本可计为各类污染物排放量与单位治理成本的乘积，现有统计资料中可获取污染物排放量的实物数据，只要能知道各种污染物的单位治理成本，将各种污染物的排放量乘以相应污染物的单位治理成本，再进行汇总即可得到虚拟治理成本，问题的关键就在于如何得到每种污染物的单位治理成本。这种思路是基于两个假设：一是污染物是可以完全去除的；二是假设虚拟单位治理成本和实际单位治理成本一样，即污染物的边际治理成本是不变的。实践中这两个假设均无法成立，首先污染物难以彻底去除，其次当污染物去除率达到一定水平后很难持续提升且边际治理成本也会飙升，即污染物的边际治理成本是递增的。因此，根据这样的假设算出来的结果只能是最低成本。

7.3.3.2 单位治理成本的估算模型

事实上，实际单位治理成本也很难获取，问题在于现有的环境治理成本数据往往是各种污染物综合治理的总成本数据，每种污染物治理成本的数据很难获取。另外，在同一种治理过程中往往可将几种污染物一并去除，几种污染物各自的成本难以分别核算。因此，需要对每种污染物的单位治理成本进行分解单独核算，才能估算出虚拟治理成本。

污染物的实际单位治理成本获取方式主要有以下两种：一是借鉴《中国绿色国民经济核算研究报告》中采用的调查方法，通过实验采集不同消除工艺下污染物的单位治理成本，也可通过调查单位消除污染物的数量和成本来计算污染物的单位治理成本；二是根据污染物去除量和实际治理成本的环境统计数据，通过建立模型方式估计出各种污染物的单位治理成本。第一种方式更为准确，而第二种方式则更为实用。目前，环境污染物单位治理成本确定的模型方法主要有污染物联合消减费用函数法、治理成本系数法，以及经治理难度修正的治理成本系数法等。

7.3.3.3 虚拟治理成本与绿色GDP

大量研究已证实采用虚拟治理成本来反映环境退化价值较为合理。原因之一，虚拟治理成本计算时，单位污染物的治理成本是参照实际治理成本的，而实际治理成本核算是依据SNA体系下交易市场的市场价格，所以虚拟治理成本其实采用的也是市场价格；原因之二是虚拟治理成本适用于绝大部分环境退化情况。用虚拟治理成本来估算环境退化价值时，环境质量下降产生的价值成为经济产成品的组成部分，这部分价值是非生产性成本，理应从GDP中扣除，除非生产者通过治理活动使环境质量恢复至期初的状态，这部分价值才能免于扣除。已经付出的实际治理成本使环境恢复了一部分价值，这部分价值不需要从GDP中扣除，还有一部分未恢复的环境价值需要扣除，而这一部分对应的价值就是虚拟治理成本，因此从价值上而言可以用虚拟治理成本来衡量环境退化，对GDP调整也只需扣除虚拟治理成本，而不需要扣除实际治理成本，因此在一定程度上来说，环境退化价值核算其实就是虚拟治理成本的核算（王金南等，2009a）。

7.4 生态环境损害价值核算

2017年中共中央办公厅、国务院办公厅印发了《生态环境损害赔偿制度改革方案》，在此政策框架下，生态环境损害价值核算的基础是环境损害司法鉴定和生态环境损害鉴定评估。它是指鉴定评估机构按照规定的程序和方法，综合运用科学技术和专业知识，调查污染环境、破坏生态行为与生态环境损害情况，分析污染环境或破坏生态行为与生态环境损害间的因果关系，评估污染环境或破坏生态行为所致生态环境损害的范围和程度，确定生态环境恢复至基线并补偿期间损害的恢复措施，量化生态环境损害数额的过程。

2016年最高人民法院、最高人民检察院、司法部联合印发了《关于将环境损害司法鉴定纳入统一登记管理范围的通知》，同年司法部、环境保护部印发了《司法部 环境保护部关于规范环境损害司法鉴定管理工作的通知》，将生态环境损害鉴定评估纳入规范的管理范畴。在管理模式上，主要包括环境损害司法鉴定（司法部）和生态环境损害鉴定评估（生态环境部）两套体系，其技术内容实质上是相似的，前者主要针对的是司法部门（刑事案件中污染物来源与性质的判定；民事案件中因果关系的判定和损害数额的计算）的委托，后者主要针对政府部门（生态环境损害赔偿）、环境保护部门（环境管理、环境执法）、保险或保险经纪公司（环境损害定损）的委托。

7.4.1 环境损害司法鉴定

7.4.1.1 定义及分类

环境损害司法鉴定，是指在诉讼活动中鉴定人运用环境科学的技术或者专门知识，采用监测、检测、现场勘察、实验模拟或者综合分析等技术方法，对环境污染或者生态破坏诉讼涉及的专门性问题进行鉴别和判断并提供鉴定意见的活动。从类别上看，生态环境损害司法鉴定主要包括污染物性质鉴定、地表水与沉积物环境损害鉴定、空气污染环境损害鉴定、土壤与地下水环境损害鉴定、生态系统环境损害鉴定、近岸海洋与海岸带环境损害鉴定和其他环境损害鉴定 7 项内容。

7.4.1.2 环境损害司法鉴定的内涵

环境损害司法鉴定是环境民事公益诉讼中，解决专业技术问题的重要证据方法。2015 年以前，我国司法鉴定大致可以分为两大类：一大类是根的存在，据全国人民代表大会常务委员会《关于司法鉴定管理问题的决定》的规定，由司法鉴定行政主管部门进行统一登记管理的法医类、物证类以及声像资料类司法鉴定，俗称"三大类"；另一大类是在上述"三大类"以外，无须进行统一登记管理的其他类司法鉴定，如司法会计鉴定、建设工程司法鉴定、野生动植物司法鉴定等。2015 年 12 月，最高人民法院、最高人民检察院、司法部、环境保护部联合印发的《环境损害司法鉴定统一管理通知》，正式将环境损害司法鉴定纳入司法鉴定行政主管部门统一登记管理之中，环境损害司法鉴定就此成为《关于司法鉴定管理问题的决定》近 16 年来在法医、物证、声像资料之外第一个被纳入司法鉴定行政主管部门统一登记管理的业务种类。

同时，司法部、环境保护部《关于规范环境损害司法鉴定管理工作的通知》对环境损害司法鉴定的内涵从法律上进行了规定。可以从以下几个方面对环境损害司法鉴定进行理解：①环境损害司法鉴定是诉讼活动中的一种证据方法；②鉴定人所运用的技术方法包括监测、检测、现场勘察、实验模拟等与环境相关的技术或者与环境相关的专门知识等；③环境损害司法鉴定所要解决的问题是环境污染或者生态破坏中有关环境专业的专门性问题。此外，在司法实践中，关于环境损害司法鉴定的称谓在纳入统一管理之前有不同的表述，其中使用比较多的是"环境损害评估制度""环境污染损害鉴定评估"等。

环境损害司法鉴定内涵分别从鉴定人、鉴定对象、鉴定技术、鉴定程序几方面进行理解：①进行鉴定的主体是司法鉴定人，即具有环境有关专业的知识，能够解决环境污染案件中专业性问题，在司法鉴定行政主管部门取得相应资质的人；②解决的对象是环境污染或者生态诉讼中的有关环境方面的专业性问题；③依据的技术是有关环境科学的技术或者相关知识；④鉴定人依照法定程序进行鉴定，出具相应的鉴定报告。环境损害司法鉴定需要满足上述几方面条件。

7.4.1.3　环境损害司法鉴定的功能

在环境民事公益诉讼中，环境损害司法鉴定意见成为司法裁决不可或缺的一部分内容，并且对裁决的结果发挥着决定性作用。通过对环境民事公益诉讼不同提起主体以及不同污染性质的案件进行分析，无论提起主体是政府、检察院还是公益组织，无论案件性质是大气污染、水污染，还是土壤污染，或是其他污染，环境民事公益诉讼案件中，法庭在对污染物性质、污染与损害因果关系、环境修复方案或环境损害赔偿数额等进行裁决时，对于环境损害司法鉴定意见的依赖程度相当高。这在一定程度上展现了环境损害司法鉴定在环境民事公益诉讼中的重要地位。

从法律操作层面来看，法院明确要求在环境民事公益诉讼提起之前，起诉主体必须提供必要的证据，同时要有明确的诉讼请求。环境民事公益诉讼明确的诉讼请求，无非包括两大类：一类是原告因提起公益诉讼所支付的必要费用；另一类是要求被告进行环境修复，或者支付必要的环境修复费用。对于第一类诉讼请求，在诉讼提起之前较为容易确定。对于第二类诉讼请求，这往往是环境民事公益诉讼提起主体无法解决的专业问题，因此需要借助专业机构或者专业人士的帮助来进行判定。同时，环境民事公益诉讼中的污染物性质确定、污染后果确定、环境修复方案制定等这些专业问题，往往是作为事实裁判者的法官，无法单凭自身专业知识能够准确判定的，这就必然要求法官在对诉讼进行裁决的时候，借助专业机构或者专业人士的帮助进行认定。

7.4.2　生态环境损害鉴定评估

7.4.2.1　定义及分类

2016年，环境保护部印发的《生态环境损害鉴定评估技术指南　总纲》中，对生态环境损害鉴定评估做出以下定义：指鉴定评估机构按照规定的程序和方法，综合运用科学技术和专业知识，调查污染环境、破坏生态行为与生态环境损害情况，分析污染环境或破坏生态行为与生态环境损害间的因果关系，评估污染环境或破坏生态行为所致生态环境损害的范围和程度，确定生态环境恢复至基线状态并补偿期间损害的恢复措施，量化环境损害数额的过程。从类别上看，生态环境损害鉴定评估包括污染物性质、地表水与沉积物环境损害、空气污染环境损害、土壤与地下水环境损害、生态系统环境损害、近岸海洋与海岸带环境损害和其他环境损害等七项内容，与环境损害司法鉴定类别基本相同。

7.4.2.2 适用范围

生态环境损害鉴定评估适用范围主要包括以下三个方面：①发生较大、重大、特别重大突发环境事件的；②在国家和省级主体功能区规划中划定的重点生态功能区、禁止开发区发生环境污染、生态破坏事件的；③发生其他严重影响生态环境后果的。

7.4.2.3 主要技术内容

(1) 污染环境或破坏生态行为与生态环境损害间的因果关系

主要包括混杂因素的识别与排除，通过匹配或配比，设立对照（要求对照区域在气候、地形地貌、风俗习惯、经济水平等因素上与环境污染区域相似或一致），运用同异并用逻辑法（污染区有某种损害后果，而相似的污染区无此种损害后果；污染区有某种损害后果，而非污染区也有此种损害后果）、分层分析、标准化处理等进行甄别。

(2) 污染环境或破坏生态行为所致生态环境损害的范围和程度

主要包括：①空间范围，即综合利用现场调查、环境监测、生物监测、模型预测或遥感分析（如航拍照片、卫星影像等）等方法初步确定生态环境损害的影响范围，在此基础上开展损害确认、暴露路径建立和因果关系判定，最终确定环境损害评估的空间范围；②时间范围，生态环境损害评估时间范围持续至受损生态环境及其服务恢复至生态环境基线为止；财产损害评估时间范围根据具体情况而定。

(3) 量化生态环境损害数额

主要包括：①直接经济损失，与突发环境事件有直接因果关系的损害，包括人身损害、财产损害、应急处置费用以及应急处置阶段可以确定的其他直接经济损失的总和；②公私财产损失，包括污染环境行为直接造成的财产损毁、减少的实际价值，包括防止污染扩大以及消除污染而采取的必要的、合理的措施而发生的费用。

7.4.2.4 赔偿费用

《民法典》中指出，生态环境损害赔偿的费用包括：生态环境受到损害至修复完成期间服务功能丧失导致的损失；生态环境功能永久性损害造成的损失；生态环境损害调查、鉴定评估等费用；清除污染、修复生态环境费用；防止损害的发生和扩大所支出的合理费用。2017年《生态环境损害赔偿制度改革方案》中对生态环境损害赔偿的费用说明主要包括：清除污染的费用；生态环境恢复费用；生态环境恢复期间服务功能的损失、生态环境功能永久性损害造成的损失；生态环境损害赔偿调查、鉴定评估等合理费用。2019年《最高人民法院关于审理生态环境损害赔偿案件的若干规定（试行）》中第十四条规定，原告请求被告承担下列费用的，人民法院根据具体案情予以判决：实施应急方案以及为防止生态环境损害的发生和扩大采取合理预防、处置措施发生的应急处置费用；为生态环境损害赔偿磋商和诉讼支出的调查、检验、鉴定、评估等费用；合理的律师费以及其他为诉讼支出的合理费用。

7.5 案例：资本损耗和环境损害价值核算

7.5.1 浙江省资源耗减与环境退化价值核算

本案例摘选自彭武珍（2011）的《环境价值核算方法及应用研究——以浙江省为例》一文。

7.5.1.1 矿产资源耗减核算

浙江省矿产资源种类较多，2010年，全省开发利用的矿产62种，其中能源矿产2种，金属矿产10种，非金属矿产34种，普通建筑用石、砂、土矿产15种，水气矿产1种。根据《浙江省矿产资源开发利用统计年报》中的数据，采用占用法计算矿产和能源资源租金，公式为：单位资源租金=补偿费+资源税，其中补偿费=资源价格×补偿费率×开采回采率系数。各类矿产的补偿费率由1997年国务院第222号令修改后的《矿产资源补偿费征收管理规定》确定；开采回采率系数统一定为1.2；资源税根据《中华人民共和国资源税暂行条例实施细则》对照浙江省各品种的矿山资源等级表分别进行取值。最后由单位资源租金乘以2010年矿石开采量可得到浙江省2010年的矿产与能源资源耗减价值为18.13

亿元。

7.5.1.2 水资源耗减核算

浙江境内有西湖、东钱湖等容积100万立方米以上湖泊30余个，海岸线（包括海岛）长6400余千米。2010年全省水资源总量为1397.61亿立方米，但由于人口密度高，人均水资源占有量低于全国平均水平，最少的舟山等海岛人均水资源占有量仅为600立方米。经采用占用法计算水资源价值，即采用水资源费作为水的资源租金进行价值估算。我们将地表水和地下水的水资源费分别确定为0.1元/米^{3}和0.5元/米^3，以此作为单位资源租金对水资源价值进行估算。根据浙江省2008~2010年的地表水和地下水用水量情况，资源耗减价值=单位资源×租金用水量，可算出各年的水资源耗减价值。浙江省2008~2010年的水资源耗减价值均超过20亿元，除2009年稍低外，三年基本保持稳定。

7.5.1.3 生物资源耗减核算

浙江是我国高产综合性农业区，茶叶、蚕丝、柑橘、海鲜、竹制产品等在全国占有重要地位。全省植被资源在3000种以上，属国家重点保护的野生植物有45种；树种资源丰富，素有"东南植物宝库"之称。野生动物种类繁多，有123种动物被列入国家重点保护野生动物名录。根据可获取数据，下面分别对林木资源、水产资源和除水产外的动物资源三类资源的耗减价值进行核算。

(1) 林木资源

森林包括天然林和人工林，林木资源的耗减只核算天然林的消耗。首先算出森林蓄积中天然林的比例，然后乘以总的林木消耗量估算出天然林的消耗量，再乘以净价格，即可得到各年的林木资源耗减价值。浙江省2008~2010年的林木耗减价值分别为23.55万元、23.47万元和21.01万元。

(2) 水产资源

对生物资源计算耗减价值主要指对非培育资源的耗减，这里以捕捞业的增加值作为水产资源耗减价值的估计值，由此可得到2008~2010年的水产资源耗减价值分别为110.05亿元、116.2亿元和143.45亿元，随着渔业产值的逐年增加，水产资源耗减价值也在逐年增加。

(3) 除水产外的动物资源

除水产外的动物资源也包括培育资源和非培育资源，培育资源主要指饲养的牲畜，非培育资源主要指野生动物。从《中国农业年鉴》中可查到2008~2010年浙江省的捕猎产值，由此粗略地估计2008~2010年浙江省非培育动物资源的耗减价值为2.1亿元、1.8亿元和1.7亿元。

7.5.1.4 环境退化价值核算

这里以环境污染的虚拟治理成本来估算浙江省的环境退化价值，主要从大气污染、水污染和固体废物污染三个方面分别计算虚拟治理成本，核算时间范围和资源耗减核算保持一致。

(1) 大气污染

会对大气造成污染的有害物质很多，我国目前实施的《大气污染物综合排放标准》（GB 16297—1996）中对 33 种污染物作了排放规定，以最高允许排放浓度作为排放标准。这里选择大气污染中最主要的三种污染物——SO_2、烟尘和粉尘进行核算。根据公式计算，可得到浙江省 2008~2010 年的工业大气污染实际治理成本分别为 31.78 亿元、74.40 亿元和 59.87 亿元；浙江省 2008~2010 年的工业大气污染虚拟治理成本分别为 4.48 亿元、8.95 亿元和 7.48 亿元，其中 SO_2 污染造成的虚拟治理成本占绝大部分。

(2) 水污染

我国目前实施的《污水综合排放标准》（GB 8978—1996）中对 69 种污染物作了排放规定。这里选择水污染物中最主要的五种——挥发酚、氰化物、化学需氧量（COD）、石油类和氨氮进行核算。考虑到数据的可得性，只核算了工业废水排放的虚拟治理成本，不进行生活废水和医疗废水的核算。经计算可知，浙江省 2008~2010 年的工业废水实际治理成本分别为 36.53 亿元、40.33 亿元和 43.75 亿元；浙江省 2008~2010 年工业废水污染虚拟治理成本分别为 7.28 亿元、7.02 亿元和 7.15 亿元。2010 年，五类污染物中 COD 的虚拟治理成本最高，占 76.01%；其次是氨氮，占 23.87%；其他三种污染物所占比例很小。

(3) 固体废物污染

固体废物按来源大致可分为一般工业固体废物、危险废物和生活垃圾三种。由于生活垃圾的产生量和无序堆放量都没有统计数据，这里只核算工业固体废物的治理成本。经计算可知，浙江省 2008~2010 年的工业固体废物实际治理成本分别为 4.64 亿元、7.09 亿元和 7.06 亿元，其中绝大部分的实际治理成本被用于处置危险废物；浙江省 2008~2010 年的工业固体废物虚拟治理成本分别为 5972.6 万元、1913.05 万元和 1904.44 万元，绝大部分的虚拟治理成本需要用于处置储存一般工业废物。

7.5.2 黑龙江省某地生态环境损害价值评估

本案例节选自宋有涛等（2022）《环境损害司法鉴定概论》。

7.5.2.1 生态环境损害确认

根据当地相关部门介绍，黑龙江省境内有一起 2009~2017 年的无证开采石料案件造成生态环境损害。依照遥感解译及现场调查，生态环境损害结果如下：

1）根据《建筑用板岩矿资源储量勘测报告》，现已形成 3 个采坑，开采建筑用板岩 1 331 239.31 立方米。

2）受损生态系统现状的空间面积为 201 796.97 平方米。损害时间起点损害面空间面积为 34 053.76 平方米，开采空间面积为 167 743.21 平方米，生态恢复方案涉及生态恢复的空间面积为 166 998.45 平方米。

3）采坑一区域内开采形成的悬崖断面截面面积为 11 185.33 平方米。

4）开采致使新增水土流失总量为 6959.31 吨，其中开采期新增水土流失量为 6451.2 吨，自然恢复期新增水土流失量为 508.11 吨。

5）开采致使采坑一区域内损害现状形成水面，1#水坑积水中各污染物浓度均满足《地表水环境质量标准》（GB 3838—2002）Ⅴ类水体标准限值要求。采坑二区域内损害现状形成水面，3#水坑积水中铁超过Ⅴ类水体标准限值要求，超标 0.1 倍；采坑二区域内损害现状形成水面，沉积物中镉含量超过《土壤环境质量标准农用地土壤污染风险管控标准》规定限值的 1.17 倍。采坑三区域内损害现状形成水面，8#水坑积水中铁超过Ⅴ类水体标准限值要求，超标 1.93 倍；采坑三区域内损害现状形成水面，9#水坑积水中铁超过Ⅴ类水体标准限值要求，超标 2.43 倍；采坑三区域内损害现状形成水面，4#水坑北部积水中铁超过Ⅴ类水体标准限值要求，超标 1.6 倍；采坑三区域内损害现状形成水面，4#水坑南部积水中铁超过Ⅴ类水体标准限值要求，超标 8.86 倍。

7.5.2.2 生态环境损害实物量化

综合考虑开采对生态系统服务的损害特征，主要从直接损失和间接损失进行生态环境损害实物量化分析。

(1) 直接损失

开采造成的生态环境直接损失主要包括毁林植被损失和土壤损失两部分内容：①植被损失。毁林面积为 167 743.21 平方米，毁掉柞树 15 862 棵，枫树 4987 棵，水曲柳 1017 棵，杨树 4304 棵，红松 1277 棵，榆树 666 棵，核算造成的经济损失为 137.56 万元。②土壤损失。合计土壤损失 73 997.00 立方米（其中 A 层土为 24 480.89 立方米，B 层土为 49 516.11 立方米），按当地市场批发价核算，其损失土壤造成的经济损失为 1078.27 万元。

(2) 间接损失

通过对生态环境造成的间接损失中对森林生态系统服务量中水源涵养量、净化水质价值、固土价值、固碳价值、释氧价值、防护价值、生物多样性价值、景观价值进行损害实物量化及损害价值计算，间接经济损失合计为 67.62 万元/年。

本次评估的时间起点 2009 年为损害发生的时间，评估的时间终点为 2040 年（以 2021 年开始恢复，按照方案 2 恢复 20 年至基线水平计）；自 2009 年开采至 2017 年，以 2021 年开始进行生态恢复至 2040 年恢复至基线水平计，在开采期间按照破坏面积匀速开采，在生态恢复期间按照生态恢复年限匀速开采，进行简单平均后，从评估的时间起点 2009 年为损害发生的时间至评估的时间终点 2040 年，间接经济损失总计为 1250.97 万元。

7.5.2.3 生态修复费用核算

（1）恢复方案

方案一：快速恢复。修复山体、平整土地后种植与基线水平面积相同的成熟林，即 16.69 公顷，同时要求成熟林的植物组成和生长指标与破坏前相等，恢复工程需要 1 年的时间。该方案的期间损失为零。

方案二：3 个采坑匀速恢复。修复山体、平整土地后种植幼龄林，每年管护和抚育直至幼林自然恢复到与受损前同等水平的生物量。以种植幼林为 50 厘米高的幼苗为例，每年平均生长 5%，需要 20 年时间完全恢复至成熟林，应计算损害发生至达到基本恢复目标期间的损失。

方案三：将开采的土石方全部回填至采坑后，修复山体、平整土地后种植幼龄林，每年管护和抚育直至幼林自然恢复到与受损前同等水平的生物量。以种植幼林为 50 厘米高的幼苗为例，每年平均生长 5%，需要 20 年时间完全恢复至成熟林，应计算损害发生至达到基本恢复目标期间的损失。

（2）生态恢复费用估算

根据委托方提供资料、现场调查及历史遥感影像分析，确认此山体破坏是典型的开采导致的生态环境损害事件，损害对象为当地山区森林，主要受损害的物种为柞木、槭树、杨树、水曲柳、松树和榆树，生态环境破坏开始于 2009 年。本评估提出三种恢复方案，其中，方案一为快速恢复，恢复到基线水平需要 1 年的时间，由于恢复地块山体已经完全被破坏，已经不存在林木生长的最基本条件，根据生态恢复基本原理，理论和实际操作上要想快速恢复基线水平面积相同的成熟林不具客观性和合理性，难以实现。方案二将开采的土石方按 1/2 回填至各采坑，覆 0.4 米客土后进行植树造林；方案三将开采的土石方全部回填至各采坑，覆 0.4 米客土后进行植树造林。经林业专家论证，方案一不具客观性和可实现性，所以，本评估对方案一持否定态度；推荐方案二、方案三。方案二和方案三为匀速恢复，同时考虑额外补偿性生态恢复 1.6 公顷的林地，实施逐年修复达到基线年水平则需要 20 年的时间。为此，方案二生态恢复费用为 1027.64 万元，方案三生态恢复费用总计为 2288.29 万元。

7.5.2.4 生态环境损害总价值核算

1）方案二的环境损害价值及生态恢复工程费用合计为 5444.28 万元，其中直接损失 4193.31 万元（包括植被损失费 137.56 万元、土壤损失费 1078.27 万元、生态恢复工程 1027.64 万元、额外补偿性生境修复工程 56.12 万元、非法开采矿石资源损失 1949.84 万元），间接损失 1250.97 万元。

2）方案三环境损害价值及生态恢复工程费用合计为 6704.93 万元，其中直接损失 5453.96 万元（包括植被损失费 137.56 万元、土壤损失费 1078.27 万元、生态恢复工程 2288.29 万元、额外补偿性生境修复工程 56.12 万元、非法开采矿石资源损失 1949.84 万元），间接损失 1250.97 万元。

第8章 生态产品第四产业的供给与需求

马克思曾经指出，"要给需求和供给这两个概念下一般的定义，真正的困难在于，它们好像只是同义反复"，并进一步指出"供给和需求是由生产本身决定的"，深刻地阐述了供给和需求的辩证关系。生态产品第四产业的供给与需求也遵从经济学规律，但与传统的农业产业、工业产业、服务业产业等存在着较大的差别。本章将从供给与需求主体、供给需求分析、供给不足原因、如何提高供给、需求现状等方面，并结合相关案例，介绍生态产品第四产业的供给与需求的相关内容。

8.1 生态产品供给与需求主体

生态产品第四产业供给与需求主体主要包括产品供给方、产品需求方及产业服务方等，他们共同构成生态产品产业链的核心部分。本节主要结合王金南等（2021）和田野（2015）等的研究成果进行介绍。

8.1.1 生态产品的供给方

从生态产品的定义来看，生态产品是由生态系统和人类共同供给的，因此，它的供给主体是多元的，主要包括生态系统、政府、企业、个人和非政府组织等。

8.1.1.1 生态系统

生态系统指在一定地域范围内生物及环境通过能流、物流、信息流形成的功能整体，包括各类"山水林田湖草沙"自然生态系统及以自然生态过程为基础的人工复合生态系统，如森林、草地、湿地、荒漠、海洋、农田和城市等。生态系统作为初级生态产品的生产主体，是生态产品第四产业的核心供给方。

8.1.1.2 政府

与一般的商品不同，由于生态产品大多具有外部性或者公共物品属性，因此，政府对生态产品工具具有举足轻重的作用。政府对生态产品供给的作用一是体现为制度支持。例如，对生态产品产权的制度建设，如果没有产权明晰的制度支持，相关生态产品的供给就成为不可能。再如，没有对碳排放权和碳汇交易的相关制度规划和制度建设，就不会有碳排放权的交易市场和市场交易。二是直接供给。通过政府购买或补贴，直接对公共性生态产品进行供给、对外部性生态产品进行补贴，构成了生态公共物品供给的重要组成部分。三是政府对生态产品的市场管理与监管监督。生态产品具有信息不对称的特点，因此需要政府相关部门对产品进行认证、监督和监管，进行生态产品质量信息发布和维持市场良性运转。

8.1.1.3 企业

企业是市场的核心供给者。生态产品供给企业主要可以分为三类：一是从事生态农业、生态林业、生态服务业（康养、旅游）等与第一产业相关的企业；二是从事垃圾处理、污染治理、生态修复等的第二产业中的环保企业和对传统石油、煤炭形成替代的氢能源、锂电池等新能源生产相关的企业；三是不断采用新技术和新模式推出资源节约和环境友好型的新产品，减少了碳排放和对环境污染的企业。

8.1.1.4 个人

个人是生态产品生产的最小单元，在发展多种类型的农林业生产的同时，提供了洁净空气、保持水土等方面的生态产品。此外，社会公众通过个人对生态保护的贡献也可成为生态产品的供给者。

8.1.1.5 非政府组织

非政府组织主要包括环保组织、扶贫组织等。生态产品的供给上，非政府组织的作用主要体现在三个方面：一是通过募集社会资金成立生态环保基金直接进行生态产品供给；二是通过宣传、公益活动传播、推广社会的生态环保意识，间接地促进生态产品的供给；三是通过协助生态地区开展扶贫工程或生态项目，提升生态地区的生产技术水平和收入水平，直接提高该地区生态产品的生产能力。

8.1.2 生态产品的需求方

传统的经济学认为需求是有支付能力的欲望，包含欲望和支付能力两方面含义：没有支付能力的欲望只能局限在欲望的范围内，只有有支付能力的欲望才是需求。从这一点可以看出，生态产品的需求方只能是人类社会。生态产品的定义展现了其对于人类生存和社会发展的重要意义，这决定了生态产品需求主体包括了自然和社会整体（王金南等，2021）。由此可见，生态产品第四产业可能要颠覆传统经济学的认知范畴，这一领域的研究需要更加深入。

8.1.2.1 人类社会

人类社会是生态产品的消费主体和受益主体，作为终端消费者，享受优美的生态环境、绿色的生态物质产品、丰富的休闲旅游及健康养老等服务。随着生产力的发展和人们收入水平的提高，人们对生态产品的需求也日益增加，必然促进生态产品第四产业的发展，提升生态产品第四产业的经济效益，进一步吸引更多社会资本投入，最终促进人与生态环境的良性循环。

8.1.2.2 自然生态

由于生态产品第四产业经营产生的部分现金流通，常以生态反哺形式流入生态建设和生态保护、修复，因此自然生态不仅是生态产品的核心供给者，也是生态产品第四产业的最终受益主体之一。

8.1.3 生态产品产业服务方

产业服务方包括促进生态产品交易、服务生态产品供给保障的资金、技术等相关支持者，主要有生态产品交易平台、技术支撑服务单位、绿色金融机构等。

8.1.3.1 生态产品交易平台

生态产品交易平台是生态产品服务供需匹配并完成交易的场所。交易对象除了物质产品交易，也包括碳汇、水权、用能权等人为界定的生态资源权益及绿化增量责任指标、清洁水增量责任指标等配额指标的交易，是生态产品价值实现的最后一环。

8.1.3.2 技术支撑服务单位

技术支撑服务单位是在生态产品监测核查、价值核算、认证推广、生态资产管理及交易等领域提供基础支撑和技术服务的企事业单位，如生态资产（碳资产、排污权等）管理技术咨询服务、基于互联网提供的软件服务、生态产品交易服务、溯源认证、品牌推广等，是生态产品第四产业的基础支撑。

8.1.3.3 绿色金融机构

绿色金融机构是助力生态资产实现资本化，为生态产品第四产业市场主体提供金融服务的重要力量。绿色金融机构通过提供信贷、基金、保险等创新型绿色金融产品，服务生态产品第四产业相关主体，以增强其资本实力、提升治理水平、完善风险分担、盘活生态资源资产和产业链整合，最终促进生态产品第四产业高质量发展。

8.2 生态产品供需的经济学分析

经济学认为，当市场供给和需求相等时，市场就实现了均衡。由于生态产品可以分为私人性生态产品、公共性生态产品和准公共性生态产品，即使私人性生态产品也具有外部性，因此，生态产品与农业产品、工业产品、服务业产品有着较大的区别，这就决定了生态产品的供需关系与一般商品的也不相同。

8.2.1 生态产品供需分析的经济学基础

8.2.1.1 市场模型

(1) 定义相关市场

在经济分析中所使用的市场概念比日常使用的概念更为广泛。市场是指消费者（或买方）和生产者（或卖方）为了交易某种商品而进行的互动。这个更理论化的定义既综合又抽象地描述了市场的本质，经济学所谓的市场是指交易的过程和大范围经济活动交易的条件。这个定义既包括了超市中的货物交易，同时也包括了要素市场中劳动力的买卖。我们将在后面的章节中看到，该定义还可以应用于"环境质量市场"对污染控制的分析。因此，经济分析的关键步骤之一是为所研究的商品和服务定义相关市场。

(2) 确定市场模型

定义了相关市场，也就必须确定市场模型及其特点。模型的形式取决于研究目的及其复杂程度，经济变量之间简单的定性关系可以用一个二维图来建模。为了量化这些关系，模型需要以方程式或者公式的形式表达，正式检验是用真实数据对这些理论关系进行实证分析。

8.2.1.2 需求与供给模型

根据定义，任何商品的市场交易都包括两个独立的决策者——消费者和生产者，他们都有各自不同的动机，受到不同经济因素的影响甚至限制，消费者的决策通过需求函数表示，而生产者的决策通过供给函数表示，在同时考虑市场的双方时，需求与供给市场模型就决定了均衡产量和均衡价格。

(1) 建模目的

建立需求与供给模型的基本目的是帮助分析市场条件和价格变化。通过价格变化分析，可以了解是否出现短缺或过剩、资源配置不当和政府政策的经济影响。例如，环境经济学家可以运用需求与供给模型，来研究旨在减少汽油消费的燃油税对改善城市空气质量的作用。通过研究市场条件和汽油价格的相关变化，经济学家能够确定消费模式如何受到影响，消费者和生产者如何分担税收，以及收入分配受到怎样的影响。当市场失灵时，则需要进行更为复杂的分析。这时，必须修改传统的需求与供给模型来说明市场力量减弱的原因，经济理论认为，诸如城市烟雾和水污染等环境问题的持续存在，是市场失灵或者失效的结果。当然，为了理解问题产生的原因和寻求解决方法，我们必须很好地掌握市场运行过程、影响需求与供给的基本因素及价格机制。

(2) 基本模型

私人物品的竞争性市场。为建立一个需求与供给的基本模型，我们做出以下假设：第一，假设商品市场是竞争性的，其主要特点是：①存在大量相互独立的买方和卖方，他们都不能控制价格；②产品无差异或者是标准化的；③不存在进入壁垒；④信息完备。第二，为了简化模型，假设要素市场也是竞争性的，即每个厂商都不能控制投入要素的价格。第三，假设在市场上出售的产品是私人物品。私人物品具有两个特征——消费竞争性和排他性。这意味着一个人消费了某个商品，其他人就不可能消费，而只有消费的人才能获益。这个私人物品（与公共物品相反）的假设在传统的数量和价格决定分析中是非常严格的。

8.2.1.3 市场需求

需求是指消费者在一定时期内在各种可能的价格水平意愿而且能够购买的该商品的数量，是消费者的市场反应，他们通过调整购买决策来达到最大的满足，即经济学术语中的效用最大化。影响消费者决策的因素有许多，如商品的价格、消费者的收入水平、相关商品的价格、消费者的偏好、消费者对该商品的价格预期，以及消费者的人数等；但是，市场分析的核心是该商品的价格，在其他影响因素保持不变的情况下，需求函数被定义为需求量和价格之间的关系。消费者"支付能力"表示约束消费选择的收入限制。"支付意愿"表示消费者预期从消费某种商品中得到的价值或者收益。实际上，这种支付意愿或者需求价格被认为是对边际收益的衡量，边际收益与增加单位商品的消费有关。通常情况下，需求量和价格之间存在着负相关关系,称为需求定理。它表示在其他因素保持不变的情况下,价格的提高会导致需求量的下降,反之亦然。确切地说,需求定理是在其他因素保持不变的情况下,某种商品的需求量和价格之间存在负相关关系。这是一个非常直观的定理,因为在收入限制条件下,消费者把价格视为限制消费的障碍。

8.2.1.4 市场供给

供给是指生产者在一定时期内在各种可能的价格下愿意而且能够提供出售的该种商品的数量。在市场的另一方,我们根据以利润为动机的生产者的决策得到供给关系。虽然供给还会受到很多其他因素的影响,如生产的成本、生产的技术水平、相关商品的价格、生产者对未来的预期及生产者的人数等,在其他因素不变的情况下,我们可以将每个厂商的供给决策模型简化为价格的函数。与市场需求类似,这些因素的改变将影响整个价格-数量关系,导致供给的变化,而价格的变化影响供给量的变化。在通常情况下,供给量和价格之间的关系是正相关关系,称为供给定理。它表示在其他因素保持不变的情况下,价格的提高导致供给量的增加,厂商追求利润最大化的传统假设表示,较高的价格会刺激厂商向市场提供更多的产品。

8.2.1.5 市场均衡

我们已经分别分析了市场双方各自的经济决策模型,为了建立价格决定模型,需要同时考虑需求与供给,以体现消费者和生产者在市场上的互动关系。价格由需求与供给同时决定,这是一般的价格理论,也是所有经济分析中最重要的理论之一。需求与供给决定了唯一的均衡价格(P_0),在这一价格水平上市场系统"停止移动",即达到均衡或市场出清,P_0是消费者需求量和生产者供给量(Q_0)相等时的价格。只有在P_0这一均衡价格上的均衡数量Q_0才能同时使厂商和消费者分别达到利润最大化的生产水平和效用最大化的消费水平(图8-1)。

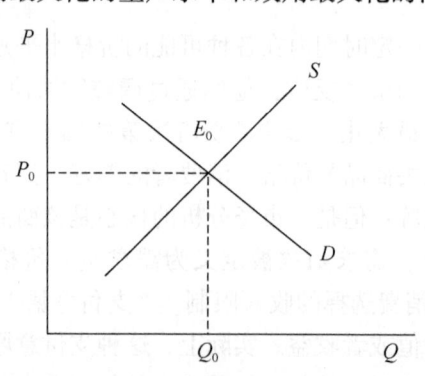

图8-1 私人性生态产品的市场均衡图

第 8 章 | 生态产品第四产业的供给与需求

8.2.1.6 生态产品市场的设立

在进行生态产品供给和需求的分析时，我们假定生态产品符合供给和需求原理，并且处于完全竞争市场（图 8-2），生态产品需求曲线反映了消费者对生态产品的心理评价，这种主观的心理评价用他们愿意支付的价格来衡量。对应在需求曲线上的高度代表的是边际购买者对应于每一个供给生态产品数量的支付意愿。同时，生态产品的供给曲线，代表了生态产品的边际出售者成本，在没有政府干预时，生态产品的价格自发调节，从而使生态产品的供给和需求达到平衡。

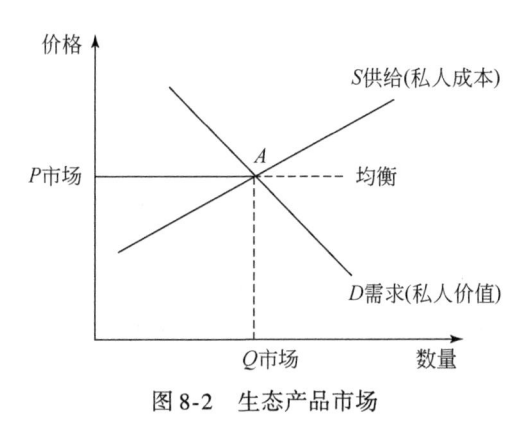

图 8-2 生态产品市场

8.2.2 生态产品的市场交易模式分析

生态产品的市场交易模式是指通过市场交易方式实现生态产品价值商品化或货币化，从而促进生态产品的生产、交换、分配和消费的良性循环，实现优化资源配置的目的。本部分内容主要结合岳一姬（2021）的研究成果进行介绍。

8.2.2.1 生态产品市场交易主要形式

生态产品市场交易主要形式有以下四种。

(1) 排污权交易

排污权交易最初用于大气污染和水污染的管理。美国使用排污权交易制度控制二氧化硫排放量治理酸雨是当前最为成功的案例。通过排污权交易，使环境污染物进入可量化控制的范畴，并建立相关规则使其在市场交易中得到最优配置，使得环境污染行为付出相应代价，从而促进环境保护，提升生态产品的产量，构建适宜居住的环境。

（2）碳汇交易

碳汇交易是世界各国根据《京都协议书》和清洁发展机制对于二氧化碳排放量相关分配及有关原则，通过碳减排的核证，购买碳排放量以抵扣自身排放量或者通过碳排放量的出售从而获得收益的一种虚拟交易过程。其实质是通过市场交易手段来实现碳排放量政治承诺的一种手段，其目的是为了抑制二氧化碳的排放量从而实现环境的可持续发展。

（3）绿色补偿

绿色补偿是由受益者向提供者付费的一种生态补偿机制，这种机制实质上是一种利益再分配，从而使得环境成果的享用者和提供者构建了一种可交易的补偿手段。

（4）限额交易

限额交易是以市场为基础，建立的一个可交易的许可制度。限额交易实施的前提在于政府或相应的管理机构设定一个在生态系统一定范围内可以破坏的限额。在限额的范围内，企业、机构或个人可以选择是不污染或者少污染环境来使自己的行为产生的污染量低于限额，或者是继续超出限额的行为，但是必须通过交易来补足相应的额度。这一制度必须要在污染总量控制的基础上，并有相应的配套法律制度进行约束，从而进行实施。

8.2.2.2　生态产品生产与消费的外部性

在完全竞争市场，在生产和消费过程不存在外部性时，新增一个单位产品的附加价值与社会所放弃该商品生产的资源价值相等，因此能够得到最大化的消费者剩余和生产者剩余的经济效率。消费者剩余是指在市场上购买某种商品的消费者愿意支付该商品总量的价格超过其实际支付的价格所产生的净收益。或者说在消费者购买的某种商品总量中，每一单位商品获得的边际收益超过其实际支付的市场价格所产生的净收益的总和。生产者剩余是厂商销售产品可获得的市场价格超过边际成本的净收益的总和。

但如果存在外部性条件，私人成本和社会成本就不相等，或者说消费者的私人价值与公共价值不相等，则出现市场失灵。生态产品的生产和消费都具有显著的外部性，在这里我们使用福利经济学工具来分析生态产品的外部性是如何影响经济福利的。

（1）生产的正外部性

如图8-3所示，需求曲线D反映的是生态产品消费者的私人收益。由于外部性利益的需求曲线D_1是私人收益与外部收益之和，这时，社会收益大于私人收益，社会价值曲线D_1与供给曲线S相交，所得到的生态产品的数量是社会有效均衡数量；而社会有效均衡并不是由市场中的需求曲线和供给曲线得出。此时，社会有效均衡数量大于市场决定的均衡数量，存在生态产品供给过少的问题。同时，由于生产这些数量的产品额外收益大于边际成本，造成了经济的效率损失，如图 8-3 中的三角区域。生态产品的社会价值大于私人价值，因此，有效均衡数量 Q_B 大于市场均衡数量 Q_A。针对生态产品消费的正的外部性，为了使市场均衡向有效均衡移动，政府可通过对正的外部性进行补贴使其内部化。

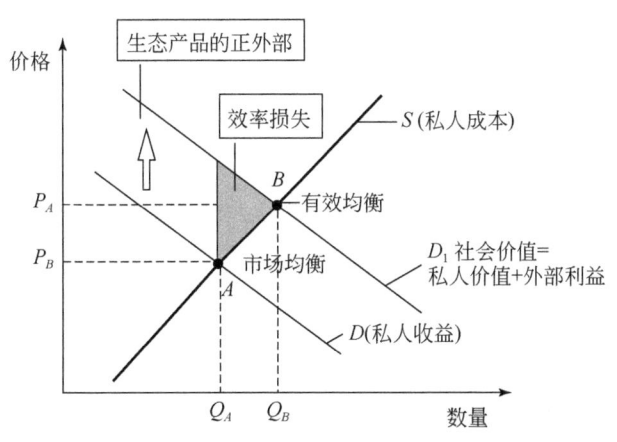

图 8-3 生态产品的正外部性对于经济效益的影响

（2）消费的负外部性

人们在生态产品生产过程中，也有可能出现污染环境的负外部性。例如，在生产清洁空气的过程中污染了水会对人类的消化系统产生损害，产生负的外部性。如图 8-4 所示，S_1 表示的是生态产品供给的社会成本，S_0 表示的是生态产品供给的私人成本，社会成本=私人成本+外部成本。市场供给曲线 S_0 在社会成本曲线 S_1 之下，这主要是因为生态产品的生产者给予社会带来的外部性，S_0 和 S_1 之间的差额是私人排放污染物这种行为带来的外部成本。从整个的社会角度出发，代表社会成本的 S_1 曲线与代表私人收益的 D 曲线相交于 B 点，代表着生态产品生产的最优数量 Q_A，小于生态产品的市场均衡数量 Q_B，这意味着生产过度。针对这种情况，政府可以使用征税的形式使生产企业外部性成本内部化。对生产企业税收，可以使生态产品的供给曲线 S_0 上移 S_1。

无论是正外部性还是负的外部性，由于生态产品外部性的存在，市场都无法自发调节到社会最优的产量水平，这就是市场失灵。

8.2.2.3 市场结构与生态产品特性

生态产品的价格由市场中的供需双方的力量博弈来决定。同时，市场结构会

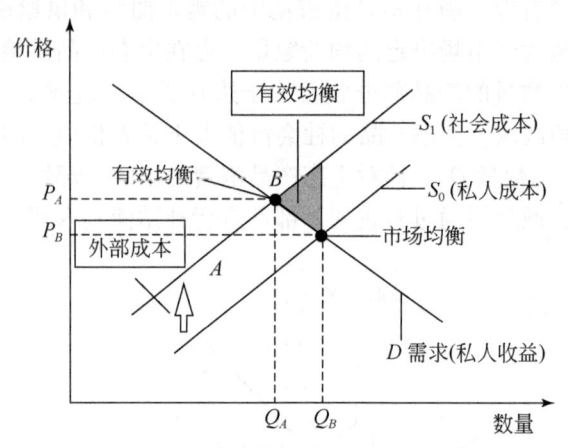

图 8-4　生态产品的负外部性对于经济效益的影响

影响供需双方的力量，进而影响到生态产品的价格。如图 8-5 所示，在市场中，有生态产品的供给曲线 S 和需求曲线 D，供给曲线和需求曲线的交点所对应的价格 P_A 为均衡价格，对应的数量 Q_A 为均衡数量。此时，均衡数量＝供给量＝需求量，实现了市场出清。只要能够影响供给、需求和市场结构中的任何一个条件发生变化，生态产品的均衡状态都会发生改变。

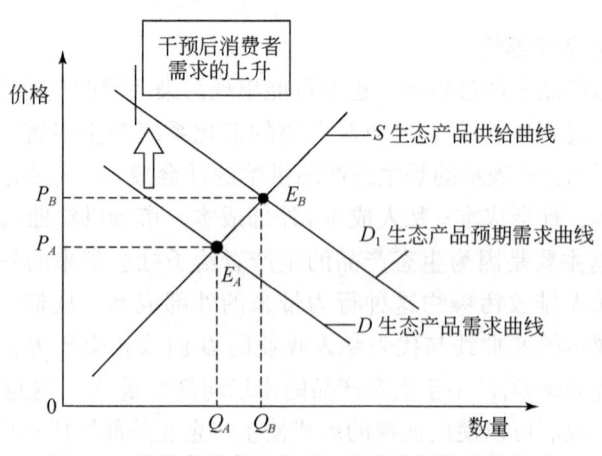

图 8-5　消费者需求改变对于生态产品价格的影响

我们回到生态产品的市场中，来观察需求和供给的力量博弈时，我们必须要考虑的一个因素在于生态产品的需求和供给特点。由于生态产品的产生较大程度上依赖于自然系统的功能，在一定时期内的生态产品的供给量是既定的。而需求却可能随着经济社会的变化会出现变动，或者随着社会生产的偏好而变化，从而出现生态产品的需方市场。在需方市场，生态产品的价格将由市场中消费者的需求决定，对于能够影响到生态产品需求的因素，都可能会引起市场均衡价格的变动，如消费者的偏好。如图 8-5 所示，由于不完全信息，消费者并不知道或者不清楚生态产品带来的健康益处和生态环境的改善有多么重要，从而导致了生态产品的需求曲线靠向左下方，即需求曲线 D，根据市场需求供需双方的力量博弈，最终生态产品的均衡价格 P_A 偏低。

在信息对称的情况下，即消费者掌握了关于生态产品的完全的信息，消费者非常清楚生态产品消费对于健康的益处以及对于自然资源可持续使用的重要性，生态产品的市场需求曲线将如图 8-5 中的曲线 D_1 表示，将会实现资源的最佳最优配置，此时生态产品的价格应该是 P_B。现实中，对于生态产品的价值问题一直都是处于信息不对称的情况，消费者很难能够了解生态产品的价值或者其重要意义。在不能完全掌握生态产品的完全信息时，市场中的生态产品需求曲线将如 D 所示。目前生态产品的价格低于资源最优配置时的价格，不能体现生态产品的价值。

8.2.2.4 生态产品的供给不足

当前人类社会物质产品日益富足，生活水平不断提高，但是人类生存环境却不断恶化，已经不能够满足人们日益增长的生态产品的需求。大多数生态产品作为一种特殊的公共物品，具有效用的不可分割性、消费的非竞争性和收益的非排他性等特点。例如，一个城市的空气污染程度有所降低，那么所有居住在这所城市的人们都可以一起享用更加清洁的空气，在这个过程中，我们无法分割清洁空气的效用，无法低成本地向消费者收取相应的费用，也无法让谁专门使用或者排除谁使用，就形成了大家都可以消费，但是没有人付费的现实，即"搭便车"行为，那么只能政府来付费。在城镇化、工业化的进程中，越来越多的人来到城市，其生活、消费行为对于空气质量都造成一定的污染，造成了"清新空气"这种生态产品的短缺，而由于"清新空气"的无代价消费，使得人们肆无忌惮地消费"优质空气"而不考虑空气治理的问题，从而形成了"清洁空气"这种生态产品的"公地悲剧"。究竟是什么原因导致了这种"公地悲剧"的发生呢？以曼昆（N. Gregory）为代表的部分经济学家认为"公地悲剧"的产生是因为外部性，因而提出对于生态产品应采取定义清晰的产权、规范生态产品的管制以及对其使用权加以限制等治理方案。

8.2.3 生态产品政府供给交易模式分析

生态产品"政府供给"交易模式主要是指由中央或地方政府通过财政补贴、

项目投资和税费改革等途径，直接或间接对生态产品进行相应补贴或者是收取费用的一种交易方式。本部分主要结合岳一姬（2021）的研究成果进行介绍。

8.2.3.1 生态产品政府供给主要形式

生态产品政府供给模式的主要形式有以下三种。

(1) 政府生态购买

政府生态购买，即政府直接财政补贴，也是目前我国主要使用的生态补偿方式，是政府建立相关法律使用相应的政府财政转移支付手段对一些重要生态功能区提供直接经济补偿的一种经济制度或措施。如美国政府自 20 世纪 50 年代开始实施的土地休耕计划、有偿转耕计划，以及 20 世纪 90 年代以来，我国政府大力推行的退耕还林工程、退耕还草项目、天然林资源保护工程等大型生态补偿项目，其形式就是通过政府的直接财政转移，直接购买自然资源的产权，从而增加生态产品的供给。

(2) 征收环境税费

征收环境税费是目前各国政府在面对资源约束情况下对于环境有关行为的一系列的税收方法，其税收目的在于对生态环境进行补偿及恢复，税收的税种众多，收取范围主要涵盖能源税收及污染税收。前者包括能源增值税、国内能源消费税、能源开发税、特别能源税和其他能源税等，后者包括水污染税、空气污染税、噪声税、固体废物税、生活垃圾税和农业污染税等。由于各国经济发展水平、环境污染程度及相应的政治体制不同，环境税费的结构和种类上都有很大的差异。征收环境税费也是国际上各国为实现生态补偿所采取的主要手段之一。但是，在实质上此方法是需要市场机制作为基础的，只有在完善的市场机制中，价格理论才能发挥主导作用，以价格作为消费者和生产者的引导信号，从而使环境税费发挥预期作用。因而在使用过程中，适用于市场中行为主体明确，而很难通过补偿或者承担相应的成本为其行为带来的生态资源的损失或者生态环境的破坏。西方国家中，丹麦、美国和德国是较早开展环境税费补偿生态环境实践的国家。其后还有瑞典、西班牙、荷兰、比利时、英国和法国等国家都有相应的环境税费体制。

(3) 生态补偿基金

生态补偿基金建立的目的在于为生态环境补偿提供专项基金。这种行为可以是政府行为也可以是行业行为，但是通常必须有相关法律作为其行为准则，并按照其破坏的生态环境的程度及数量进行相应的资金预留。在德国，《联邦矿山法》作为开矿的行为准则，规定德国企业申请开发新矿区时必须要提交申报审批，即开矿企业必须提出矿区开垦后的相关复垦的具体措施，同时保证至少预留企业年利润的3%作为复垦专项资金，以确保有足够的生态补偿基金用来恢复当地的环境损失。对于以前的老矿区，则直接由联邦政府和州政府出资复垦。简而言之，就是使用—开发—恢复的原则下设立专项资金确保生态恢复。

8.2.3.2 政府供给模式中的政府失灵

在我国现行的法律体制下，自然资源的产权基本上都是公共产权，包括大量的国有产权和集体所有产权。作为国家的行政机构，政府成为生态产品的名义代理人，但是由于以往的经济建设过程中，政府作为自然资源的委托代理人，往往过于追求经济的增长速度，而忽略了生态环境的再生特点与承载力问题，造成了生态环境的不可逆损害，出现此现象的本质是政府自然资源产权的委托代理失灵问题，主要体现在以下几个方面（岳一姬，2021）。

(1) 生态产品的政府失灵

生态产品交易过程中的不对称信息导致了包括政府作为自然资源公共产权代理人的政府失灵，地方政府与企业之间的委托代理失灵，资源许可证制度下的道德损害及自然资源的过度浪费，导致生态产品的市场配置效率下降。导致不对称信息的原因主要包括生态产品的单位价值难以衡量、交易的行为主体的广泛性与交叉性、信息传导途径不足或不通等几个方面。

(2) 自然产权的委托代理失灵

在我国现行的法律体系下，自然资源的产权基本上是公共产权，包括大量的国有产权和集体所有产权。按照我国目前的产权主导形式，我们完全可以把政府看作是生态产品的委托代理人。但是无论是国务院还是地方政府都不是自然资源的真正拥有者，他们只是代表国家或者全体人民行使管理的权利。在实际运行中，由于不同层级体系的代理人之间的行为目标不同，在一层一层的代理人结构中，这种目标的偏离不断加大，最终将会导致国家或者人民的整体目标与各级代理人的目标的背离，从而出现委托代理失灵的现实。而导致委托代理失灵的实质原因有管理学上的效率损失，也有难以避免的寻租行为的参与。

(3) 企业或者机构的寻租行为

企业或者机构通过向政府申请行政审批获得自然资源的相关使用权。在获得自然资源的相关使用权后，企业或相关机构向政府上缴相关资源税或是环境税的税费后，获得了大量的资源收益。企业在面对这种低成本高收益的生产行为下，企业本身就具有寻租行为的倾向。在政府审批许可证制度下，各级政府对于国有资源所能做的，只有审批权和相关开发的资源税或者环境税，甚至只有审批权限，同时还要对企业相关行为进行监督。在收入既定的情况下，地方政府对于监督的力度和投入也就极其有限，这也为企业的寻租行为预留了空间。在通过行政审批后，由于企业在对自然资源的开发过程中，势必存在着环境损害，通过寻租行为，企业可以规避或者部分规避政府作为自然资源的代理人使用环境立法或者制定相关法规的一系列监督，来降低企业的相关成本，从而使企业利益最大化。

8.3 提高生态产品供给的途径

8.3.1 生态产品供给不足的现实原因

伴随着社会生产力的迅速发展，人们收入水平和生活水平的持续提高，在物质产品需求满足的同时，生态产品的需求也就产生了巨大的市场。但是伴随着工业化和城镇化的持续推进，大规模、跨区域的环境污染仍然产生；水土流失、土壤退化等生态恶化现象还很普遍，生态环境面临着进一步恶化的风险，极大削弱了区域生态产品的生产能力。生态产品的总供给严重不足，其现实原因主要有以下几个方面（曲丽丽，2011）。

8.3.1.1 生态产品价值核算标准化不足

科学评估和核算生态产品价值是推动生态产品价值实现的重要基础性工作。长期忽略生态产品价值评估和核算，不利于为决策者提供科学合理的信息，同时也不利于为生态产品价值实现提供依据和标准。目前，我国生态价值的评估与核算中主要存在三方面问题：①生态产品统计问题。其存在着统计制度不健全，统计主体不明确、责任不清晰，统计报告不规范、不标准等一系列问题，加之资源配备不足，缺乏有效的检验和监督机制，统计的质量难有保证。②生态产品价格问题。生态产品交易市场发育迟缓，生态产品价格的缺乏，存在"资源无价、原料低价、产品高价"的传统思维，行业或集团垄断价格严重扭曲了生态资源价格体系。③核算主观性问题。实际生态产品价值核算过程中主观性结果比较明显。在价值评估和核算无法完成的背景下，生态产品价值实现也就难以完成，生态产品生产者无法从中获取收益，生产缺乏激励，导致生态产品供应的不足。

8.3.1.2 生态产品市场交易难以完成

相关制度的缺失，是造成生态产品市场化交易难以完成的重要原因。目前，我国仍没有对于生态产品生产制定相关法律法规，部分法律法规虽涉及生态补偿，却存着补偿力度小、补偿金额少、补偿范围窄等问题。在没有明确法律依据确定生态产品的供应主体的情况下，生态产品的生产也就陷入了低效、无序的状态。

8.3.1.3 生态产品考核体系尚未形成

"两山"理论从顶层设计上指明了生态产品价值的实现方向。许多地方政府也已从理念普及、考核引导、市场参与、监督反馈等角度开展了实践探索，但至今尚未形成一套完整的体系，以 GEP 核算为基础的绩效考核体系尚未建立。一些地区虽已明确不再考核 GDP，但实际考核中以隐性 GDP 考核代替显性 GDP 考核。因此，国家对生态产品实现的引导力度还有待加强、形成全社会支持生态产品价值实现的良好氛围。

8.3.2 如何提高生态产品供给

生态产品的供给能力问题，本质是"两山"理论转化路径的问题，即如何通过社会化生产和社会交换，实现生态产品的价值实现。本部分内容主要结合马建堂"生态产品价值实现的路径、机制与模式研究"课题组（2019）、杨艳等（2020）、郭兆晖和徐晓婧（2021）等的研究成果进行介绍。

8.3.2.1 破解生态产品价值实现难题

要实现"绿水青山"向"金山银山"的转化，当前重点是依靠政府和市场"两只手"，一方面要更好发挥政府的主导作用，通过制度安排和政策导向，建立健全生态产品价值实现的体制机制；另一方面要充分发挥市场在生态产品配置中的决定性作用，通过构建市场交易体系等途径，增加优质生态产品供给并实现价值。从当前全球实践来看，即便是产权清晰、环境监管水平较高的发达国家，生态产品价值实现的市场化机制也只是补充。

(1) 以政府为主导的生态产品价值实现力度需要进一步提升

以政府为主导的生态产品价值实现的途径目前主要包括财政转移支付和政府赎买（购买）。财政转移支付，特别是纵向财政转移支付主要是国家对重点生态功能区、自然保护区、流域保护区等区域内人民以自己的劳动或相对放弃发展经济的权利，保护生态环境与修复生态而生产生态产品的一种补偿方式。政府赎买（购买）比较成熟的是由政府对重点生态区内禁止采伐的商品林，通过赎买置换等方式调整为生态公益林，使"靠山吃山"的林农受损利益得到补偿，实现"社会得绿林农得利"，由此实现生态产品价值。此外，政府还可通过将各类生态建设工程（其成果是一种生态产品）以合同形式租给私营企业并通过政府购买的形式购买企业生产的生态产品。在资金来源上，大部分地方政府用于生态保护补偿的经费十分有限，因此应该由政府主导带动企事业单位投资、优惠贷款、生态银行（保险）、社会捐赠等其他资金渠道发展；同时，除资金补助外，增强对口协作、产业转移、人才培训、共建园区等补偿方式在实践中的应用。此外，从方便管理、便于实施、科学精准角度来看，还有待形成体现出不同领域、不同类型区域差异化的生态补偿价格计算方法、标准体系，并明确详细、具体的补偿对象，才能将财政政策落到实处。最后，由政府主导的生态资源确权制度、市场交易制度、资源有偿使用制度、绿色产品信用制度等生态产品价值实现的基础性制度和政策工具有待完善。

（2）以市场为主导的生态产业化内生动力亟待提高

以市场为主导的生态产品价值实现的途径目前主要包括生态资源产业化经营和市场化运作生态资产。生态资源产业化经营的目的是发挥生态产品的显现效益，将"绿水青山"转化为产品优势，以实现生态环境效益与经济效益的双赢。主要是打造绿色生态品牌，发展"生态+"，如以"生态+农业"提升生态农产品市场价值，以"生态+公园"拓展休闲体验生态价值空间，以"生态+旅游"打造生态旅游价值链体系，以"生态+民宿"拓展生态资源利用新模式等。市场化运作生态资产的目的是挖掘生态产品的潜在效益，以实现生态产品价值增值。通过培育市场、明晰产权，实现生态产品外部性的内部化（如用能权交易、排污权交易、碳汇交易等）都不失为实现生态产品价值横向补偿的有效市场化路径。

（3）生态产品价值的相关支撑保障需要加强

目前我国尚未针对"生态+"产业、生态产品等形成系统的政策支持体系，现行相关领域的财税、投资、金融、土地、产业等政策多是围绕环境保护主题展开，且多是方向性和笼统性的规定，缺乏细化的政策路径设计。同时，国家财政投入对中西部重点生态功能区和农产品主产区生态修复和环境保护、农业综合生产能力建设、公共服务设施建设、基础设施建设及适宜产业发展等的支持力度明显不够，在一定程度上制约了生态产品价值实现。另外，生态产品价值实现所依赖的资源确权登记、资产核算、价值评估、交易市场建设等，需要大量的测量计量设施、检验设施、技术设施、统计监测设备、平台系统等，都需要大量的资金投入。与此同时，伴随大量新技术的应用，对高技能、多学科复合型人才的需求快速增加，如生态资产核算工作需要涉及资源、环境、生态、经济、统计及信息技术等专业背景，生态资源资产确权登记工作需要涉及地理信息、遥感等专业技术背景。因此，需要在资金投入和人才供给等方面提高支持力度，从而加快生态产品价值实现的进度。此外，生态产品价值核算作为推动生态产品价值实现的一项重要基础性工作，需要大量资源生态环境（资产）的统计调查监测数据作为前提和支撑。亟待在资金投入和管理上加强我国资源生态环境领域的统计、调查、监测体系建设。

8.3.2.2 制定不同生态产品增值对策

生态产品是生态系统为了维系生态安全、保障生态调节功能、提供良好人居环境而提供的产品。生态产品价值实现的过程，也是将生态产品所蕴含的内在价值转化为经济效益、社会效益和生态效益的过程，以推动生态效益向经济效益、社会效益转化。我国幅员辽阔，地区异质性明显，应根据各地区不同的资源禀赋状况探索制定凸显区域特点的、可操作的生态产品价值增值对策。

(1) 提高生态产品的增值能力

在生态环境资源富集的地区，要进一步打通生态产品"溢价"增值通道，提高生态产品的"溢价"能力。主要包括三个方面：①在定位上重点突出绿色发展、生态文化；②在内容上着力促进三产融合与"三生一体"同步发展；③在实施路径上促使要素市场化配置与生态产品价值实现紧密结合、相互促进。

(2) 防止生态产品价值遭受贬值

在生态环境资源被过度开发的地区，要防止生态产品价值进一步遭受损失，争取"扭亏为盈"。主要包括四个方面：①建立有效的生态产品价值实现项目监管机制，并探索畅通多样化的信息透明渠道；②统筹考虑自然生态各要素，进行整体保护、系统修复和综合治理；③改造当地产业，加速新旧动能转换；④创新生态产品市场化融资方式，按照"谁受益谁补偿"的原则拓宽融资渠道。

(3) 彰显生态产品的真正价值

在生态环境资源有很大优势，却一直没有得到合理开发与利用的地区，要实现"后发优势"。主要包括四个方面：①创新生态产品品牌运作模式；②加强大数据建设；③精准打造生态产品区域公用品牌；④深入发挥市场、品牌、服务、生产条件等资源的协同效应。

(4) 实现生态产品的自身"造血"

在生态环境资源较好的贫困地区，要接续推进巩固对口帮扶成果与乡村振兴战略有效衔接，充分发挥生态资源优势，通过实现生态产品价值，变外部"输血"为自身"造血"。主要包括三个方面：①依托当地资源，选择适宜的发展模式，立足自然生态区位特点确立发展重点；②培育特色主导生态产业，实现生态产业集聚；③通过股权激励或整体产权开发运营等方式调动当地居民和商户的积极性，实现长期可持续的运营。

8.4 提高生态产品消费需求途径

8.4.1 生态产品消费市场初步形成

20世纪70年代以来，全球掀起了一场绿色革命，这对整个世界和人类产生了巨大的冲击和影响。由于生态环境的进一步恶化和消费者环保意识的增强，购买绿色生态产品成为必然的趋势。2001年，中国消费者协会调查显示，在北京、上海、天津、南京等城市，54%的消费者表示愿意购买绿色商品，87%的消费者认为迫在眉睫的重大问题是环境污染，71%的消费者认为发展环保产业、开发绿色产品对改善环境状况大有好处，80%的消费者认为绿色商品应当具备健康、节能、无污染的特点。另据有关部门对北京、上海两大城市的调查结果表明，绿色有机食品在我国具有巨大的市场潜力，有80%左右的消费者希望购买到绿色食品，并且他们大都愿意支付"绿色产品"的溢价支出，愿意在同等的条件下优先购买绿色产品。在同时期的国际市场上看，英国对绿色食品的需求量大大超过英国潜在的生产能力，每年的进口量占该类食品消费总量的80%，德国则高达98%，这表明绿色食品有着巨大的市场潜力。在美国，有80%的消费者声称他们关心大公司的环境记录，84%的消费者在购买产品时会考虑环保方面的声誉。在日本，环境管理组织的调查显示，64%的日本消费者说他们会购买环保型产品，有80%的消费者说他们正在通过节约资源来适应绿色的生活方式。根据我国农业农村部公布的数据显示，2007年，我国绿色食品生产总量达到8000万吨，产品销售额超过2000亿元，出口额将近23亿美元，约占全国农产品出口总额的70%。

8.4.2 我国生态产品消费状况

生态消费的前身是绿色消费，是绿色消费的延伸。绿色消费关注的是消费品的环保，而没有体现消费资源有效利用的思想，以及对消费时、消费后废弃物后续处理的思考。生态消费则更注重消费的"生态性"，主要表现为消费品本身是绿色环保商品；消费品用的原材料和生产工艺是环保的；生产中排放的废弃物要少，对环境无伤害，可循环利用；消费品在使用过程中不会对其他社会成员和周围环境造成伤害；消费品使用后，不会产生过量的、难以处理的、对环境造成破坏的消费残留物。

近年来我国生态产品的消费状况如何？因我们没有统计全国总体的生态产品消费数据，不能做出精准的判断和结论；但可根据几种常见生态产品的消费情况推测出其总体状况。

8.4.2.1 生态食品消费状况

据联合国大气监测站点数据显示，黑龙江省五常市大气环境达到国家 A 级绿色食品标准，特别适合绿色食品的种植。特别是最近几年，五常市全面提升大米产业升级工程，努力打造世界最有竞争力的稻米产业，品牌不断提升，2017 年中国品牌价值评价榜单中，五常大米品牌为 670.2 亿元，位列全国大米类品牌第一名。据测算，绿色食品附加值在 0.5~2 元/千克，有机食品附加值在 5~20 元/千克。尽管销售价格很高，销售量却与日俱增。农户、企业、合作社等在淘宝、天猫、京东等电商平台开设店铺的各类电商主体 4000 余家，在京、津、沪、江、浙、闽等地区建立多家五常大米直营店，推行可视式消费、定制式销售。为适应市场需求，对鸭稻、有机等高端大米实行剂量包装、恒温储存、会员月供的模式。目前，各类经销商已在全国各地区开设网点 1700 余个，年销售五常大米达 52.8 万吨，占五常大米总产量的 80%。

在全国，像五常大米这样热销的生态食品比比皆是。云南的普洱市拥有全国唯一国家绿色经济试验示范区，生态环境质量优越。近年来普洱市大力开发绿色食品，围绕咖啡、果业（水果、坚果）、林下药材、肉牛等重点产品加大开发力度。2018 年中国茶叶区域公用品牌价值评估中，普洱茶品牌价值达 64.1 亿元，再次蝉联全国"十强"榜首。2019 年，普洱全市实现绿色 GDP 588 亿元，占 GDP 总量的 94%，绿色产业增加值 246.1 亿元，占 GDP 总量的 39.2%，绿色产业信贷余额 576.7 亿元，占全市信贷余额的 84.3%。绿色产业收入占农民收入和财政税收的比例都在 50% 以上，绿色经济已成为富民强市的支撑。福建省在发展特色农业现代化的进程中，突出绿色导向。依托良好的生态优势，提升绿色农业的价值。2018 年，福建省继续做强做优做大茶叶、蔬菜、水果、畜禽、水产、林竹、花卉、苗木等优势特色农业，形成十大乡村优势特色产业，其总产值突破 1.5 万亿元；创建省级以上特色农产品优势区 84 个，省市县三级农业产业园 526 个，建设标准化生产示范基地 8500 多个，全省生态果菜茶面积占比达 70% 以上，生态茶园面积达百万余亩，"三品一标"农产品总数 3800 多个，极大满足了日益增加的绿色消费需求。

8.4.2.2 生态旅游消费状况

最近几年，全国生态消费的第二大热点应该说是旅游。拥有良好的生态环境是海南最大的优势。为了促进海南的生态消费，2015年，中央正式授权海南开展省域"多规合一"的改革试验，即是将统筹整合主体功能规划等六类规划整合在一起，真正将"绿水青山"和"金山银山"构成一个命运共同体，形成指导全省"一盘棋"发展的"一张蓝图"，使海南进一步明确了具有鲜明"绿色"特色的主导产业发展方向。海南旅游消费热之所以蓬勃兴起，主要有以下几个原因：一是坚持重点区域环境保护与突出问题治理并重，确保生态环境质量只能变好不能变差；二是突出国际旅游消费中心地位，让绿色发展理念重塑发展方式；三是用最美的道路连接最美的风景，打通转化桥梁；四是推进"百镇千村"建设，让老百姓分享生态红利。现在，海南游不仅成为全国老百姓的旅游热线，而且也成为外国游客的海外游热点。

新疆疆域辽阔，风光优美，历史悠久，文化璀璨，属于旅游资源大区，拥有高山盆地、大漠戈壁、河流湖泊、草原森林、冰川雪原、田园风光、丝路文化和民族风情，具有发展生态旅游的极佳资源禀赋基础。新疆旅游模式是以木垒县为代表的多元融合全域旅游发展格局和以昭苏县为代表的"旅游+体育"全域旅游发展格局为鲜明特色，受到疆域内外广大消费者的热烈欢迎，旅游者不远万里踊跃前往，极大地推动了疆域内的"吃、住、行、游、购、娱"等相关产业的发展。此外，新疆还大力传承了传统文化特色，先后在冬至、惊蛰、春节、元宵等节庆日举办了形式多样的民俗文化旅游活动，打响了"天山木垒·养心的家"品牌。

湖南省生态资源富集，近几年以发展生态旅游为抓手，构建形成了一批以森林公园、风景名胜区、自然保护区、湿地公园、地质公园等为代表的旅游景点。其中，以平江县"生态—旅游—扶贫"联动发展机制创新和岳阳市以东洞庭湖湿地保护为核心的生态旅游最为典型。平江县的生态旅游取得了显著的经济、社会、生态成效。2018年平江县生产总值286.61亿元，增长8.7%，增速居岳阳市六县之首，共接待游客1923万人次，同比增长23.5%，实现旅游综合收入136.5亿元，同比增长26.3%（连续四年增速超过20%），旅游产业对GDP贡献率达30%，增强了地方政府的财政实力，地方一般预算收入由2010年的2.63亿元增至2018年的8.26亿元，增速也为岳阳市六县第一。

8.4.2.3 美化居住环境消费状况

生态产品文化服务价值带来的景观溢价在城市建设中表现非常明显。例如，上海市积极建设郊野公园，使其成为市民主要的绿色公共空间。一是对农田、湿地、林地、水网等自然要素进行整治，加快建设高品质的郊野公园。对区域内低效建设用地进行了拆除复垦、河道清淤，并对水、路、林、村进行系统梳理和整治，依托原生肌理设计优美景观，引进生态品种增加生物多样性，使区域生态环境明显改善；二是结合乡村建设，拓展郊野公园生态功能，如远郊的郊野公园在强化生态功能建设的同时，注重与农业生产功能的有机融合，即种植业与养殖业相结合、特色农业与生态农业相结合、循环农业与旅游农业相结合。上海市还运用以人为本的理念，打造开放的空间产品。一是加强中心城区绿地改造，变"绿色荒岛"为"绿色乐园"；二是将老旧小区绿化品质提升列入行动计划。2018年上海市发布住宅小区建设"美丽家园"三年行动计划，使上海市居民不仅住宅得到改善，就连住宅周边的环境也得到美化，让居民更加心情愉悦。这是一种无形的、也更加昂贵的生态消费。

海南省推进"百镇千村"建设大见成效，建成一批各具特色的精品小镇和美丽乡村。这些镇村虽然各具特色，但有一个共同的特点，就是生态美、环境好，从而吸引游客络绎不绝，其中还有变旅游为移居的游客。宿迁市地处苏北，是江苏最年轻的地级市，也是全省最薄弱的地区。但是，宿迁市按照打造成为"江苏生态大公园"的发展定位，编制并实施了"宿迁市生态经济示范区发展规划"，加速建设沿大运河、沿古黄河、环洪泽湖、环骆马湖和环中心城区的"五大生态走廊"，积极建设园林城市、森林城市，打造"城市公园绿地十分钟服务圈"，以总分第一成功跻身江苏省海绵城市建设试点。

8.4.3 如何提高生态产品消费需求

从上述生态食品消费、生态旅游消费和生态环境消费的状况可以看出，我国的生态产品消费需求是十分旺盛的。当然，人们对美好生活的愿望是没有止境的，所以也不能说，人们的消费欲望已经得到满足了，也不能说明我国的生态消费潜力不需要挖掘了。关于如何壮大生态产品消费需求，其核心是在以终端消费需求为导向的生态产品的基础上，协同推进全社会形成绿色生活方式和绿色消费模式，带动全社会对生态产品的消费需求。主要包括以下四个方面。

8.4.3.1 构建生态产品政府采购优先机制

综合考量生态产品质量、产品产地等因素，确定优先采购生态产品名录，建立完善的采购平台，规范采购流程、竞价机制和采购标准，不断加强对政府采购行为的监督和约束，完善政府采购供应商体系建设。

8.4.3.2 着力培育绿色消费理念

规范消费行为，激励引导居民践行勤俭节约、绿色低碳、文明健康的生活方式和消费模式,加强生态产品的宣传推广和推介,提升生态产品的社会关注度,在全社会厚植绿色消费的社会风尚。

8.4.3.3 构建生态产品的品牌管理体系

扶持形成一大批特色鲜明的生态产品区域公用品牌,将各类生态产品纳入品牌范围,加强品牌培育和保护,提升生态产品增值溢价。

8.4.3.4 健全生态产品交易体系

健全生态产品交易体系的关键在于通过搭建多元化的交易平台和精准化的生态产品供需对接机制,不断降低生态产品交易成本,从而推进更多优质生态产品以便捷的渠道和方式开展交易。

实际上,我们考虑如何提升生态消费的同时,更应该考虑现在的消费现状和生态产品供给相比,是过度,还是不足?很明显生态产品供给不足的对应面就是生态消费过度。笔者认为,生态消费过度的原因在于"良好的生态环境是最公平的公共物品,最普惠的民生福祉",也是最基础的生态产品,这类产品的生产和消费具有公共物品的生产和消费的特征,也就是由国家和社会集体供给,全体社会成员免费消费,即便是准公共物品,谁消费多少,谁的支付意愿为多少,都无从知道。而私人经营性生态产品数量还不多,占比不高,市场交易也较为困难。因此,在生态消费供给不足的情况下,我们应该反思我国的生态消费水平是否与我国社会经济发展水平相适应。

8.4.4 用生态消费观取代传统消费观

与传统的消费观念不同,生态消费能同时满足物质生产和生态生产的发展水平,而且在满足人的消费需求的同时不对生态环境造成破坏,是一种生态化的、环境友好的消费模式,我们可以把其称之为生态消费观。本部分内容结合宿晨华和赵海月(2014)的研究进行介绍。

8.4.4.1 构建生态消费观的必要性

消费观是对消费观念基本观点的总称,是指人们为了满足自身生存和发展需要而进行的消费,具有实践性、多维性、历史性和相对稳定性等特征。作为人们进行消费活动的总的纲领,消费观指导着消费活动的开展,它既受社会生产力水平的制约,又取决于消费主体的可支配收入,还受消费主体的消费习惯、知识能力、生活经历、素质修养等因素的影响,产生了不同的消费观念。传统消费模式是指工业革命时期人们为追求生产力的发展、经济水平的提高，在消费主义价值观的引导下而形成的粗放型的，以自然资源的大量消耗为特征的经济模式。传统消费模式及其观念大致可分为三个不同时期，即原始社会阶段的压抑型消费观，农业文明阶段的适应型消费观和工业文明阶段的扩张型消费观。无论是以"朴素的生存观"为特征的压抑型消费观，以"崇尚天人合一"为特征的适应型消费观还是以"生态危机"为特征的扩张型生态观，都基本形成并延续了"资源—产品—废弃物"的模式，进而造成了物质资源的浪费，生态环境遭到严重破坏，各类疾病也是层出不穷。可见，以能源和资源的大量消耗为支撑的传统消费模式，一般是以实物消费为主且资源耗费的成本过高，其评判的标准是消费数量而非消费质量。由于追求目标的短暂性，忽视人类与环境和谐、持续发展的要求，自然没有形成有助于社会良性运行的消费结构。而生态消费观是消费观发展到当前社会阶段的一种消费观念，当前经济不断发展，人们的消费水平大大提高，与此同时，人们的消费欲望也在不断膨胀，导致了环境污染、资源匮乏、自然生态被破坏等一系列问题。因此，生态消费已成为社会进步和人类发展的必然选择。生态消费观是在保证自然界不被破坏的前提下，满足人类真实消费欲望的一种消费观。它既符合社会生产力的发展水平和方向，又能实现人与自然的和谐共处。它具有适度消费、绿色消费、可持续消费的特点，满足了人类的物质需求，同时，更加重视精神消费，通过高层次的精神文化消费，满足人与自然和谐共处的要求，实现人的全面自由发展。

8.4.4.2 生态消费观与生态文明建设的关系

（1）生态消费观可以塑造和谐人格，推进生态文明建设进程

生态消费是适度消费、理性消费、可持续性的消费，反对追求增长超限性和无度性的消费主义，强调人与自然和谐、代际与代内公平、物质需求与精神需求均衡，是人类对自己的消费活动在更高层次上的约束。要处理好人与自然、人与人之间的关系，既能合乎人类的合理需求又不会超出生态环境的承载能力，还要保证代际和代内消费的公正公平。当然，不良的人格和不和谐的人际关系也是构建和谐的人与自然关系的重要障碍，更是构建生态文明社会的重要阻力。纵观人类对于自然界无情的掠夺和疯狂的践踏，从某种程度上看，也是人对人（代内或代际）的剥削与掠夺进一步发展和升级的结果，体现的是不良人格和人际关系的不和谐。所以，应进一步宣传生态消费观，特别是生态道德观，使其在塑造社会成员的和谐人格方面，在促进和谐人际关系方面发挥重要作用，进而间接促进人与自然的和谐关系，有力地推动社会主义生态文明建设。

（2）生态消费观是构建"两型社会"的价值基础

实现"两型社会"是中国特色社会主义相关理论的创新，它是指构建资源节约型、环境友好型的社会。资源节约型社会要求在生产、消费等方面提高对资源的利用率，在获得最大经济利益时使用最少的资源。环境友好型社会，是促进人与自然的和谐，人类的自然规律必须在自然资源利用中遵守。每个人的生活都离不开消费，树立正确的生态消费观对推进"两型社会"构建具有重要作用，要同自然环境相和谐，在环境和资源能够承受的范围内，在生态平衡所要求的限度范围内，合理规划与安排我们的生产和生活。生态消费观是以保护环境，促进身心和谐发展为目的，更加注重生活质量提高的崇高的精神追求，放弃各种以享受性和挥霍性物质消费为核心内容的消费价值理念。生态消费观提出的消费理念，是在自然资源、能源可承受基础上的消费，这对于构建"两型社会"无疑具有重要的意义。

(3) 生态消费观强调适度消费、绿色消费，推进美丽中国的构建

"美丽中国"不仅只是实现人文之美、社会之美、环境之美的整合，更重要的是要在发展中谋美丽，在美丽中求发展，经济又好又快地发展才能为美丽中国建设提供坚实的物质保证。生态消费观是一种出于生态环境保护的新型价值理念，倡导适度消费、绿色消费和与国情相适应的消费，突出展现的是满足人基本生存需求的消费，主要体现为适度性消费、绿色消费和合德消费三个方面。适度消费是要经过理智选择与一定的物质和生态生产相适应的消费规模和消费水平所决定的，并能充分保证一定生活质量的消费。绿色消费是生态消费的必要前提，注重的是对资源的回收利用，是一种有利于节约和保护资源的消费方式。合德文明消费是消费主体的消费行为必须符合道德文明的要求，消费不仅是自身的私事，而且在消费过程中要有社会公德心，在消费中把个人的素质修养融入其中。可见，生态消费观是对传统消费观和消费模式的扬弃，是对人类消费活动在更高层面上的理性规范，也是对人与自然和谐关系的更深刻的把握，更是生态消费观念和活动的基本原则。

8.5 案例：苏州市提升生态产品供需能力

本案例摘选自自然资源部办公厅 2020 年推荐的《生态产品价值实现典型案例》(第二批)。

8.5.1 背景介绍

苏州市吴中区金庭镇地处太湖中心区域，距离苏州主城区约 40 千米，拥有中国淡水湖泊中最大的岛屿西山岛，以及 84.22 平方千米的太湖风景名胜区、

148 平方千米的太湖水域和 100 多处历史文化古迹，是全国唯一的整岛风景名胜保护区，拥有长江三角洲经济圈中极为稀缺的生态环境和自然人文资源。

近年来，金庭镇坚持生态优先、绿色发展的理念，按照"环太湖生态文旅带"的全域定位，依托丰富的自然资源资产和深厚的历史文化底蕴，积极实施生态环境综合整治，推动传统农业产业转型升级为绿色发展的生态产业，打造"生态农文旅"模式，实现了经济价值、社会价值、生态价值、历史价值、文化价值的全面提升。

8.5.2 具体做法

(1) 优化空间布局，做好建设"减法"和生态"加法"

金庭镇融合了生态规划、土地利用总体规划、村庄规划、景区详细规划等各类规划，按照"提升生产能力、扩展生活空间、孕育生态效应"的理念，规划到 2024 年全镇生产空间规模为 128 公顷，占全镇总面积的 1.52%；生活空间规模为 1190 公顷，占全镇总面积的 14.14%；生态空间规模为 7104 公顷，占全镇总面积的 84.34%，系统优化全镇的生产、生活、生态空间布局。通过以"优化农用地结构保护耕地、优化建设用地空间布局保障发展、优化镇村居住用地布局保障权益"为核心的"三优三保"行动，按照"宜农则农、宜渔则渔、宜林则林、宜耕则耕、宜生态则生态"的原则，通过拆旧复垦、高标准农田建设、生态修复等方式，整治各类低效用地 798.2 亩[①]，增加了生态空间和农业生产空间，实现了耕地集中连片、建设用地减量提质发展、生态用地比例增加，获得的空间规模、新增建设用地、占补平衡等指标用于全镇公共基础设施建设和吴中区重点开发区域使用，土地增减挂钩收益用于金庭镇生态保护、修复和补齐民生短板。此外，在规划编制和土地资源管理过程中，金庭镇预留了后续发展生态产业所需要的建设用地指标，夯实了生态产品供给和价值实现的基础。

(2) 聚焦"水陆空"，开展"山水林田湖草"系统治理

"水"方面，防治与保护"双管齐下"，促进水环境提升。对 127 条流入太湖的小河实行"河长制"，严格落实主体监管责任，从源头上保护太湖；对太湖沿岸 3 千米范围内所有养殖池塘进行改造，落实养殖尾水达标排放和循环利用；建立严密的监控体系，实行严格的环保标准，防止水源污染；对宕口底部进行清淤和平整，修建生态驳岸和滚水坝，修复水生态。"陆"方面，以土地综合整治为抓手，推进"山水林田湖草"系统修复和治理。完成消夏湾近 3000 亩鱼塘整

---

① 1 亩≈666.67 平方米。

治和农田复垦，建设高标准农田用于发展现代高效农业和农业观光旅游；对镇区西南部的废弃工矿用地开展生态修复，打造景色宜人的"花海"生态园；系统治理受损的矿坑塌陷区，就近引入水系，加强植被抚育，恢复自然生态系统。"空"方面，开展大气环境整治，关停镇区"散乱污"企业，控制畜禽养殖，减少空气污染源；开展国土绿化行动，增加森林覆盖率，改善空气质量。

(3) 建立生态补偿机制，推动公共性生态产品价值实现

2010年，苏州市制定了《关于建立生态补偿机制的意见（试行）》，在全国率先建立生态补偿机制；2014年，在全国率先以地方性法规的形式制定了《苏州市生态补偿条例》，推动政府购买公共性生态产品，实现"谁保护、谁受益"。2010年至今，通过三次调整补偿范围、补偿标准等政策，实现了镇、村等不同产权主体的权益。金庭镇每年的风景名胜区补偿资金和四分之三的生态公益林补偿资金拨付到镇，用于风景名胜区改造和保护修复、公益林管护、森林防火等支出；水稻田、重要湿地、水源地补偿资金和四分之一的生态公益林补偿资金拨付到村民委员会，主要用于村民的森林、农田等股权固定分红、生态产业发展等，极大地激发了镇、村和村民保护生态的积极性。2019年，苏州市选择金庭、东山等地区开展苏州生态涵养发展实验区建设，将其定位为环太湖地区重要的生态屏障和水源保护地，市、区两级财政在原有生态补偿政策的基础上，2019～2023年共安排专项补助资金20亿元，重点用于上述区域的生态保护修复和基本公共服务。

(4) 建立"生态农文旅"模式，实现生态产业化经营和市场化价值实现

金庭镇依托特殊的地理区位、丰富的自然资源和深厚的历史文化底蕴，建立"生态农文旅"模式，推动生态产业化经营。打造农业发展新模式，促进"特色农品变优质商品"。重点围绕洞庭山碧螺春、青种枇杷、水晶石榴等特色农产品，打造金庭镇特色"农品名片"，将传统历史文化内涵融入特色农产品的宣传销售中，增加产品附加值；通过"互联网+农产品"销售模式，拓展"特色农品变优质商品"的转化渠道；与顺丰快递签订战略协议，在各个村主要路口设置快递站点，提高鲜果产品运输效率。挖掘"农文旅"产业链，实现"农业劳动变体验活动"。挖掘明月湾和东村两个中国历史文化名村及堂里、植里等6个传统历史村落的文化底蕴，鼓励村民在传统村落中以自有宅基地和果园、茶园、鱼塘等生态载体发展特色民宿、家庭采摘园等，实现从传统餐饮住宿向农业文化体验活动拓展，形成"吃采看游住购"全产业链。提升生态文化内涵，助推"绿色平台变生态品牌"。积极宣传"消夏渔歌""十番锣鼓"等非物质文化遗产的传承保护，推进全域生态文化旅游，形成了丽舍、香樟小院等一批精品民宿品牌，通过游客的"进入式消费"实现生态产品的增值溢价。

8.5.3 主要成效

(1) 绿色发展意识和生态产品供给水平"双提升"

近年来,金庭镇干部群众的绿色发展意识逐渐增强,保护绿水青山、依靠绿水青山、走高质量发展之路,已经成为金庭人的行动自觉,金庭镇的生态空间显著增加,自然生态系统得到全面保护和修复,江南水乡特色、传统历史文化得以传承,生态产品的供给能力显著提升。2019 年,金庭镇建设开发强度降低至 16.65%,同比降低了 13.28 个百分点;森林覆盖率增加至 71%,全镇地表水水质均达到Ⅱ类以上,空气质量达到国内优质标准;生物多样性逐渐增加,区域内植物种类超过 500 种,动物种类超过 200 种,拥有银杏、水杉等多个国家一级、二级保护植物,以及虎纹蛙、鹈鹕、鸳鸯等多种国家级、省级保护动物。

(2) 公共性生态产品和经营性生态产品价值"双显化"

一方面,苏州市建立了针对各类自然生态要素的生态补偿机制,以财政转移支付的方式"采购"公共性生态产品,彰显其内在价值。其中,补偿标准为水稻田 420 元/亩、生态公益林 250 元/亩、风景名胜区 150 元/亩、其他生态农产品 100 元/亩;水源地村根据所在村岸线长度、土地面积、常住人口数等,分别给予每村 120 万元、140 万元、160 万元的补偿,生态湿地村也分别给予每村 80 万元、100 万元、120 万元的补偿,补偿范围覆盖了"山水林田湖草"等各类自然资源。另一方面,金庭镇通过"生态农文旅"模式的发展,打通了经营性生态产品价值实现的渠道,显化了物质供给类和文化服务类生态产品的价值。"特色农品变文化商品"方面,2019 年全镇农产品销售收入达到 4.85 亿元,创历史新高,其中果品收入 2.71 亿元,水产收入 0.21 亿元,茶叶收入 1.93 亿元;"太湖绿"大米及"西山青种"枇杷等已成为网红品牌。"农业劳动变体验活动"方面,2019 年全镇吸引旅游人数 421.06 万人次,农家乐、民宿营业收入达 2 亿元,新增民宿 104 家,改造民宿 103 家,精品民宿增加至 37 家,直接带动了 1600 余人就业。"绿色平台变生态品牌",随着"生态农文旅"模式的建立,港中旅、亚视、南峰等投资集团纷至沓来,2017 年"阿里巴巴太极禅苑文化驿栈"正式落户金庭镇,2020 年美国汉舍集团投资的"汉舍"项目全面启动,"自然、绿色、生态"成为金庭镇最响亮的名片。

(3) 经济社会发展和民生福祉"双推进"

2019 年,金庭镇国内生产总值达到 24.93 亿元,同比增长 6.10%。其中,服务业占比近 80%,服务业增加值达到 19.75 亿元,同比增长 7%。全镇 2019

年新增就业岗位 647 个，同比增长 39.7%；农民人均年纯收入达到 26 573 元，同比增长 6.2%。依托"生态农文旅"模式，生态产品价值融入了一二三产业发展中，让农民、政府、投资商三方共赢，实现了经济社会发展和民生福祉的"双推进"。

第 9 章　生态产品第四产业生态反哺机制

生态反哺是生态产品第四产业的重要环节。所谓生态反哺，就像一片森林在不断通过新陈代谢繁荣自己，虽然消耗了一定的资源和能源，但对所在的生态环境产生正面影响，同时对整个宏观生物圈的平衡与发展都有积极的贡献。生态反哺的核心是回馈自然、社会和人类。王金南指出，由于生态产业经营产生的部分现金流通常以生态反哺形式流入生态建设和保护修复，自然生态系统不仅是生态产品的核心供给者，也是生态产品第四产业的最终受益主体之一。本章所讲的生态产品第四产业生态反哺，包括生态修复、生态建设和生态保护补偿三个方面的内容，实际上是一种新型分配机制，即通过生态反哺实现生态产品价值的保值与增值。

9.1　生态修复

2015 年，党的十八届五中全会对生态修复提出"实施山水林田湖生态保护和修复工程，构建生态廊道和生物多样性保护网络"的要求。生态修复指以生态稳定性、可塑性和稳态转化等生态学原理为指导，以生物技术为主体，通过优化物理、化学等各种技术手段与工程措施，实现修复成效最优和消耗最低的一种综合修复污染环境和受损生态的方法。本节内容主要结合周启星等（2006）、胡振琪等（2014）和张绍良等（2017）的相关研究进行讲述。

9.1.1　生态修复的特点

9.1.1.1　严格遵循生态学原理

（1）循环再生原理
通过环境—微生物—植物复合系统去除受污染环境中可降解污染物并利用污染物蕴含的水、肥等有用资源，促使生态系统中非循环物质转为可循环的有用物质并加速物质再生和循环速度，最终修复受污染环境。

（2）和谐共存原理
生态修复过程中的物质循环和再生促使参与该过程的植物、微生物和动物间,以及生物与环境间表现为诸如植物为微生物提供适宜生态位和营养元素,而微生物的代谢增殖又将不能被植物消化吸收的污染物转化为可有效利用的物质的和谐共存。

(3) 整体优化原理

将生态修复系统作为整体,通过控制点源污染、阻隔污染物质、修复工程预处理、选择修复生物和再利用修复后的水土等生态修复技术的优化,提升生态修复系统净化污染物效果和水、肥等有用资源利用效率。

(4) 区域分异原理

设计生态修复系统时,在工艺、修复生物和运维管理等选择上,务必考虑气候、地质及水土等环境条件和生物种群等的差异,造成不同地区或同地区不同时段下的污染物迁移、转化等行为存在迥异的因素。

9.1.1.2 生态修复的基本原则

生态修复实践的基本原则为实效、高效、全效。即生态修复建立和维护生态系统的价值,生态修复项目要能见到并取得实际效果;生态修复要最大限度地提高产出效益,同时最大限度地减少时间、资源和劳动力的成本;与合作伙伴和所有利益相关方合作,全方位提升生态修复水平。

9.1.1.3 影响因素多而复杂

生态修复是通过植物、微生物等代谢行为实现的,因而影响生物生命活动的因素也会对生态修复效果产生不利干扰,使得生态修复涉及生态学、生物学、微生物学、物理、化学等诸多学科。因此,生态修复具有干扰因素多且复杂以及多学科交叉特点。

9.1.2 生态修复的机制

9.1.2.1 重金属污染物的生物吸收与富集机制

受重金属污染的水体或土壤,植物可以从根际圈吸收重金属,并且吸收效果受重金属类型和浓度、微生物群落、土壤理化性质等影响,其吸收过程一般包括以下三种。

(1) 规避现象

当植物根系圈内重金属浓度低时,植物可以通过自我调节降低重金属对植物的迫害,但也可能无论根系圈内重金属浓度高低,植物都具有这种自我调节规避重金属毒害的能力，但这种情形不是很多。

(2) 富集现象

植物通过适应性调节增强对重金属的耐性，表现为植物吸收重金属时也能生长，但根、茎、叶等器官及各细胞器会受到重金属不同程度的伤害，使植物生物量下降。

(3) 协同现象

植物将一些重金属作为营养元素，植物根系对受重金属污染的环境进行修复。这主要依赖于根系分泌物对重金属的络合和降解等作用。土壤中重金属也可以通过在微生物体内富集并转化为无害物质。

9.1.2.2　有机污染物的生物降解机制

生物降解是指通过生物的新陈代谢活动将污染物质分解成简单化合物的过程。动植物的新陈代谢可以分解有机污染物，但由于微生物繁殖速度快、遗传变异性强、适应环境变化能力突出、能量利用效率更高等特点，使得微生物在有机污染物净化过程中有更为重要作用。然而，有机污染物能否被微生物降解还取决于有机污染物的可生物降解性。可生物降解性是指有机化合物被微生物新陈代谢作用分解为简单小分子化合物的可能性。有机化合物包括天然有机物质和人工合成有机物，天然有机物质几乎均可被微生物彻底降解，而人工合成有机化学物的降解性则复杂得多，这就要求一方面加深对微生物降解有机物机理的了解，以提高微生物去除有机污染物潜力。另一方面也要求在新的有机物合成之后，进行可生物降解性试验，对于不能生物降解的化学品禁止使用。

9.1.2.3　有机污染物的转化机制

有机物被微生物摄入后，一方面被合成新的细胞物质，另一方面被分解生成CO_2和H_2O等，并获通过催化化学反应获取生长所需的能量。这些反应一般使化学键破坏，促使污染物电子向外迁移，这种化学反应被称为氧化还原反应。其中，氧化作用是使电子从化合物向外迁移的过程，还原作用则是电子向化合物迁移的过程。被氧化的有机污染物被称为电子丢失者或电子给予体，获得电子的化学品则被称为电子受体。常见的电子受体为氧、硝酸盐、硫酸盐和铁，其是细胞生长的基本要素，常被称为基本基质。

9.1.2.4　生态修复的强化机制

采用生物修复技术修复污染物浓度较高且不适于生物生存的受污染环境效果很难乐观，这时就要采用物理或化学预处理将污染水平降到生物能够生存的水平，若此时仍达不到修复要求，就要考虑采用生态修复的方法。一般来说，简单地直接利用修复生物进行生态修复效率很低，这需要采用一些强化措施，进而形成整套的修复技术。强化机制包括提高生物本身的修复能力和提高环境中污染物的可生物利用性。

9.1.3 人工生态修复

人工生态修复（又称为人工复垦）的概念最早出现在生态环境破坏严重的矿山。矿山开采促进国民经济发展的同时，也不可避免地破坏了矿区生态环境，如长期的露天开采导致的土壤和植被破坏及景观变化、井工开采导致土地沉陷和地表裂缝等，此外矿山开采还会污染地表水和周边的土壤。因此，修复矿区生态环境是我国十分紧迫的任务，直接关系到绿色矿山建设和生态文明建设的成败。

胡振琪等（2014）的研究显示，在国内外矿区生态修复的实践中，由于矿山对生态环境破坏的严重性，早期的研究多集中于人工修复上。美国最早的矿山修复案例发生在20世纪20年代印第安纳州和伊利诺伊州对废弃矿山土地上植被的恢复。我国原煤炭工业部"六五"科技攻关项目"塌陷区造地复田综合治理的研究"则是国内最早有组织的大规模矿区生态修复实践，该课题在安徽淮北和兖州矿区实施，取得的主要成果是：①用煤矸石充填塌陷区造地复田11.9公顷，并在其上建筑生活娱乐场地。②用电厂粉煤灰充填塌陷区，复田74公顷、植树造林6.7公顷、农作物种植试验田10公顷、建试验房358平方米。③在浅塌陷区，将塌陷后盐碱、荒芜的塌陷区改造成可供农民使用的稻田、鱼塘。我国经过30多年的矿区生态修复的研究与实践，已逐步形成了基于人工修复的采煤沉陷地、煤矸石山和露天矿三类生态环境修复技术体系。从技术方法上来看，人工修复（复垦）按复垦形式分为充填复垦和非充填复垦；按复垦土地的利用方向和土地破坏的形式、程度，分为土地平整、梯田式、疏排法、充填法、挖深垫浅和建筑法等复垦方式，以及塌陷水域开发利用、采矿与复垦相结合等人工修复技术。其中，土地平整、梯田式、疏排法、挖深垫浅复垦属于非充填复垦形式，充填法复垦有矸石充填、粉煤灰充填等形式。虽然人工修复在我国矿山恢复过程中取得了巨大的效果，新时代下，西部生态脆弱区采矿沉陷土地和生态的损伤特点与原先研究的东部矿区完全不同，使得前期积累的沉陷修复技术在西部矿区生态修复中效果不佳，此外，人工修复可能对原本就脆弱的生态造成进一步扰动，因此，许多学者认为自然力的生态修复必须得到重视，对一些沉陷影响不大、具备自然修复能力的区域大量投资进行人工修复提出了质疑。国外也非常关注修复的投入产出问题，重视成本-效益型（cost-effective）技术的研发。

9.1.4 自然生态修复

张绍良等（2017）的研究表明，美国国家环境保护局于1998年在污染沉积物治理策略研究中首次提出了自然生态修复概念，主张由生态系统自我恢复能力实现受破坏生态的修复。与人工生态修复不同，自然生态修复强调生态系统的自主恢复，不主张大规模人工干预生态扰动区，因而自然生态修复的成本更低，但是自然生态修复的现实必要性、理论可能性和技术可行性等一直备受争议。自然生态修复的研究，对我国矿区生态系统保护、生态矿山建设尤其有重要现实意义。一方面，我国东部矿山正在陆续关闭，遗留下来的大面积塌陷湖、工业废弃地如何开发利用？如何修复后采矿时代（Post-mining）废弃矿山的生态环境？这是我国矿山面临的现实问题。另一方面，我国矿山开发已经向生态脆弱、人口生态环境承载力低的西部转移。如何看待西部采矿带来的生态扰动及生态修复路径的选择已成为不得不面对的现实问题。面对这些现实问题，我们需要理性、科学评估人工修复技术和自然修复技术。

9.1.4.1 自然生态修复概念

关于自然生态修复的明确定义很少。在我国，杨爱民等（2005）人认为自然生态修复即完全依靠生态系统本身的自组织和自调控能力进行修复；胡振琪等（2014）进一步将自然生态恢复概括为靠自然力量（自然营力）修复的一种过程和方法。上述定义本质上是相同的，强调了自然生态修复自然发生的过程并排除人为干扰的特征，即强调修复过程中"自然"的独立性和"人"的脱离性。正是基于此，瑞特曼和麦克唐纳等认为对损毁生态采用自然修复的方法是将生态威胁转嫁给附近生活群体的行为，是不作为的推脱，这违背了生态伦理（Rittmann, 2000; MacDonald, 2000）。

但实际上，自然生态修复并非一味地强调修复中"自然"的唯一地位。例如，梅德森等利用土壤改良剂使重金属活性降低，从而实现重金属污染土壤原位修复（Madejon et al., 2009）；格里克利用微生物促进重金属富集植被的生长，提高重金属修复的效率（Glick, 2010）；束文圣等（2003）通过研究土壤种子库特征，利用种子库引入等方式快速实现采矿废弃地植被的恢复；姜跃良等（2003）在河道修复中提出运用生态水力学，通过控制水流速、水深等，抑制或促进水生动植物的生长发育。以上生态修复技术虽然涉及人为工程参与，但是却与传统人工修复技术有很大的不同。相比于土地挖填平整、表土剥离重构，植被种植养护等措施，上述修复手段的工程投入只占较小的部分，仍主要基于自然修复的基本原理，利用自然营力恢复生态。因而，也应当归属于自然生态修复技术范畴。

通过以上分析，自然生态修复虽然强调依靠生态系统自我组织、自我维持能力来修复，但并不排除人为措施，只不过它更强调生态系统恢复力建设，通过协调、促进系统各要素内在联系实现系统的恢复，不主张过多的工程修复。由此可见，自然生态修复的概念可定义为：依靠生态系统的自我组织、维持和更新等恢复力，辅以微生物工程、种子库撒播、土壤改良剂等，在不经过大规模的工程修复原有生态系统组成、要素和结构基础上的生态修复方法。

9.1.4.2 自然生态修复的模式技术

目前自然生态修复的技术研究进展不大，实践中，自然生态修复的实施多局限于封育手段。根据我们的定义，自然生态修复时依然可以并且需要技术投入，但是工程需具有轻量化、低扰动的鲜明特征，其目的在于引导和控制生态系统自我修复进程。为此，除传统封育技术外，微生物技术、种子库技术、动物技术等也是未来自然修复技术的发展方向（张绍良等，2017）。

（1）封育技术

封育技术即通过设置栅栏、警示牌等避免人为扰动，保证生态系统自我恢复的技术。对于耕作或放牧超载区，围禁封育往往是必要的，但却不能盲目。斯洛夫发现长期完全隔绝牲畜会导致生物多样性减少，适当的放牧管理也尤为重要（Slotow，2012）。王京生等（2013）等发现围封一年后，浅层土壤中的全氮含量大于未围封草地，而围封二年的结果则相反。可见，合理的封育强度及封育时限尤为关键。

（2）微生物技术

微生物技术指利用微生物强化生态系统自我恢复能力，促进植被生长。微生物种类多样且脆弱，对于植被及周围环境的要求较高，因而利用微生物的过程中应注重高效微生物的筛选。同时，在自然生态修复理念下，微生物菌剂制备等可提高微生物便捷易用性的相关研究也显得尤为关键。

（3）种子库技术

种子库技术指利用种子库能够记录物种多样性、种间关系、原有稳定群落结构的特性，充分利用生态系统已"储存"资源进行植被群落的修复。利用该技术，种子库构成调查是基础，关键在于种子库的激活和种子萌发顺序的控制，应优先促进先锋物种或固氮物种的生长以改良土壤。种子库构成完整条件下，利用如微生物等手段促进种子萌发，而当种子库构成缺失或有特殊需要时可利用飞机撒播、种子包衣等技术快速实现种子库的补充。

（4）动物技术

动物技术指科学利用动物习性，促进生态系统修复的技术。动物对于植物的生长有着重要的作用，如蜜蜂、蝴蝶因传粉作用常作为作物增产的有效工具。在生态修复方面，食果动物因排泄、呕出、储藏等行为有效促进植物更新的研究，以及开普菲尔等在目标区种植吸引鸟类的栖木将特定鸟类引入目标区，利用鸟类传播繁殖物种恢复岛屿生态的尝试，都为利用动物技术修复生态提供了较好的借鉴（Kepfer et al., 2014）。而利用动物修复生态的过程中，动物种类的选择、引入密度的控制等是关键。此外由于动物的流动性较大，如何组织管理以保持动物数量也尤为重要。

9.1.5　案例：美国马里兰州的生态修复

本案例摘选自自然资源部办公厅2021年推荐的《生态产品价值实现典型案例》（第三批）。

9.1.5.1　背景介绍

切斯特河（Chester River）是美国的一条跨州淡水河，全长约40英里①，大部分位于马里兰州境内，于切萨皮克湾（Chesapeake Bay）入海。历史上这条河流是各种野生动物的家园，被认为是切萨皮克湾地区极其重要的水禽区之一。但随着流域内农业面源污染的增加，切斯特河的大部分河段都被马里兰州环境部门列为"受损水域"，超过74%的氮、72%的磷和88%的泥沙污染都来自农业。

马里兰州的马福德农场（Mudford Farm）位于切斯特河的源头，面积为274英亩②，其中林地113英亩。2005年以前，马福德农场与该地区的其他农场一样，土地出租给农场经理，由其耕种所有非林土地，主要种植玉米、小麦和大豆，但农田生产效益不佳。一项对该农场的环境评估认为，该农场的大部分土壤存在排水不良等情况。

为了恢复农场内的野生动物栖息地，进一步保护生物多样性，2005年，美国爱生基金会（Biophilia Foundation）购买了马福德农场的所有权，并与切萨皮克野生动物遗产保护组织（Chesapeake Wildlife Heritage，CWH）合作，开展马福德农场生态补偿项目，通过参与美国农业部"土地休耕增强计划"（Conservation Reserve Enhancement Program，CREP），将部分效益不佳的农田恢复为湿地、草地和河岸缓冲区，并出售由此产生的湿地信用和水质信用，开展收费型狩猎活动等，以多样化、市场化的生态产品价值实现方式，促使马福德农场从恢复的生态

---

① 1英里=1.609344千米。
② 1英亩≈0.405公顷。

系统服务中获得稳定的经济回报。

9.1.5.2 具体做法

(1) 明晰产权

爱生基金会在2005年购买了马福德农场，明确了对马福德农场土地的所有权，这为在农场采取生态修复措施、参与土地休耕增强计划、开展湿地和水质信用交易、创造更加经济可行的市场运营模式等提供了基础条件。

(2) 生态修复

借助美国农业部农场保护项目和马里兰州部分支持资金，爱生基金会在马福德农场开展了生态修复，具体修复活动由萨皮克野生动物遗产保护组织（CWH）设计和完成，包括耕作管理改善、缓冲带建设、湿地恢复等多项修复活动。修复结构如图9-1所示。

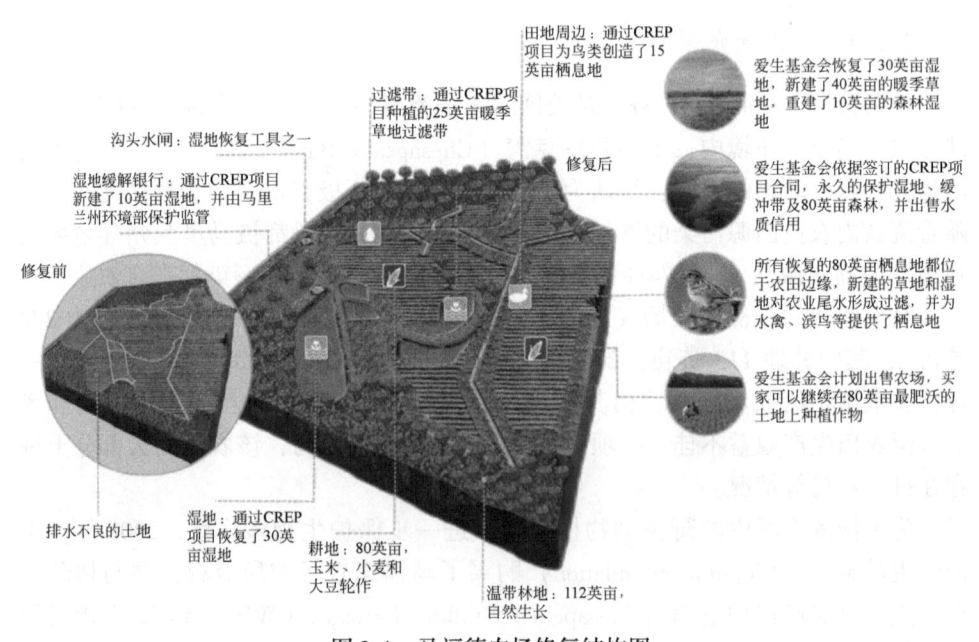

图9-1 马福德农场修复结构图

(3) 多措并举促进生态产品价值实现

项目方通过将马福德农场生态修复与传统耕种、土地休耕增强计划、湿地和水质信用交易、营利性狩猎活动等交易机制有机结合，促进了生态产品价值实现。

1) 传统耕种促进农产品价值实现。通过将保留的80英亩优质耕地种植产出的玉米、小麦和大豆，按市场价格直接出售给当地家禽公司，实现了物质供给类产品的价值。

2）参与土地休耕增强计划，实现土地改良和生境改善。马福德农场按照土地休耕增强计划所支持的方案改造耕地，建设过滤带、森林缓冲带及恢复湿地，有效保护了农场内对环境敏感的土地，恢复水禽栖息地，并改善了切斯特河水质。

3）湿地和水质信用交易促进生态价值显化。湿地信用交易方面，马福德农场通过湿地恢复共产生了10英亩的湿地信用。水质信用方面，水管理公司（Water Stewardship Inc.，WSI）研究结果表明，马福德农场湿地恢复和缓冲带建设每年可减少1800磅[①]的氮和100磅的磷的排放。

4）开展狩猎等生态旅游。缓冲带的建设，为水禽、鹌鹑、野火鸡和其他野生动物提供栖息地，增加了水禽数量，可以为狩猎爱好者提供相应的狩猎和旅游服务。

（4）建立长效保护机制

2012年，爱生基金会将马福德农场转让给私人保护买家，原有生态保护修复措施都予以保留并得到了长期的监控，主要包括两方面：一方面，爱生基金会与美国农业部签订的CREP合同，其中的保护责任和义务全部转移给农场买家，并由马里兰州政府对其中171英亩已修复的生境和大部分现有林地的保护情况进行监控。另一方面，按照马里兰环境信托基金会和切萨皮克野生动物遗产保护组织的倡议，爱生基金会只在80英亩最肥沃的农业用地上开展耕种活动，私人买家也需要遵守这一约束条件，以确保马德福农场区域的自然生态环境得到持续保护。

9.1.5.3 主要成效

（1）经济效益方面

马福德农场由原来只有传统农业一项经济收入，转变为包括传统农业、生态信用交易、政府休耕补偿和狩猎旅游四项收益。一是马德福农场通过保留优质耕地、土壤改良、保护性耕种等一系列措施，有效改善了耕地排水，提升了耕地产量，切实提高了农产品产量和品质，带来每年约15 000美元的收入。二是通过生态修复和参与土地休耕增强计划，马福德农场每年可获得联邦政府及马里兰州政府的补偿资金12 000美元。三是将部分效益较差的传统耕地转化为缓冲带等生态用地，恢复或增强湿地生态系统服务功能，能够产生10英亩的湿地信用，并通过湿地信用交易，以每英亩8000美元的价格出售给马里兰州政府；通过过

---

① 1磅≈0.4536千克。

滤氮、磷等污染物，还能够产生 18 500 美元左右的水质信用。四是利用恢复后的水禽栖息地开展生态旅游（狩猎服务），每年获得约 6800 美元收入。

(2) 社会效益方面

一是爱生基金会依靠 CWH 等当地合作伙伴，设计和实施其生态保护修复计划，测量和核实野生动物数量的增加和营养径流的减少，并将湿地信用、水质信用引入市场。二是让区域专家参与到保护计划中来协助建立生态信用，并支持当地的就业和劳动力培训。三是利用土地休耕增强计划，以政府投入带动了多项收益，形成了一个多方参与、多元化、可持续的生态补偿机制。

(3) 生态效益方面

马福德农场的湿地和缓冲区帮助改善切斯特河和切萨皮克湾的自然生态环境。每英亩的河岸缓冲带每年可防止 120 磅的氮、10 磅的磷及 4000 磅的沉积物污染切萨皮克湾的水域。此外，恢复后的湿地捕获了区域内 39% 的磷和 23% 的氮污染。在气候干旱的年份，湿地在过滤污染物方面所提供的生态系统服务将会翻倍。同时，湿地和缓冲区为野生动物提供了栖息地，农场内野生禽类的数量和多样性持续增加，实现了物种保育功能。

9.2 生态建设

生态建设是中国生态学家于 20 世纪 80 年代末提出的一种科学学说，其是一定区域背景下，为解决生态退化和环境破坏问题而采取的一系列积极的人为干预活动的统称，涵盖人类理性行为参与下积极的生态恢复与重建过程，具有综合性特征。在西方生态学中，尚未找到与生态建设对应的专业词汇"ecological construction"。生态恢复和重建包含积极的和消极的实现方式。消极方式是指引起生态退化和环境破坏的因素得到控制或消除后，仅自然力的生态修复过程；积极方式是以积极的人为参与和调控去修复自然力无法实现的或需要加速修复过程的生态恢复和重建行为，即生态建设。生态建设的直接目标是修复受损生态系统及景观的结构、功能和过程并使之达到健康状态，这意味着原生的生态系统和景观不是生态建设的唯一参照系。生态建设的最终目标是恢复或重建的生态系统能够长期持续地自我维持。本节内容主要结合吕一河等（2006）的相关研究和我们实施的案例进行介绍。

9.2.1 生态建设的特点

从理论和实践来看，生态建设的特点主要包括以下三个方面：①复杂性。生态建设不是单纯的技术问题,其也无法摆脱历史、社会、经济、文化等多种因素的制约,表现为具有复杂性,因此,生态建设中的人文社会因素等非技术因素必须引起足够重视。②针对性。必须因地制宜地规划、设计和实施适用于不同地区的生态建设措施,表现为具有针对性。③动态性和不确定性。生态系统组成、结构、过程和功能的动态变化导致生态建设具有动态性特征,生态系统的这种动态变化多为复杂的非线性,导致生态建设实践中生态系统和景观演变方向具有不确定性特征,这也意味着生态建设存在一定风险。因此开展相关评价工作是生态建设实践的重要环节。

9.2.2 生态建设的原则和流程

9.2.2.1 共性原则

(1) 面向区域的问题导向原则

问题导向是指生态建设的规划设计以具体的生态环境问题为依据。面向区域是指生态建设要充分考虑实施区域的特点及生态系统和环境演变的规律性。生态退化和环境污染等问题的类型和特点多样,其驱动因子由自然要素和人文因素构成,并一定程度上存在相互交织,表现出复杂性。同时,区外因素也会在一定程度上影响生态建设规划与实施效果,因此,成功的生态建设不仅要考虑项目区域内的自然与社会经济等多种因素及其相互作用,还应考虑区外因素对项目区的影响。

(2) 建设目标的科学性原则

确立科学的建设目标是生态建设成功的先决条件。生态建设目标科学性体现在以下几个方面:①明确、定量化(或基本定量化);②技术可行,即生态恢复和重建任务有足够的基本生态过程和可靠方法等专业知识支撑;③尺度适宜性,即生态建设目标与相应的时空尺度适应;④社会经济合理性,即社会作为一个整体是否愿意以足够的资源在一定期限内推动生态建设项目的开展。总之,生态建设目标的科学性对建设成效具有重大影响。

(3) 参与的广泛性原则

社会资本是生态建设成功的又一必要条件。这里的社会资本既包括资金,也包含可投入生态建设的潜在人力物力数量及社会对生态建设的认可程度和投入意愿。保障生态建设社会资本最优化的关键是社会广泛参与。因此,如何推进社会广泛参与已成为一个具有相当复杂性的社会经济问题。从长远看,长时间达成人与自然和谐是实现生态建设预期成效的内在要求,而这种和谐关系的维持迫切需要社会广泛参与。将生态建设与社会各方自身利益或需求紧密联系到一起，从经济、政策、法律、文化和政治等多个方面建立合理的激励机制，是促使社会广泛参与生态系统保护与恢复的最好方式。此外，加强生态伦理和生态教育普及对于引导社会公众参与生态建设也具有重要意义。

(4) 科学监测与评价原则

从生态建设项目的确立到整个实施过程都离不开科学监测，并且项目完成后在一定时间内监测可为生态建设效益的后评估提供支撑。

9.2.2.2 基本流程

生态建设包括问题辨识、方案设计、决策、实施、监测、评价及调整等环节，是一个不断试验、学习和优化的过程。问题辨识环节是在充分收集和分析区域已有数据、野外实地勘查和走访资料基础上，结合查阅科技文献，全面评价区域生态环境问题的性质、严重程度、成因、影响及可能的解决途径等。方案设计环节根据资金、资源、技术和环境条件开展生态建设项目适宜性评价，完成备选方案的整体设计，确定建设项目的时空范围和跨度。决策环节按照生态适宜性、技术可行性和社会经济合理性相统一的要求，结合生态建设利益相关方意见，对备选方案相对优劣排序，确定最优方案。实施阶段，按照最优方案的内容和技术要求执行生态建设任务。监测阶段，在生态建设任务执行和完成后的一定期限内进行一定强度的监测，为生态建设的中评估和后评估提供支撑。值得注意的是，在问题辨识阶段由于数据资料的不足也经常需要一定的监测。调整环节，基于中评估和后评估结果调整生态建设方案适应性以提高其综合有效性。在生态建设各环节，公众参与是一种很好的知识、信息和资源输入渠道，对活化生态建设的管理运行机制，提高生态建设决策的科学化和民主化有重要作用。

生态建设从决策到实施要强调五个方面内容：①目标的确定需考虑生态系统结构、功能和空间尺度的适宜性；②重视科学假设、生态模型和关键生态要素的作用；③在方案设计中明确考虑建设区的各种不确定因素；④项目设计和可行性分析导则及试验的运用；⑤项目完成后的监测和适应性管理。然而，当前的理论分析与生态建设实践仍存在较大的差距。

9.2.3 我国生态建设面临的问题

9.2.3.1 生态建设决策前期的方案运筹不到位

中国地域辽阔且是多民族国家，使得不同地区的自然环境、文化习俗和社会经济发展存在显著的地域性差异。尽管《全国生态环境建设规划》从整体布局上明确了我国生态建设的八大重点区域，但线条粗犷，仍有许多问题亟待解决：①生态建设空间布局不够细化。不论生态建设区域大小，都应从突出的、具体的生态环境问题入手，开展有针对性的生态建设。②建设目标和指标不够明确和系统。生态建设需要考虑生态的、社会经济的和文化的多种因素，是一项复杂的系统工程。所以，生态建设的目标必须明确且具有多重性，即兼顾包括自然生态在内的多方利益或效益。相应的，衡量生态建设进展和成效的指标也应具体、系统和完善，且体现"质""量"并重。③社会参与生态建设不足。生态建设利益群体包括中央和各级地方政府、投资者、建设者及受益者等，这些群体的责、权、利必须得到客观、公平和明晰的界定，并通过制度化、规范化的形式给予保障。总之，提高社会参与生态建设的主动性和积极性需要更多地依靠科技、借助市场及政府协调和引导。

9.2.3.2 生态建设完成后缺乏客观系统的评价

生态建设项目完成后需要明晰建设成效是否达到预期目标、是否存在遗留问题、是否有改进空间和方案，这些问题的答案都来源于生态建设工程完成后客观系统的评价。然而，目前的状况是更重视生态建设项目数量，忽视生态建设项目成效，特别是很少关注生态建设中存在的问题和对建设失误的关注，这严重制约了生态建设的健康发展。

9.2.4 案例："水专项"太子河流域生态建设

本案例摘选自宋有涛等国家重大科技专项"太子河流域山区段河流生态修复与功能提升关键技术与工程示范"的标志性成果报告。

9.2.4.1 案例摘要

太子河是我国北方的一条典型山区型河流，其山区段包括上游山地森林和中游丘陵森林地区，主要位于"城中山，山中水，八山一水半分田"的山城——本溪市。该区域虽水质相对较好，但水生态问题较为突出，存在着河流生态修复需求。国家重大科技专项"太子河流域山区段河流生态修复与功能提升关键技术与工程示范"课题，以太子河南支源头区至葠窝水库（部分位于辽阳市）之间区域为研究对象，针对上游生态保护、中游城区段生态建设、矿区段生态修复、流域生态管理的地方技术和管理需求，以"山水林田湖草"生命共同体综合治理为理念，依托"十一五""十二五"水专项河流生态功能分区等研究成果，科学评价太子河山区段生态安全格局，系统划分上游脆弱生境等级，研究分析覆窝水库生态恢复可行性，研发河流脆弱生境生物多样性保护等 13 项关键技术，突破了集"上游脆弱生境维系与生物多样性保护、中游城区段河流生境改善与水质提升、矿区水陆交错带污染阻控与生态修复和基于'气候变化—生态修复—生态效益—水质响应'的水生态管理平台构建"四套技术体系于一体的成套"北方山区型河流生态修复与功能提升技术"。相关技术已在太子河流域山区段推广应用，形成了《山区段河流生态修复与功能提升技术指南》。2018～2019 年兴安断面水质达 Ⅳ 类标准（9 个月/年、75% 达到 Ⅲ 类），对比 2014 年，COD 削减 73.67%、NH_3-N 削减 50%。2019 年上半年本溪市水环境质量排名跃居辽宁省第二名。课题研究成果被《辽宁日报》"东北新闻网"以"为建设天蓝水绿山青的美丽辽宁助力蓄能——国家重大科技专项推动太子河水生态环境实现明显改善"专题报道，课题负责人被《共产党员》期刊以"绿水青山筑梦人"特别报道，有力地支撑了太子河山区段的水环境持续改善。

9.2.4.2　研究背景

太子河以山地丘陵型河流为主，长 413 千米，主要流经本溪、辽阳和鞍山市，流域面积 1.39 万平方千米，年均径流量 26.86 亿立方米。太子河流域山区段占太子河流域总面积的 60.8%，包括上游 21 亿立方米的观音阁水库（饮用水源地）和中游 37.9 亿立方米的覆窝水库（工农业用水）。太子河山区段水质的优劣，对整个流域的生态安全产生重要影响，关系着辽宁东部地区城市群工农业生产及生活用水安全，是东北老工业基地振兴的重要环境支撑。

太子河流域山区段在流域生态化进程中，受到陆域和水域历史及现有环境的多重影响和巨大冲击，其突出和亟待解决的问题主要有：①上游部分河段生境脆弱，水源涵养能力不强，水生生物多样性不高。②中游城区段河流生境退化、河流生态系统人工化突出，包括城区段河流水质水量不稳、水质考核断面氨氮偏高；城区段河流污染源虽然得到一定控制，但仍是影响河流水环境质量持续提升的主要因素；底质及河岸生境破坏严重，生物多样性低，河流自净能力减弱。③矿区段河流中悬浮物含量高，水陆交错区生境受损，生物多样性较低。④流域缺乏有效的水生态管理与决策支撑系统。

经过"十一五"国家水专项、辽宁省"碧水工程"等综合整治，太子河山区段整体水质得到了一定提升，2014 年兴安断面水质除 NH_3-N 外基本达到了 Ⅳ 类标准。因此，该区域具备了生态修复的基础，同时存在着河流生态修复和功能提升的迫切需求。

9.2.4.3 研究成果

遵循"山水林田湖草"生命共同体综合治理理念，统筹"汇水区—河岸带—河道""水质提升—水生态建设""工程示范—管理平台"，以营造太子河的"八百里地佳山水"为目标，开展以山区型河流生态修复与功能提升为重点的成套技术研发，为太子河流域山区段乃至其他北方山区型河流水生态环境持续改善提供理论与技术支持。

(1) 系统集成"汇水区—河岸带—河道"三位一体修复技术体系，改善山区型河流上游生境质量和生物多样性状况

太子河流域山区段上游为季节性河流，河道底质以石头为主，河岸带坡面受洪水侵蚀严重，汇水区以石灰岩基质土壤为主，植物群落单一（落叶松经济林约占75%），沿河农田开发、放牧等人为干扰较为严重。针对上述问题，从流域生态环境压力变化关系角度在该区域开展脆弱生境的诊断与评估，明晰上游区脆弱生境的分布和主要成因。应用群落生态学原理，按"汇水区—河岸带—河道"三位一体集成修复、协同治理原则，从修复河流物理完整性和维系河流生物完整性两个方面，突破了上游生境维系与生物多样性保护技术体系，主要包括三项核心技术：①山溪型河流交错底质生境优化技术，创新提出了调节河流水动力的河流微型"阶梯—深潭"与沉床微生态复合袋的结构构建、基质组分及空间组合配置的技术参数，提高溶解氧浓度，丰富藻类、鱼类的河流底栖生境；②河岸带基质改善与植被恢复技术，将筛选出来的植物种子、菌种、改良剂与生态袋组合，形成河岸带基质稳定带，经压缩形成"生态砖"与河岸带护坡生态网格、石笼相结合，为初期先锋植被的抚育提供生产基质，促进河岸带自然生境快速恢复；③汇水区植物群落结构优化技术，通过以农林废弃物为主配置的缓释土壤养分改良剂对石灰岩基质河滩地进行改良，实现从种植玉米转向种植多年生药用植物，通过基于生态位分异的受挟群落抚育、基于林窗更新的灌丛层恢复，提高林地的净水、蓄水能力，并降低了融雪期、暴雨期入河径流的面源污染。该技术体系一方面将林业、农业技术与水生态修复技术有机地结合，促进行业间技术融合；另一方面突破了河流汇水区只以保护为主的封育措施，提出适度经营的理念，增加当地居民经济收入，从而更好地保护河流汇水区。

(2) 协同统筹河流生境改善与水质提升技术体系，助推山区型河流中游城区段水质持续升级和生态建设

太子河城区段干流周边区域人口密集，工业生产发达，河流水质从老官砬子Ⅱ类水体变为兴安断面Ⅳ类水体（长仅28千米），变动幅度较大。针对该区域河道平缓、生境退化、河流生态系统人工化突出、考核断面枯水期 NH_3-N 稍高等问题，通过河流生态环境调查及河道水生生物链稳定性评估，阐明了制约河流生境改善与水质提升的主要因素。遵从生态演替原理，按照ESB（生态演替式）水体修复技术思路，突破了中游城区段河流生境改善与水质提升技术体系，主要包括两项核心技术：①河流仿自然生境营造技术，通过景观—生态效应兼顾的硬质河岸生态改造，基于适宜的本土灌木、草本植物、水生植物及湿生植物相结合的河流消落区带状湿地构建，利用现有水利工程产生的河流阶梯深度营造深潭—浅滩交错镶嵌的仿自然生境，实现"河岸—消落区—河道"生境贯通，在提高河流溶解氧的同时对于融雪期、暴雨期城市道路面源污染有一定的阻控效果，更重要的是为水生动物（含水鸟）觅食、栖息和越冬等提供必要的环境条件；②污水厂尾水深度处理和钢铁园区多单元排放过程控制减排技术，将改性活性炭预处理与膜过滤相结合，并引入新型水力空化技术，实现污水厂尾水深度处理，技术示范的出水主要指标可达到《地表水环境质量标准》Ⅳ类水质标准；通过关键节点控制、层次消减与末端优化，实现钢铁园区污染物减排效果。该技术体系统筹水质与水生态、河道与河岸、生活污水处理与工业废水减排，为山区型城区段河流生态修复与水质提升提供了新的思路和实践。

(3) 创新开发矿山原位修复和矿山废弃物资源化利用技术体系，提升山区型河流矿区污染阻控与生态修复效率

针对太子河流域矿产资源长期粗放开发导致的矿山生态退化，雪融期、暴雨期水土流失严重，矿区河段水体总氮偏高（>2.6 mg/L）等问题，以典型矿区水陆交错带为研究对象，分析矿山开采对周边水生态功能的影响因素及矿区水陆耦合关系，应用恢复生态学原理，统筹陆域和水域生态系统，突破了河流中游矿区污染阻控与生态修复技术体系，主要包括三项核心技术：①矿山生态退化区生境改善技术，以采场基质改良、先锋植物抚育和群落结构优化为技术基础，以采场土为主要基质原料，火炬树与刺槐分层立体种植，实现矿区采场空间生态位高效互补，更好地适应自然环境，同时具有红绿相间的景观效果；②基于植物篱的矿区水陆过渡带污染阻控技术，以矿区水陆过渡段基质改良、养分调节和物种筛选为技术基础，利用山皮土掺秸秆作为物理改良措施，以刺槐、紫穗槐为主要植被，构建等高固氮植物篱，同时辅以功能微生物强化技术，增强了植物篱养分自给能力，满足复垦植物持续生长需求；③矿山坡面汇流区地表径流调控技术，以尾矿坝适种植物——沙棘、紫穗槐为先锋物种，构建灌草复合群落体系，在生物阻控措施的基础上，辅以汇流截流技术，形成矿山汇流区地表径流生物—物理综合调控技术，显著提升阻控效果。该技术体系突破了目前矿山生态修复以客土为主的传统模式，提出矿区原位生态修复的理念，即在不影响修复效果的前提下，以采场土、山皮土、尾矿砂、秸秆等矿区废弃物为修复基质主要辅料，无须外运

客土，减少工程费用（40%～50%）的同时，实现矿区废弃物的资源化利用，有利于促进矿区环境与经济的可持续发展，从而更好地保护矿区流域水体。

(4) 构建运行流域生态建设与管理平台，推进太子河流域山区段生态修复与功能提升管理决策

针对气候变化，特别是极端气候所导致的北方山区型河流的水生态安全问题和太子河本溪段水质是制约覆窝水库Ⅲ类水质达标的关键因素，结合本溪市"十三五"水质改善需求，研究太子河流域山区段河流生态安全评估技术和太子河流域山区段汛期水环境风险防控技术，综合诊断气候变化情景下太子河流域生态安全和河流功能，以及河道型覆窝水库的污染来源与水生态安全问题，分析其生态恢复可行性。突破了基于"气候变化—生态修复—生态效益—水质响应"的水生态管理平台构建技术体系，主要包括三方面内容：①整合流域管理相关部门数据资源，基于 GIS 模型显示技术、SOA 的平台构建及系统集成技术，构建了基于业务、模型、空间三位一体的水生态数据库；②搭建了包括污染源管理系统、水环境质量系统、山区生态信息系统、水环境应急动态模拟系统、示范工程管理系统和综合服务系统等 6 个核心系统的综合管理平台；③利用 MATLAB 的优化工具箱的多目标遗传算法函数，采用全局搜索计算多目标最优的优化解集，优化太子河流域山区段河流生态修复总体策略方案。该技术体系可前瞻性地制定应对极端气候所导致的太子河山区段河流水环境风险预警等适应性管理对策，整体提升本溪市相关业务部门对流域生态建设和水环境风险预警等方面的管理决策水平和能力。

9.2.4.4 成果应用

(1) 构建山区型河流生态修复与功能提升综合示范区，发挥良好的示范作用

1）太子河南支脆弱生境维系与生物多样性保护示范工程。针对本溪市本溪满族自治县（简称本溪县）太子河上游生态保护技术需求，技术成果应用于太子河上游本溪县南太子河（南甸滴塔—碱厂黄堡段）治理工程、太子河本溪县段防洪治理工程、本溪县碱厂项目区兰河峪小流域治理工程、本溪县碱厂镇城门村土地流转工程中，建成汇水区植物群落结构优化与恢复保护示范点面积合计 7.02 平方千米，实现了植被群落结构与空间的有效配置，水源涵养和污染阻控能力得到较大提升；建成底质优化河道、基质改善与植被恢复河岸带示范点长约 2.06 千米，河岸带植被覆盖率由 42% 增加到 79% 以上，河道藻类多样性指数均值由 0.9 提高到 3.3，河流生境和生物多样性得到明显改善。另外，该技术体系已在本溪县水务局、青山保护局、水土保持局、生态环境局的相关项目中推广应用。其将环境修复的生态效益与经济效益充分结合的方式，极大促进了当地管理部门和居民对技术推广的认可，如原来在河滩地种植玉米年收入 500 元/亩，改种植药用植物年收入提高 5~7 倍，经济类灌丛恢复预期可增加年收入 1500~2500 元/亩。

2）中游城区段河流生境改善与水质提升示范工程。针对太子河中游本溪市城区生态建设技术需求，技术成果应用于太子河滨河北路（河沿—姚家）修复工程、彩屯排涝池及彩屯河黑臭水体整治工程，在太子河城区段乙线桥、彩屯桥、团山子等处进行了工程示范，示范河道长度合计 5.2 公里。工程实施后，示范工程河段藻类多样性指数均值由 1.7 提高到 2.26，大型底栖动物多样性指数均值由 1.6 提高到 2.07 以上，DO 浓度为 10.56mg/L，NH_3-N 浓度为 0.90mg/L，水鸟停留时间大幅提升，深潭和湿地给水生动物越冬提供了生境。在示范工程设计和实施过程中，将护坡改造用石与在河道开挖深潭取石相结合，历史上因挖沙形成的河道坑穴与深潭的营造相结合，节约了 15% 左右的施工成本。该技术体系应用于太子河本溪城区段河道整治相关项目中，不仅保证了河流水质的持续提升，而且改善了示范区河流生境状况，助推太子河本溪城区段河流生态建设。

3）歪头山铁矿水陆交错带污染阻控与生态恢复工程示范。针对太子河矿区生态修复技术需求，技术成果应用于本钢歪头山铁矿青山工程、歪头山铁矿小溪沟尾矿库"头顶库"治理工程及歪矿一、二、四泵站尾矿零排放改造工程，在歪头山铁矿采矿场、排土场、尾矿坝 3 个示范点进行了工程示范，面积合计 4.3 平方千米。工程实施后，生态破坏区植被覆盖率由不足 5% 增加到 38%，侵蚀模数由 21000t/km^2·a 减至 14500t/km^2·a，示范工程控制河段 TSS 降至 150mg/L 以下，TN 降至 1.5mg/L 以下。同时，示范区内植被覆盖度明显提高（>40%），水土流失受到明显控制，水质得到改善（总氮<1.5mg/L）。该技术体系有效节约了 40%~50% 复垦成本，具有显著的环境和经济效益，已广泛应用于本钢歪头山铁矿生态恢复建设。

上述工程示范为本溪市"水十条""河长制"的实施，为辽河流域污染防治攻坚战提供了有力支持，形成的《山区段河流生态修复与功能提升技术指南》已被辽宁省生态环境厅相关部门采纳。

（2）构建了太子河流域山区段生态建设与管理平台，为太子河流域山区段水生态管理提供技术支持与辅助决策

太子河山区段水生态管理平台构建了基于业务、模型、空间三位一体的水生态数据库，涵盖了太子河流域 482 家污染源、38 家风险源、6 个例行监测断面、1 个自动监测站，各类水质、水生态环境监测数据达 1T 左右。平台集成了不同部门管辖的国家和省市软件原有污染源等数据，解决了各部门之间的"信息孤岛"等难题，不仅能在生态修复、水环境风险预警等方面为本溪市相关业务部门提供适应性管理系统，还弥补了目前管理平台针对北方山区型河流水生态管理与决策、极端气候变化应对不足的问题，有力地支持了本溪市"智慧城市"建设。同时，《气候变化背景对流域水生态安全的影响及适应对策》（政策建议稿）已被生态环境部等相关部门采纳，《覆窝水库水生态安全调查及生态恢复可行性研究报告》已被辽宁省生态环境厅等相关部门采纳。

9.3 生态保护补偿

生态补偿是以保护和可持续利用生态系统服务为目的，以经济手段为主，调节相关者利益关系的制度安排。广义的生态补偿既包括对生态系统和自然资源保护所获得效益的奖励或破坏生态系统和自然资源所造成损失的赔偿，也包括对造成环境污染者的收费。本书中采用了狭义的概念，与目前国际上使用的生态服务付费（PES）或生态效益付费（PEB）比较相似。本节内容主要结合柳荻等（2018）的相关研究进行介绍。

9.3.1 生态保护补偿概念的演变

国际林业研究中心的温德是最早提出生态保护补偿定义的（Wunder, 2005），其认为生态系统服务能够被很好地界定或由某种特定的土地利用方式来确保生态系统服务可以产生，生态系统服务有至少一个购买者和至少一个提供者；只有提供者提供了生态系统服务才产生付费，并且生态保护补偿是自愿交易行为。

此后，学界广泛探讨了生态保护补偿的含义。范诺德维克等认为生态保护补偿应具有现实性、自愿性、条件性和有利于穷人的特性（Noordwijk et al., 2007）；萨默维尔等认为生态保护补偿是对生态系统服务提供者的有条件的正向激励（Sommerville et al., 2009）；穆拉迪亚等认为生态保护补偿是一种社会成员之间的资源转移，目的是促使个人或者集体采取符合社会利益的土地利用决策（Muradian et al., 2010）；塔科尼认为生态保护补偿是向自愿参与的生态系统服务的提供者进行有条件的付费来获得额外的生态系统服务供给的透明的制度，该制度应遵循透明性、自愿性、条件性和额外性（Tacconi, 2012）。2015 年 Wunder 对生态保护补偿的定义进行了修订，其认为生态保护补偿是一种遵循生态系统服务使用者和生态系统服务提供者间协定的自然资源管理规定而产生被补偿的生态系统服务的自愿交易，是有条件的付费。

我国生态保护补偿的研究起步较晚。早期，我国将生态保护补偿界定为对生态环境破坏者施加惩罚性措施，从征收生态环境补偿费的角度将生态保护补偿视为一种减少生态环境损害的经济刺激手段。随着社会经济的发展，生态保护补偿的内涵发生了拓展，由单纯针对生态环境破坏者的收费，拓展到对生态服务提供者（或保护者）提供补贴。杨光梅等（2007）将生态保护补偿定义为一种以保护生态服务功能、促进人与自然和谐相处为目的，根据生态系统服务价值、生态保护成本、发展机会成本，运用财政、税收、市场等手段，调节生态保护者、受益者和破坏者经济利益关系的制度安排。随着时代的发展和研究的深入，我国生态保护补偿含义经历了由最初的污染者付费实现外部成本内部化到污染者和受益者共同付费，到更加侧重受益者付费，再到只包括受益者付费的外部经济内部化的演变过程。

当前，虽然国内外学者们对生态保护补偿的定义存在一定的区别，但都认为生态保护补偿是一种激励而不是惩罚机制，应遵循"受益者付费"而不是"污染者付费"的原则。

9.3.2 生态保护补偿的经济学基础

生态保护补偿是一种解决资源环境领域最优管理难以实现的外部性内部化手段，这也是生态保护补偿的经济学理论基础。无法优化配置资源和市场效率低下是外部性的后果。借助市场机制和实行政府管制是解决外部性后果的两大手段。借助市场机制是科斯定理的具体应用，科斯定理认为，"当交易费用为零时，只要初始产权界定清晰，并允许经济当事人进行谈判交易，那么无论初始产权如何界定，都可以实现资源的有效配置"。

以森林生态系统为例，森林生态系统的管理者在森林保护中获得的收益少于把森林砍伐后转变为农田或者草地时的收益，而森林砍伐会造成下游的居民享受生态系统提供的水质净化服务减少和全球层面生物多样性和碳汇功能的下降。那么，通过生态保护补偿，使森林生态系统管理者从保护森林生态获得的收益大于将森林转化为农田或者草地的收益，促使森林保护成为生态系统管理者的最佳选择，这就是生态保护补偿的意义。

9.3.3 生态保护补偿的基本要素

生态补偿由补偿支付主体、补偿对象、补偿客体、补偿标准、补偿方式、补偿途径六大基本要素构成，其中补偿支付主体和补偿对象合起来又称为补偿主体。

9.3.3.1 补偿支付主体

补偿支付主体也称为补偿提供主体，是指直接给补偿对象提供补偿的单位。补偿支付主体既可以是作为公权力代表的政府，也可以是享受生态服务的一方，还可以是生态环境破坏的一方。作为公权力代表的政府，主要是通过履行政府权力，运用财税等政策筹措补偿资金，再将补偿款项支付给补偿对象，或给补偿对象提供技术支持和优惠政策；作为享受生态服务的一方，主要是运用市场调节的手段，以协议的形式，直接将补偿款项支付给补偿对象；作为生态环境破坏的一方，主要是对其破坏环境的行为承担向生态环境权益受损的一方支付生态补偿的责任。

9.3.3.2 补偿对象

补偿对象是指接受补偿的单位或个人，包括生态环境保护的贡献者和生态环境破坏的受损者。具体来说，一是指从事生态维护建设的单位或个人；二是指生态环境破坏受损的单位或个人；三是指补偿对象没有具体明确或产权关系、权益关系没有完全界定之前，作为公众利益的代表（代理人）而接受补偿的政府。

9.3.3.3 补偿客体

客体是权利义务指向的对象。就环境维护建设而言，生态系统不仅向社会提供了有形的自然资源物质，还向社会提供了无形的、非物质性的生态环境功能性的服务产品；就环境破坏而言，权益受损的不仅包括有形的、物质性的环境介质，如大气、水、土地等，还包括无形的、非物质性的环境功能性服务。生态补偿支付主体支付资金、技术、政策的原因是自己享受了生态服务，或者是自己的行为而导致他人享受生态服务的权益受损。因此，生态补偿的客体是生态服务，而不是自然生态系统本身。

9.3.3.4 补偿标准

标准就是衡量事物的依据或准则。就生态补偿而言，补偿标准就是以什么为生态补偿的依据或准则。补偿标准的确定主要有4种方法：①按生态保护者的直接投入或生态破坏的恢复成本计算；②按直接投入或恢复成本，再加上机会成本计算；③按生态受益者的获利计算；④按生态系统服务的价值量计算。由于价值量计算所采用的指标、估算方法没有统一，而且所计算出来的标准远大于现实的补偿能力，而生态维护建设的直接投入和生态破坏的恢复成本是生态服务得以延续的最基本支出，因此，直接投入或恢复成本是生态补偿的理论下限值，生态系统服务的价值量则只能作为生态补偿的理论上限值。在具体补偿时，应根据实际发生的成本或遭受的损失，在综合考虑地区经济发展水平、鼓励生态保护行为的基础上，在上限值和下限值之间选择补偿标准。

9.3.3.5 补偿方式

补偿方式又称补偿的支付方式，包括建设项目、政策、资金、实物、技术和异地开发等方式。其中资金补偿是最常见的补偿方式，包括退税、费用减免、信用担保贷款、财政转移支付和支付补偿金（或补贴款）等。实物补偿是指补偿者用物资、劳动力和土地等补偿生态服务提供者（或保护者）的部分生产和生活要素。政策补偿是指政府通过制定一系列优惠政策，使补偿对象享有优先权和优惠待遇，从而促进本地区的生态环境建设和经济发展。技术补偿是指补偿者提供无偿技术咨询和指导等智力服务，培养受补偿地区或群体的技术和管理人才。建设项目补偿是指支付主体将补偿资金转化为技术项目，帮助生态保护区群众建立替代产业。异地开发补偿是指下游地区为因实施生态保护而错失工业项目的上游地区提供"工业用地"，助力上游地区突破其发展的地理空间"瓶颈"。

9.3.3.6 补偿途径

生态补偿主要通过政府补偿和市场补偿两种途径来实现。政府补偿是指以国家或上级政府为补偿支付主体，以区域、下级政府或农牧民为补偿对象，以国家生态安全、社会稳定、区域协调发展等为目标，以财政补贴、政策倾斜、项目实施、税费改革和人才技术投入等为手段的补偿途径。国家是生态补偿的主要承担者，政府补偿是生态补偿的主要途径，也是比较容易启动的补偿途径。市场补偿是按照市场机制的运行模式，生态环境受益的一方向生态服务提供者、权益者（或者生态环境破坏向生态服务功能受害者、权益者），通过市场交易的方式，兑现生态服务的价值。

9.3.3.7 生态补偿各基本要素之间的关系

生态补偿基本要素又称"6Q"要素，着重解决的是6个方面的基本问题。具体来说，补偿支付主体解决的是"由谁补偿的问题"，补偿对象解决的是"补偿给谁的问题"，补偿客体解决的是"为什么补偿的问题"，补偿标准解决的是"补偿多少的问题"，补偿方式解决的是"补偿什么的问题"，补偿途径解决的是"怎么补偿的问题"。生态补偿6个基本要素从不同侧面反映了生态补偿的基本内涵（表9-1），共同完成生态补偿的全过程，构成生态补偿的统一整体。各基本要素之间互相依存、互相联系、共同发展，不可分割（李团民，2010）。

表 9-1　生态补偿基本要素一览表

基本要素	解决的问题	主要内容
补偿支付主体	由谁补偿的问题	行使公权力的政府、享受生态服务或对生态造成破坏的单位
补偿对象	补偿给谁的问题	公众利益代表的政府、对生态环境保护工作做出贡献或因生态环境破坏而受损的单位或农民
补偿客体	为什么补偿的问题	生态服务
补偿标准	补偿多少的问题	上限值：生态服务价值量；下限值：生态环境维护建设直接成本，或生态环境直接恢复成本
补偿方式	补偿什么的问题	资金补偿、实物补偿、政策补偿、技术补偿、建设项目补偿、异地开发补偿等
补偿途径	怎么补偿的问题	政府补偿、市场补偿

资料来源：李团民，2010

9.3.4　案例：承德市和新安江流域的生态保护补偿

本案例分别摘选自生态环境部 2021 年生态保护补偿典型案例之一《建立跨省流域生态保护补偿机制，成本共担利益共享，推动形成新安江流域治水命运共同体》、之八《一江好水护京城，生态扶贫显成效，承德市实现生态资源优势向经济社会发展优势转变》，以及部分摘选自田野的《基于生态系统价值的区域生态产品市场化交易研究》一文的相关内容。

9.3.4.1　承德市生态保护补偿案例

滦河、潮白河的上游均位于承德市境内。2017 年 6 月，河北省人民政府与天津市人民政府共同签订了《关于引滦入津上下游横向生态补偿的协议》，2019 年 12 月再次签署了第二轮补偿协议。2018 年 11 月，河北省人民政府、北京市人民政府签订了《密云水库上游潮白河流域水源涵养区横向生态保护补偿协议》，补偿期为 2018~2020 年。承德市坚持"治水、管水、涵水、护水"并重原则，全面推进流域水环境保护工作，到 2020 年，滦河入库（潘家口水库）水质、潮河、清水河出境水质均达到Ⅱ类标准，区域生态环境得到了明显改善，确保了京津地区的生态安全和饮水安全。

（1）一江好水护京城，坚定不移保水质

潮河流域生态保护补偿是承德继引滦入津流域生态保护补偿之后获得的第二个流域补偿。截至 2021 年，密云水库上游潮白河流域水源涵养区横向生态保护补偿资金累计下达 12.136 亿元，主要下达至滦平县、丰宁县、兴隆县，其中：

滦平县 4.84 亿元、丰宁县 4.08 亿元、兴隆县 3.11 亿元，全部用于支持潮河流域生态环境防治工作，目前共支持项目 90 个，有效拦截流域面源污染，提升潮河流域水环境环境保护水平。2019 年，潮河出境断面古北口、清水河墙子路断面水质均达到 I 类标准。总氮浓度实现下降，与 2017 年相比，2019 年潮河古北口断面、清水河墙子路断面总氮浓度分别下降 16.6% 和 25.7%。

上游生态保护补偿的推动，带动和鼓励了下游积极行动。承德采取了一系列扎实有效的手段和措施，通过加强科技引领、推进综合整治、加强监督管理、加强联防联建，坚持"远近结合、标本兼治、监管并重"的思路，坚定不移地推进水环境保护工作，取得了显著成效。

（2）生态扶贫助攻坚，精准脱贫扬优势

2016 年以来，环境保护部累计投入帮扶资金 3.02 亿元，引进帮扶资金 4.86 亿元，培训基层干部和技术人员 10 000 余人次，购买和帮助销售贫困地区农产品 3200 余万元，促进补齐"两不愁三保障"和饮水安全短板，培育壮大扶贫产业，助力围场县和隆化县实现脱贫摘帽。协调安排中央生态环境资金 2.54 亿元、重点生态功能区转移支付资金 15.7 亿元支持围场县和隆化县加强生态环境保护，促进协同打赢打好精准脱贫和污染防治攻坚战。2020 年，围场县生态环境质量动态变化评价结果为"基本稳定"，获得中央财政国家重点生态功能区转移支付资金 2.36 亿元；隆化县生态环境质量动态变化评价结果为"变好"等级，获得转移支付资金 30% 的奖励，共获得 1.07 亿元。

实现生态资源优势向经济社会发展优势转变。围场县八顷村依托当地资源特色，通过精准引种、科学比选、多元联动等方式，配套发展金莲花、富硒马铃薯、玫瑰瓜等作物，实现生物多样性整体价值的挖掘提升，2019 年共带动了 100 余户贫困户增收 90 余万元。隆化县团瓢村通过发展绿色有机农业，引进龙头企业，栽植有机山楂、草莓等，带动 120 名贫困户平均每年务工增收 1 万元/人，带动 150 户贫困户每年分红 3000 元/户。

（3）创新市场化多元化方式，助力承德富民兴业

设置保洁员、卫生员等公益性岗位，引导贫困群众参与生态治理和生态资源管护，促进实现生态惠民富民。围场县海字村依托生活垃圾、污水、畜禽粪污等资源化利用工程建设，2019 年以来，共带动 47 户贫困户就业增收 12.9 万元。隆化县小庙子村开展实施垃圾分类减量化和畜禽粪污资源化利用，全村垃圾清运量减少了 20%，并引导 48 户贫困户参与环境治理志愿服务，直接带动 6 名贫困户人均每年增收 8400 元。

配合生态环境部引进山东兖矿集团在围场县投资 5000 万元建设 30 万吨/年的型煤生产线，引进蚂蚁金服集团在隆化县栽植油松 2000 亩，促进改善当地生态环境，增加贫困群众就业机会。推动将生态环保扶贫电商平台接入阿里巴巴消费扶贫专区、中国农业银行"掌银宝"扶贫商城，线上销售两县127个品种农产品，不断拓展两县及全国其他贫困地区农产品产销对接渠道。

通过搭建生态产品及其价值交易的市场平台，开展碳排放权、水权等市场化运作交易，实现市场交易活动与环境保护、生态平衡和经济社会共赢发展。围场县依托塞罕坝机械林场在水源涵养、固碳释氧等方面的生态资源优势，开发森林管理碳汇项目，2018年达成碳汇交易3.6万吨，实现收入90万元，成为周边贫困群众脱贫致富的"绿色银行"。

9.3.4.2 新安江流域生态保护补偿案例

新安江属钱塘江水系，发源于安徽省黄山市，是安徽境内第三大水系，也是浙江省最大的入境河流。新安江流经安徽、浙江两省，注入千岛湖，其水量占千岛湖水量的六成以上，因千岛湖位于钱塘江上游，是杭州及周边地区重要的饮用水源地，新安江水质、水量的稳定，对杭州及周边地区的供水安全影响巨大。

长期以来，以黄山市为代表的新安江流域上游充分发挥了维护生态系统稳定性的重要作用。在涵养水源方面，新安江上游黄山等地区森林覆盖率达到77%，新安江水库周边更是达到95%以上。良好的植被状况，强化了该地区的水源涵养能力和水土保持能力，提高了为下游输送优质水源的能力，并且保证了下游杭州及周边地区的生态安全。在提供优质水源方面，根据皖浙省界国控断面所设的水质自动监测结果表明，新安江流域地表水完全符合国家要求，长期保持在国家Ⅱ类地表水的标准，上游的安徽黄山为下游的浙江杭州区域的水质安全做出了重要的贡献。优良的水质，既保证了下游的生产生活用水安全，同时保持了提高了下游水环境容量，保证了整体水环境的稳定。

与此同时，为了保护整个生态系统的稳定，上游地区放弃了诸多的发展机会。与下游相比，上游黄山市本身发展水平较低，为了保证下游用水安全和流域生态稳定，又放弃了诸多的发展机会。仅在"十五"期间，黄山市就企业搬迁投资额超过40亿元，改造升级投资额超过95亿元，拒绝外来意向投资额超过160亿元，为保证流域生态系统的稳定和安全付出了巨大的牺牲。

（1）流域生态补偿方案

鉴于黄山市在保护流域生态方面做出的巨大牺牲，以及在流域生态保护方面的典型代表性，2011年3月财政部和环境保护部联合宣布，将新安江确定为生态环境补偿工作的试点，并划拨两亿元资金用于该流域的水质保护、水土保持和污染治理等工作，这在全国是首个跨省流域生态补偿的试点。除了横向浙江省补偿资金之外，中央还建立了专项的转移支付资金3亿元，用以补偿上游黄山市的损失，资金适用范围仅限于新安江上游水环境的治理和保护，包括环保能力建设、上游地区涵养水源、环境污染综合整治、工业企业污染治理、农村面源污染治理（含规模化畜禽养殖污染治理）、城镇污水处理设施建设等，资金分布七大类共计62个项目，总金额超过12亿元。

(2) 效益评价

跨省流域的生态补偿试点工作自2011年开始以来，安徽省发改、环保、财政等主管部门在生态补偿试点协商的总体框架下与黄山市政府共同编制了《安徽省新安江流域水资源与生态环境保护综合规划》，提出建设符合新安江流域的高效水环境管理平台，从而达到实现环境管理信息、流域基础地理信息及水文水质的动态变化预测预警三者之间有效结合的目的。同时，通过在新安江流域建立水质监测中心，来实现对水质的连续性实时在线监测，最终形成对水质数据的完整传输和及时分析。经过三年的试点推进，新安江上游地区共治理了1250平方公里的水土流失面积和267处地质灾害危险点。全面开展实施了新安江干支流网箱养鱼的退养行动，共退养网箱5388只，主航道退养网箱4213只。

通过以上有效措施，新安江水质逐年变好。皖浙两省在2013年对水质进行了联合监测，结果显示新安江出境断面的水质达到试点方案内容的考核标准，且优于试点前三年的平均水平；同时，使得新安江的水质达到或优于地表水河流Ⅲ类标准并进入目前全国水质最好河流的行列。

第 10 章　生态产品第四产业支撑保障体系

为保证生态产品第四产业的繁荣与发展，还需要构建生态产品第四产业支撑保障体系。2021 年 4 月，中共中央办公厅、国务院办公厅印发《关于建立健全生态产品价值实现机制的意见》，特别强调了健全生态产品价值实现保障机制，主要包括以下三个方面：①建立生态产品价值考核机制。探索将生态产品总值指标纳入各省（自治区、直辖市）委和政府高质量发展综合绩效评价中。②建立生态环境保护利益导向机制。探索构建覆盖企业、社会组织和个人的生态积分体系，依据生态环境保护贡献赋分，并根据积分情况提供生态产品优惠服务和金融服务。③加大绿色金融支持力度。鼓励企业和个人依法依规开展水权和林权等使用权抵押、产品订单抵押等绿色金融业务，探索生态资产权益抵押模式，支持区域内生态环境提升及绿色产业发展。本章将从政府部门考核机制建立、绿色金融体系构建，以及产权制度、自然资源有偿使用制度等其他相关支撑保障体系建设案例等方面，介绍生态产品第四产业支撑保障体系的相关内容。

10.1　建立生态产品价值考核机制

建立生态产品价值考核机制是生态产品第四产业支撑保障体系建设的核心内容，本节内容结合马波（2014）、郑启伟和李思远（2021）等的研究成果进行介绍。

10.1.1　建立政府环境责任考核指标体系

10.1.1.1　必要性分析

所谓的强化政府环境责任考核，主要指的是对各级政府，尤其是地方政府政绩考核中提高环境指标体系重要性。一直以来，我国政府非常重视对环境责任的考核。例如，《环境保护法》第 26 条明确规定："国家实行环境保护目标责任制和考核评价制度。县级以上人民政府应当将环境保护目标完成情况纳入对本级人民政府负有环境保护监督管理职责的部门及其负责人和下级人民政府及其负责人的考核内容作为对其考核评价的重要依据。考核结果应当向社会公开。"由此可见，政府环境责任考核法制化已经进入了立法机关视野，并形成常态化的制度指标。用指标化的方法衡量地方政府其公务人员环境职责的履职情况具有进步性，其原因就在于包括指标、标准、数据、评估主体、数据分析、指数计算等体系化指标传递了一种可观测、标准化、可比较的方法。此时，标体系中环境保护指标设置科学性就具有重要作用。如果指标设置科学、合理，会起到"正效应"的功效，如果不科学、不合理，则可能会起到"负效应"的后果。长期以来，我国地方政府的政绩评估指标主要是 GDP 增速、投资规模和财政税收等反映经济数量和增长速度的指标，生态环境相关指标的重要性不足，在一定程度上成为有些地方政府不积极履行环境职责的一个重要原因。

10.1.1.2 量化指标体系的构建

耶鲁大学环境法律与政策中心与哥伦比亚大学国际地球科学信息中心网络（CIESIN）等发布的全球《环境绩效指数（EPI）报告》是目前国际上比较权威的环境绩效指标体系。以 2020 年的 EPI 报告为例，在"环境健康"和"生态系统活力"两大目标下确定空气质量、气候变化、卫生与饮用水、水资源、渔业、重金属、废物管理、生物多样性与栖息地、生态系统服务、污染排放、农业等 11 个政策领域共 32 个具体评估指标。该报告对全球 180 个国家进行了评估，中国以 37.3 的环境绩效指数排在第 120 位（具体指标体系和得分见图 10-1），10 年来上升了 8.4 个百分点。《环境绩效指数（EPI）报告》主要是西方发达国家根据自己发现情况提出的指标体系，不一定适用于我国的生产力水平和发展阶段。应该立足我国具体实际，应该重点推进以下三个方面工作：①逐步建立并完善法律法规体系，推进环境绩效管理的制度化和法治化建设，将政府环境绩效评估与管理纳入到法治化轨道。②构建本土化的科学合理的政府环境绩效考核评估量化指标体系，按照构成指标的政策范畴、指标系统的相关因素、因子的重要性程度构建由一级指标、二级指标乃至三级指标的多层次指标体系，并根据现实情况变化进行动态调整。③制定出台统一的环境绩效评估指导意见和技术指南，加强地方开展环境绩效评估的引导，提升政府环境绩效评估在地方政府绩效评估中的占比，建立和完善"国家—省—市（县）"三级环境绩效考核与评估长效机制（马波，2014）。

第10章 生态产品第四产业支撑保障体系

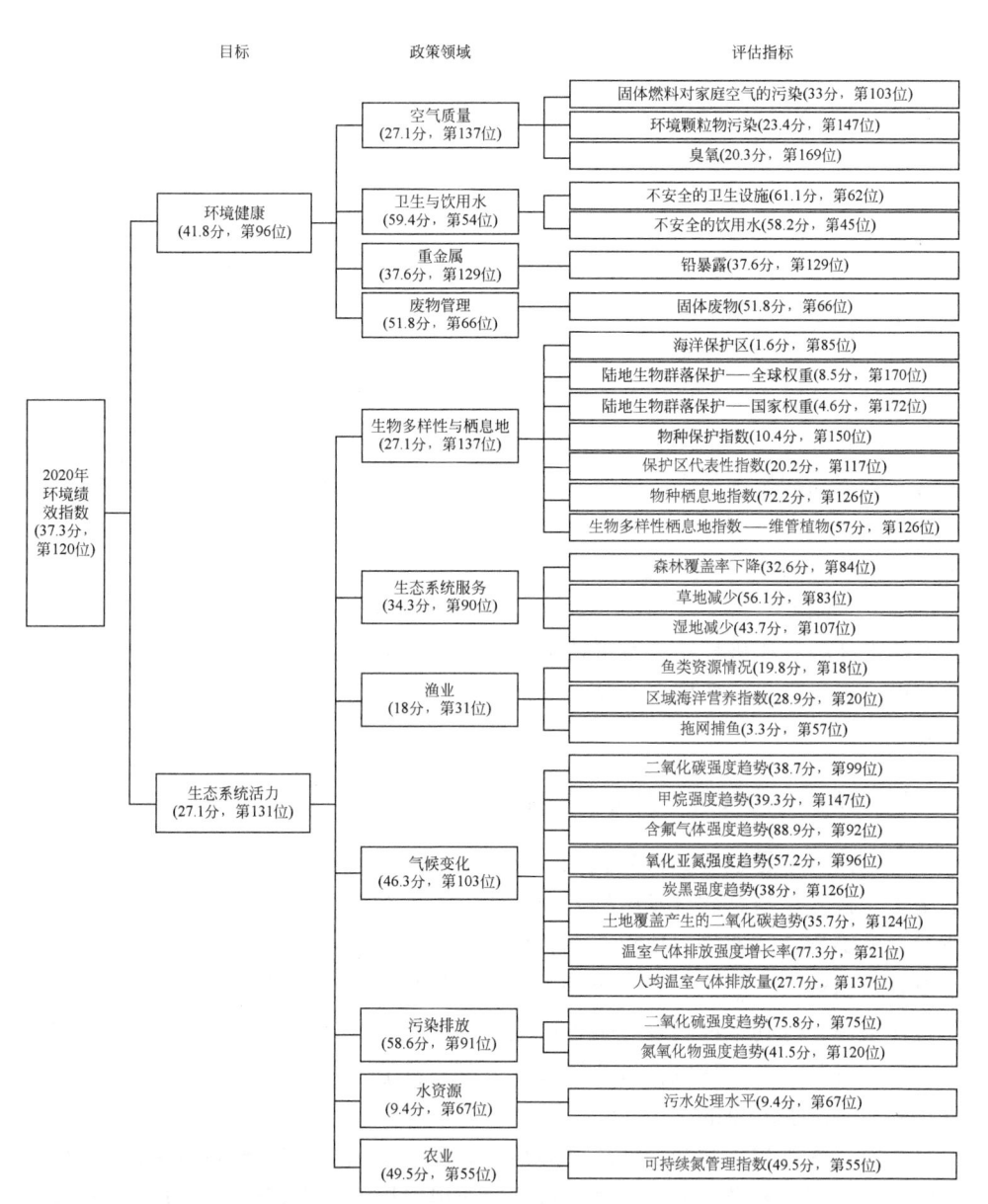

```
目标              政策领域                评估指标

                 ┌─ 空气质量 ──┬── 固体燃料对家庭空气的污染(33分，第103位)
                 │ (27.1分，   ├── 环境颗粒物污染(23.4分，第147位)
                 │  第137位)  └── 臭氧(20.3分，第169位)
                 │
    环境健康     ├─ 卫生与饮用水 ┬── 不安全的卫生设施(61.1分，第62位)
   (41.8分，     │ (59.4分，第54位)└── 不安全的饮用水(58.2分，第45位)
    第96位)     │
                 ├─ 重金属 ─────── 铅暴露(37.6分，第129位)
                 │ (37.6分，第129位)
                 │
                 └─ 废物管理 ───── 固体废物(51.8分，第66位)
                   (51.8分，第66位)

                                  ┌── 海洋保护区(1.6分，第85位)
                                  ├── 陆地生物群落保护——全球权重(8.5分，第170位)
                 ┌─ 生物多样性与栖息地 ├── 陆地生物群落保护——国家权重(4.6分，第172位)
                 │ (27.1分，      ├── 物种保护指数(10.4分，第150位)
                 │  第137位)     ├── 保护区代表性指数(20.2分，第117位)
                 │                ├── 物种栖息地指数(72.2分，第126位)
                 │                └── 生物多样性栖息地指数——维管植物(57分，第126位)
                 │
2020年           │ ┌─ 生态系统服务 ┬── 森林覆盖率下降(32.6分，第84位)
环境绩效         │ │ (34.3分，第90位)├── 草地减少(56.1分，第83位)
指数             │ │                └── 湿地减少(43.7分，第107位)
(37.3分，        │ │
第120位)        │ ├─ 渔业 ───────┬── 鱼类资源情况(19.8分，第18位)
                 │ │ (18分，第31位)├── 区域海洋营养指数(28.9分，第20位)
                 │ │                └── 拖网捕鱼(3.3分，第57位)
                 │ │
                 │ │                ┌── 二氧化碳强度趋势(38.7分，第99位)
                 │ │                ├── 甲烷强度趋势(39.3分，第147位)
    生态系统活力 │ ├─ 气候变化     ├── 含氟气体强度趋势(88.9分，第92位)
   (27.1分，     │ │ (46.3分，     ├── 氧化亚氮强度趋势(57.2分，第96位)
    第131位)    │ │  第103位)     ├── 炭黑强度趋势(38分，第126位)
                 │ │                ├── 土地覆盖产生的二氧化碳趋势(35.7分，第124位)
                 │ │                ├── 温室气体排放强度增长率(77.3分，第21位)
                 │ │                └── 人均温室气体排放量(27.7分，第137位)
                 │ │
                 │ ├─ 污染排放 ──┬── 二氧化硫强度趋势(75.8分，第75位)
                 │ │ (58.6分，第91位)└── 氮氧化物强度趋势(41.5分，第120位)
                 │ │
                 │ ├─ 水资源 ─────── 污水处理水平(9.4分，第67位)
                 │ │ (9.4分，第67位)
                 │ │
                 │ └─ 农业 ───────── 可持续氮管理指数(49.5分，第55位)
                 │   (49.5分，第55位)
```

图 10-1 中国的环境绩效指数（EPI）得分

资料来源：《环境绩效指数（EPI）报告》（2020）

10.1.2 生态产品价值考核机制建立策略

10.1.2.1 要发挥政府主导功能

当前，我国生态环境质量呈现稳中向好趋势，但总体上正处于压力叠加、负重前行的关键期，也到了有条件有能力解决生态环境突出问题的窗口期。建立生态产品价值实现机制是适应我国当前发展阶段的必然要求，也是有效解决生态环境方面人民日益增长的美好生活需要和不平衡不充分的发展之间的矛盾的重要举措，同时也是加快推动形成具有中国特色的生态文明建设新模式的重要内容。同时，我国经济通过改革开放以来的高速发展已经进入高质量发展阶段，具有了一定的物质基础和技术条件，因此，要充分发挥政府在顶层设计、经济补偿、绩效考核和营造社会氛围等方面的主导功能，把建立生态产品价值考核机制作为促进生态产品价值实现的有力政策工具，建立完善的工作目标分解、督促检查和考核奖惩等配套制度，提高政府绩效综合考评结果的科学性、真实性和公信力。提高政府的责任心和积极性，拓宽可持续的生态产品价值实现路径，大力推进生态文明建设，提供更多优质生态产品，不断满足人民群众日益增长的高质量生态产品需要。

10.1.2.2 要聚焦与发展、战略和干部的结合

郑启伟和李思远（2021）提出，建立生态产品价值考核机制要聚焦三个方面的结合。首先是与高质量发展的结合。建议将生态产品总值指标纳入各级政府高质量发展综合绩效评价。从生态产品总值内涵看，这一指标充分体现了"绿水青山就是金山银山"理念，是一个统筹了生态保护修复与建设、生态产品质与量的综合性指标，有利于反映政府生态环境建设的综合成果，能够更好地促进政府科学合理开发利用生态环境，有效释放生态产品价值，有利于实现以生态文明建设促进高质量发展的目的。

其次，聚焦与主体功能区战略的结合。深入实施主体功能区战略是推进生态文明建设的基本要求，体现了尊重自然规律谋发展的科学理念，是从顶层设计结合各区域的发展优势差异化区别发展的政策，在重点生态功能区重点提升生态产品供给能力、环境质量、生态保护成效等指标的考核权重，弱化经济发展类指标，能够充分发挥生态功能强的地区的比较优势，从全局的角度更好地将当前利益和长远利益结合起来。

最后，聚焦与"关键少数"群体的结合。在我国的特殊国情中，干部这个

"关键少数"是推进事业进步发展的关键因素。同样，在生态文明建设中也要抓好干部这个"关键少数"。要促进领导干部树立科学绿色发展政绩观，对能够推动生态文明体制机制创新、能够促进生态文明建设的干部实行激励和容错，把生态产品价值指标考核结果作为干部使用的重要依据，调动各级干部建立健全生态产品价值实现机制的积极性。进一步完善现行离任审计制度，推动将生态产品价值核算结果作为领导干部自然资源资产离任审计的重要参考，促使领导干部树立底线思维，坚决避免出现生态产品总值严重下降。

10.1.3 案例：基于GEP的深圳市政府绩效考核

本案例摘选自洪晓群等（2021）的《深圳市大鹏新区生态文明评价考核体系研究》。

10.1.3.1 深圳市大鹏新区生态文明建设发展历程

大鹏新区成立于2011年，位于深圳市东南部大鹏半岛，辖区陆域面积295平方公里，海域面积305平方公里，总面积共600平方公里。大鹏新区三面环海，三山横亘，东临大亚湾与惠州接壤，西抱大鹏湾，遥望香港，七娘山、排牙山和笔架山东西横穿大鹏半岛，辖区内山海资源极为丰富，是深圳市重要的"生态基石"，也是深圳市唯一不考核GDP的"生态特区"。

在深圳市全面推进生态文明建设过程中，大鹏新区作为全市生态文明体制改革试点地区，始终保持着勇于担当，敢为人先，勇做"第一艘冲锋舟"的先行示范创新精神，始终坚持生态立区，秉承保护优先的科学发展理念，从建立科学统一的自然资源资产管理体制、建立最严格的生态环境法治监管体制、建立市场化的生态补偿与资源有偿使用体制、建立绿色产业发展引导体制、建立资源节约集约利用的城区开发体制和建立生态文明建设社会治理体制等六个方面，通过对50多项重点任务的全力推进，率先开展生态文明建设机制改革，为深圳市生态文明建设破冰探索。砥砺十载，大鹏新区在生态文明体制改革方面硕果累累，在全国率先完成生态系统服务价值核算体系构建，并创新建立了生态文明建设量化评估体系，生态文明建设交出了一份亮丽的答卷，先后被确定为全国生态文明建设试点、国家生态文明先行示范区和国家级海洋生态文明建设示范区，还获评国家生态文明建设示范区、中国天然氧吧和中国最美县域等荣誉称号。

2013年，以落实深圳市生态文明建设考核为契机，大鹏新区建立生态文明建设考核制度，开启了区级生态文明建设考核工作。2014年又率先开展生态文明机制体制改革工作，创新开展自然资源资产管理体制、生态环境法治监管体制、生态补偿与资源有偿使用体制、绿色产业引导发展体制、资源节约集约利用的城区开发体制和生态文明建设社会治理体制等研究，逐步构建生态文明建设体制改革总体架构，为探索生态文明建设考核体系研究奠定理论基础。2016年，大鹏新区在全国首创生态文明综合指数体系研究，完成生态系统服务价值核算体系（GEP）研究，2014~2016年连续三年开展了大鹏生态文明综合指数和生态系统服务价值核算体系值核算，为生态文明建设和绿色发展提供科学的量化评价技术支撑。2020年，大鹏新区持续发挥先试先行的先行示范作用，积极探索构建以了绿色发展为导向的生态文明评价考核体系，为深圳进一步完善生态文明建设考核体系提供经验借鉴和模式参考。

10.1.3.2 大鹏新区基于绿色发展为导向的生态文明评估考核体系

为解决现行考核指标体系未能量化评估绿色发展成效的问题，将优质生态产品的生态价值准确体现在经济社会发展的层面，反映在政府绩效考核之中，大鹏新区通过在生态文明建设量化评估机制理论与实践探索的基础上，结合国内外生态经济学的最新研究成果，对新区原有生态文明建设评价考核体系进行了充分的梳理，结合新区生态系统服务价值核算体系核算的实践经验和工作成果，将生态系统服务价值核算指标纳入生态文明评价考核体系，构建以绿色发展为导向的大鹏生态文明建设评价考核体系。

(1) 生态文明建设目标评价考核体系构建

大鹏新区生态文明建设目标评价考核体系是对新区年度生态文明建设成效的评估。原有的评价考核指标主要来源于深圳市对各区的生态文明建设目标评价考核体系，包含环境质量、生态保护、资源利用、公众参与和生态系统服务价值等五方面共计16项指标。为构建大鹏新区绿色发展为导向的生态文明建设目标评价考核体系，根据研究成果，新区生态文明建设目标评价考核体系新增生态系统服务价值作为考核指标，通过量化评估绿色发展的最终结果，实现生态文明建设目标评价考核对绿色发展的导向性指引。

生态系统服务价值通过设置"年度GEP值"指标实现。年度GEP值考核内容为大鹏新区当年度GEP值与上年度GEP值的变化，GEP值必须实现增长方可获得满分，否则将按照相应的规则进行扣分。年度GEP值指标的设立弥补了现行生态文明建设目标评价考核指标中缺乏对生态效益的评价考核，同时也从生态系统服务价值的层面实现了对生态文明建设成效的评估。

(2) 生态文明工作考核体系构建

大鹏新区生态文明工作考核体系用于评价新区当年度生态文明建设工作完成

情况，考核的工作任务包括深圳市下达的生态文明建设工作、新区生态文明建设的重点工作和新区生态文明体制改革的创新工作。原有的工作考核体系包括污染防治攻坚战、生态保护修复、绿色生产生活、文化服务和工作实绩等五方面23项指标，为实现对新区绿色发展各项工作的全面推进，在基于绿色发展为导向的生态文明工作考核体系中，围绕生态系统提供物质生产、调节服务和文化服务等三大类别的生态系统服务，新增了文化服务方面的两项指标，弥补了现行生态文明建设工作考核中缺乏生态系统提供文化服务功能评价的缺陷，构建了基于绿色发展为导向的生态文明建设工作考核体系（表10-1）。

表10-1 大鹏新区生态文明建设工作考核体系

序号	类别	工作指标
1	污染防治攻坚	扬尘污染管控
2		黑臭水体整治成效巩固
3		海绵城市建设
4		雨污分流成效
5		涉水面源污染整治
6		近岸海域环境管理
7		土壤环境保护
8		无废城市建设
9		温室气体管控
10		环境质量改善指数
11		治污保洁工程
12	生态保护修复	生态控制线管控
13		裸土地覆绿
14		森林资源发展
15		矿山地质环境修复
16		水土保持目标责任考核
17		海岸带防护
18	绿色生产生活	生活垃圾分类与减量
19		绿色建筑与建筑废弃物综合利用
20		宜居社区建设
21	文化服务	旅游休闲服务
22		自然景观溢价
23	工作实绩	生态文明建设工作实绩

目前，国内生态文明建设评价考核的主要依据是国家的生态文明建设评价考核体系，缺乏对生态效益的评价，一些已经开始探索符合自身的生态文明建设评价考核体系的地区，多数是在生态环境保护目标责任考核的基础上加以改进，生态文明建设评价考核仍是侧重于生态环境保护目标和工作完成率的考核，对绿色发展的评价仍停留在定性评价层面，难以从更深层次发挥生态文明建设考核推进绿色发展的"指挥棒"作用。大鹏新区基于对生态系统服务价值和生态文明评价考核多年的实践，探索以生态系统服务价值为生态效益评估指标，构建以绿色发展为导向的生态文明评价考核体系，可为未来进一步完善生态文明评价考核体系，推进生态文明评价考核结果纳入社会经济发展综合评价考核体系提供实践经验和理论探索基础。

10.2 创新发展绿色金融支持体系

绿色金融是指为支持环境改善、应对气候变化和资源节约高效利用的经济活动，即对环保、节能、清洁能源、绿色交通、绿色建筑等领域的项目投融资、项目运营、风险管理等所提供的金融服务，是生态产品第四产业的重要支撑。本节内容主要结合何茜（2021）和刘险峰等（2021）等的研究进行介绍。

10.2.1 绿色金融的溯源与内涵

10.2.1.1 绿色金融的溯源

绿色金融的发展可追溯至第二次世界大战之后，发达国家在经历经济黄金增长期后，环境污染、资源短缺等问题凸显出来。因此，在20世纪六七十年代，无节制地使用资源和破坏环境的生产经营行为引发了欧美公众的强烈抗议。这使得绿色环保成为一种公众的价值取向，进而又逐步影响到公众消费的选择，有的消费者更偏好绿色产品甚至愿意为之支付溢价。由此开始，环境因素就从公众运动逐渐渗透到消费领域，推动了消费者对绿色产品的需求。自然地，需求刺激供给，企业出于自身盈利的需要，努力提供符合公众偏好的绿色产品，包括在产品生产和项目融资的过程中更加注重绿色环保问题。

此后，随着商誉资产、声誉风险等概念逐渐得到公众认可，以及价值环境法律法规完善，投资者也慢慢意识到环境绩效可能会影响到财务绩效。汤普森认为，环境问题将给企业带来金融风险：首先是直接风险，即如果借款人破产，贷款人将为清理借款人受环境污染的资产（如受污染土地）等承担损失和相应的法律责任；其次是间接风险，借款人的环境责任将极大地影响其还款能力（Thompson，1998）。此外，关注环境保护的社会责任投资还能得到财务和非财务上的回报，不仅可以实现经济目标，还能实现社会伦理责任和绿色发展的目标，所以金融机构"像检测其竞争对手一样检测其借款人的环境资产和负债的价值"。在这一阶段，绿色低碳的相关概念也逐渐开始融入包括金融部门在内的经济部门当中。尽管"绿色金融"这一说法没有被明确提出，但这期间涉及的"伦理投资""责任投资""道德投资"的理念和内涵与"绿色金融"是大体相似的。

10.2.1.2 绿色金融的内涵

绿色金融的概念内涵受到学者们的关注和讨论。研究者将绿色金融发展的一般规律融入整个金融系统。"环境污染—公众运动—绿色消费—绿色生产—绿色金融"，这正是绿色金融发展的一般规律，故绿色金融理应包含绿色发展过程中的所有利益相关者（图10-2）（何茜，2021）。萨尔兹曼认为，同样是依托于金融市场，绿色金融的框架更强调资金供需方与金融市场、金融机构之间的主要联系在于社会责任和绿色经营理念（Salzmann，2013）。投资者的资金受到政策制度的引导和约束，金融机构将环境影响的潜在回报、风险和成本作为重要的因素，纳入信贷投放的评估决策之中。处于资本需求端的绿色产业和绿色项目可以通过低成本融资、高回报率吸引大量的投资者；政府则为绿色产业和绿色增长建立财政保证资金，建立和维护绿色基础设施建设，保证绿色金融所必需的有效市场机制，以及提供配套的环境法规和专业性服务与协调手段促进绿色金融更好地发展。

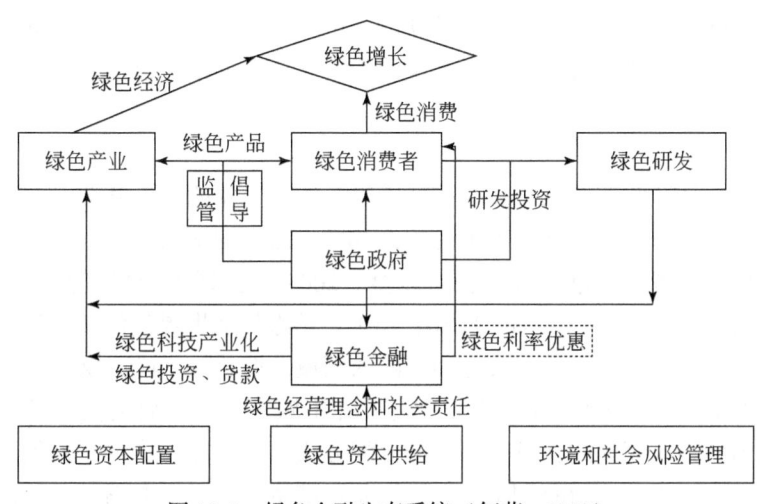

图 10-2 绿色金融生态系统（何茜，2021）

进入 21 世纪以来，绿色金融的概念和内涵不断得到丰富。学者们最初将其理解为金融政策、金融产品或金融工具，如绿色信贷、绿色债券或绿色保险。之后，萨拉扎认为绿色金融是环境产业和金融业的桥梁，因为绿色金融结合环境保护的需求进行金融创新（Salazar, 1998）。考恩则从学科发展的角度认为，绿色金融是绿色经济和金融学的交叉学科，主要是为绿色经济提供的金融服务（Cowan, 1998）。拉巴特则认为，绿色金融是以市场为基础，服务于提高环境质量和转移环境风险的金融工具或金融服务（Labatt, 2002）。G20 绿色金融研究小组首次提出含义更为广泛的绿色金融概念：能产生环境效益和支持可持续发展的将社会资本吸引至绿色发展领域的金融生态系统，包括减少土壤、水和空气等环境污染，降低温室气体排放，提高资源使用效率，减缓和适应气候变化并体现其协同效应的金融服务。

10.2.2 绿色金融的全球实践

10.2.2.1 绿色信贷

绿色信贷可以说是在传统信贷基础上派生出来的。从市场角度可以将绿色信贷分为三类：一是针对大型绿色项目的信贷。例如，2014 年摩根大通在向新能源发电项目发放的 18 亿美元的优惠贷款。二是针对个人和微型绿色发展项目的信贷，如绿色技术租赁、能效贷款、绿色房产抵押贷款等。另如 FINCA 与太阳能技术提供商合作，为其客户提供消费资金以购买家庭太阳能系统，用来抵消一部分二氧化碳的排放而获得碳信用额度。三是个人绿色消费信贷，引导消费者采取绿色可持续的消费行为，如绿色汽车消费贷款、绿色银行卡个人账户等。

10.2.2.2 绿色基金

绿色基金是针对节能减排战略和低碳经济发展建立的投资基金，在绿色金融体系中其资金来源最为广泛。美国的 Calvert Balanced Portfolio 基金是世界上最早将环境指标纳入考核标准的绿色投资基金。2009 年，哥本哈根气候大会上提出的绿色气候基金（Green Climate Fund，GCF）是近年来世界气候峰会的核心主题之一，也是全球绿色基金重点关注和实践的领域。但总体来说，GCF 还只是停留在概念上的文件，一方面 GCF 的资金进展并不顺利，快速启动资金还是通过国家自愿认捐的方式筹集的，没有明确的分配方式。另一方面，许多发展中国家表示，他们尚未从 GCF 获得任何资金，并批评富裕的工业化国家未能履行承诺。因此，发达国家如何为全球合作框架提供资金已经成为当前的紧迫问题。

10.2.2.3 绿色债券

绿色债券是专门用来为气候项目筹集资金的债务证券，通常用于资助环境友好型项目或活动。与一般的债券相比，绿色债券具有高度的主权特征，故信用评级相对较高。根据气候债券倡议组织（Climate Bond Initiatives，CBI）的报告显示，绿色债券存量中43%的部分具有3A评级，73%以上具有2A评级。绿色债券市场最初由欧洲投资银行和世界银行等国际公共机构主导，此后，多边开发银行（如国际金融公司、欧洲投资银行）逐渐进入市场。2013年，国际金融公司等实体和联合利华等非金融公司发行数十亿美元的绿色债券，获得了投资者的认可。近年来，在全球范围内发行的绿色债券数量大幅增加，绿色债券市场份额也呈现出快速的增长，从2013的全球发行额不足110亿美元到2016上半年的660亿美元。2020年以来，受新型冠状病毒肺炎疫情影响，整个可持续发展类债券市场发展势头迅猛，并且其中除绿色债券以外的其他主题债券发行规模占比也大幅提升。根据CBI发布的数据，截至2020年，全球符合气候债券倡议组织标准的绿色债券累计发行规模已超过1万亿美元。

10.2.3 中国绿色金融的政策

2015年，《生态文明体制改革总体方案》中首次提出了"建立绿色金融体系"的总体目标。2016年，《关于构建绿色金融体系的指导意见》中明确提出构建国内绿色金融体系的总体目标和主要任务。党的十九大报告再次提出"发展绿色金融"。2020年，十九届五中全会强调，"发展绿色金融，支持绿色技术创新，推进清洁生产，发展环保产业，推进重点行业和重要领域绿色化改造"。2020年10月，《关于促进应对气候变化投融资的指导意见》中也提出，要强化应对气候变化的金融支持，有效防范和化解气候投融资风险。

10.2.3.1 绿色信贷

绿色信贷在绿色金融各领域中起步最早、发展最快、政策体系也较为成熟。1995年，我国首次对金融部门在信贷工作中要落实国家环境政策做出规定。2007年，要求银行机构加强节能减排授信工作管理，首次从董事会和高管层履职、信贷流程、信息披露等方面对银行机构开展绿色信贷工作做出全面、系统和细致的规定。2012年的《绿色信贷指引》，明确了绿色信贷三大支柱，引导银行机构加大对绿色经济、低碳经济和循环经济的支持力度，防范环境和社会风险，提升自身的环境和社会表现。2013年的《绿色信贷统计制度》要求银行对涉及环境、安全等重大风险企业贷款和节能环保项目及服务贷款、年度节能减排能力进行统计。2014年的《绿色信贷实施情况关键评价指标》要求从2015年起每年组织国内主要银行机构开展绿色信贷自评价。2017年的《中国银行业绿色银行评价实施方案（试行）》要求指导开展绿色银行评价工作。同年，中国人民银行要求将银行机构绿色信贷业绩表现纳入宏观审慎评估（MPA）。2018年，中国人民银行建立了银行机构绿色贷款专项统计制度。2019年的《关于推动银行业和保险业高质量发展的指导意见》明确提出，要大力发展绿色金融，要求银行机构建立健全环境与社会风险管理体系，将环境、社会、治理（ESG）要求纳入授信全流程。截至2021年末，国内21家主要银行绿色信贷余额达15.1万亿元，占其各项贷款的10.6%，存量规模居全球第一。

10.2.3.2 绿色保险

2007年，国家环境保护总局和中国保监会联合发布了《关于环境污染责任保险工作的指导意见》，首次提出绿色保险相关概念。2013年，《关于开展环境污染强制责任保险试点工作的指导意见》进一步促进了以环境污染强制责任险为代表的绿色保险的进一步发展。2015年，新出台的《环境保护法》提出，"国家鼓励投保环境污染责任保险"为绿色保险的发展提供了法律保障。同年，《中共中央 国务院关于加快推进生态文明建设的意见》出台，提出了"深化环境污染责任保险试点"的意见。《生态文明体制改革总体方案》强调要"在环境高风险领域建立环境污染强制责任保险制度"，并将强制性环境污染责任保险制度确定为重要改革任务，推动了绿色保险改革和发展。2017年，中共中央办公厅、国务院办公厅印发《生态环境损害赔偿制度改革方案》，要求在全国范围内试行生态环境损害赔偿制度，进一步为绿色保险提供了制度保障。近些年来，越来越多的保险机构积极参与绿色可持续发展投资。根据中国保险业协会统计，2018~2020年保险业累计为全社会提供了45万亿保额的绿色保险保障，支付赔款534亿元，发挥了绿色保险的风险保障功效。

10.2.3.3 绿色债券

我国的绿色债券包括绿色金融债、绿色企业债、绿色公司债、非金融企业绿色债券融资工具和绿色资产支持证券等。中国人民银行等三部委联合发布的《绿色债券支持项目目录》建立绿色债券发行核准绿色通道，并将符合条件的绿色金融债券纳入货币政策操作抵质押品范围。国家发展和改革委员会发布的《绿色债券发行指引》明确了绿色债券募集资金的支持范围。中国证券监督管理委员会发布的《关于支持绿色债券发展的指导意见》指出，交易所要为绿色公司债设立绿色通道,适用"即报即审"政策。银行间市场交易商协会发布的《非金融企业绿色债务融资工具业务指引》要求,进一步规范绿色债务融资工具信息披露、评估认证、资金用途和监管等内容。

10.2.4 绿色金融的发展策略

由刘险峰牵头的中国银保监会政策研究局课题组结合绿色金融在我国的实践,提出的推动我国绿色金融高质量发展的对策建议,值得我们借鉴。

10.2.4.1 加强理论建设

发展绿色金融,要以习近平生态文明思想为指引,坚持问题导向、底线思维和系统观念,平衡环境保护、资源利用、生态治理和经济发展的关系,探索设计绿色金融发展的长效机制。其主要包括:①确立绿色金融发展框架。创新发展理念是发展绿色金融的价值导向,实现碳达峰碳中和目标是绿色金融发挥作用的关键切入点,推动经济社会发展全面绿色转型,促进绿色和包容性经济的发展是绿色金融的核心目标,资源配置、公司治理、风险管理和市场定价共同构成绿色金融的基础功能。②探索绿色金融实践路径。首先,正确处理政府和市场的关系,充分发挥有为政府和有效市场两种力量,共同促进绿色金融可持续发展。其次,强化法治约束和制度性安排,加强绿色金融专门立法和政策协同,明确自然资源产权和环境权益的法律属性,制定绿色金融发展质量评估体系等。③建立具有气候韧性的绿色金融市场体系和机构体系。加快绿色金融基础设施、交易市场和规则标准体系建设,培育专业服务机构,推广责任投资理念,推动金融机构绿色转型,开发适合绿色技术创新和覆盖投融资主体全生命周期的绿色金融产品和服务体系。④深化拓展绿色金融国际合作。充分借鉴世界各国有益实践,密切与国际组织、双(多)边金融机构和非政府机构的合作,加强沟通对话,提升"一带一路"绿色投资影响力。依托各类国际或区域性平台积极参与绿色金融国际标准制定,提高绿色金融治理国际话语权。⑤设计绿色金融激励机制。包括促进市场价格发现,强化产业、财税、金融、投资和区域政策的协同配合,加快完善绿色金融监管指标体系,拓宽贷款融资抵质押范围,鼓励金融机构开发用能权、排污权、碳排放权等环境权益质押融资的新金融服务模式。

10.2.4.2 完善政策建设

(1) 完善绿色金融标准体系

按照国内统一、国际认同的思路,加快研究涵盖通用基础标准、信用评级评估标准、信息披露标准、统计共享标准及风险管理与保障标准的绿色金融标准体系，并形成对信贷、债券、股票、基金、保险等不同产品领域针对性标准，为行业规范发展提供明确的方向。

(2) 加强绿色金融法律法规制定

鼓励根据经济社会发展实际，制定符合实际的绿色发展地方性法规，建立地方绿色发展指标体系，量化环境保护绩效，充分发挥财税政策的支持作用。

(3) 加快绿色金融市场建设

建立完善第三方服务体系，建立和促进政策性绿色金融机构的发展，打造绿色产业信息交流平台，加强金融机构与环保部门的信息共享机制建设，加强对投融资活动环境影响的评估，探索完善环境损害评估体系、标准规范和技术工具，提升投融资活动环境损害评估的制度化、流程化水平和约束力。

(4) 创新促进生态产品价值实现的绿色金融工具

拓展绿色金融对生态产品的支持范围，鼓励金融机构根据生态产品特点规范开展绿色金融创新，加大绿色信贷、绿色保险、绿色债券、绿色基金和绿色信托等对具有市场发展前景、生态效益突出的生态产品相关企业的支持力度，服务生态产品第四产业高质量发展。

10.2.4.3 拓展应用实践

(1) 强化碳达峰、碳中和"双碳"目标的引领作用

推进碳交易、排污权等细分市场建设，加快建立统一、权威的气候投融资标准体系与统计制度，探索将气候投融资信贷工具纳入 MPA 考核范围，建立风险分担与担保机制、完善差异化监管体系。

(2) 引导金融机构提供"碳金融"服务

发挥国家绿色发展基金和各级政府融资性担保机构的杠杆作用和风险补偿功能，引导金融机构根据环境权益市场特点创新碳金融及衍生品，为利用碳金融转移环境风险和实现环境目标服务。

(3) 推广 ESG 理念

引导金融机构从战略、业务、流程和管理等各方面践行 ESG 理念（Environmental、Social、Governance），将 ESG 标准嵌入到产融互促发展活动之中。注重 ESG 理念运用的系统性、整体性和动态性，强调多重目标的兼容和增加社会总体福利，与相关主体建立起利益共享的强信任关系。

(4) 强化对风险的测算和缓释

引导金融机构将气候相关风险纳入全面风险管理体系之中，建立环境风险管理长效机制，完善绿色金融风险管理和服务方式，搭建以机构投资者为主体的可持续投资网络，引导各类投资者开展绿色投资、责任投资和价值投资。

（5）加大绿色金融支持重点领域的力度

在配置金融资源时，应综合运用法律、行政和经济手段引导资金向生态产品第四产业项目倾斜，提升金融服务绿色发展的质量和效益，推动实现金融转型和绿色增长的良性互动。

10.2.5 案例：临沂市的"两山银行"建设

本案例节选自孙钦龙的新闻稿《山东首家！"两山银行"在临沂成立》。

山东省临沂市费县地处沂蒙山区腹地，生态资源丰富，林地面积80.57万亩，森林覆盖率达到27.4%。如何在保护的基础上，将丰富的生态资源转化为经济资源？一些地区通过"两山银行"为农村输送资金，增加村民收入的创新做法，给沂蒙革命老区提供了可借鉴的思路。临沂市在浙江丽水、江西抚州考察调研后，决定在费县成立山东省第一家"两山银行"——费县生态资源经营管理有限公司。据临沂市有关人士介绍，"两山银行"并非真正意义的银行，本质上是交易服务平台，能有效盘活"山水林田湖草沙"等资源资产，进而实现生态资源向资产、资本的高水平转化，帮助集体和农民增收。

在"两山银行""存入"绿水青山，然后就能"取出"金山银山。其具体做法是："两山银行"可以为已确权的土地经营权、林权、宅基地使用权等产权开展抵质押贷款业务。为尚未或不能确权登记、不能被金融机构认可的苗木、奇石、古树、古街、古村落等资源性资产和文化资源背书，以担保、授信、托管、承诺收购、优先处置等形式，打通各类新型农业经营主体、社会资本等融资贷款的"堵点"。据了解，费县已有8家合作社和涉农企业获得了750万元"两山银行"贷款。

而在此之前，临沂市蒙阴县以另一种创新的形式，类似于"两山银行"的互化模式，成交了山东省林业碳汇首单交易。2021年6月中旬，山东锣响汽车制造有限公司向山东翰逸神飞新能源开发有限公司购买了4000吨二氧化碳排放权。据蒙阴县林业局局长刘德柱介绍，蒙阴县境内生态资源丰富，森林覆盖率为54.69%。这次碳汇交易使蒙阴县的"一缕好空气"卖出了10万元。近几年，蒙阴县勇于探索生态文明建设发展路径，创新开发林业碳汇资源，率先启动林业碳汇交易，为践行"绿水青山就是金山银山"提供了有效载体。

同样，在临沂市沂南县，当地依托生态资源和丰富的红色资源，建设了占地28.7平方公里的田园综合体——朱家林村。通过生态旅游和招商引资，辐射带动23个自然村、1.6万人实现了经济效益和生态保护的有效结合。据了解，临沂市近年来积极支持生态资源丰富、位置偏远、自己无法发展产业的乡村，用村党支部领办合作社方式，与优质企业或银行合作，合理开发利用生态资源，持续增加了村集体收入和农民收入。

10.3 其他支撑保障体系建设

本节结合"生态产品价值实现的路径、机制与模式研究"课题组（2019）的研究成果，以及中共中央办公厅、国务院办公厅印发的《关于建立健全生态产品价值实现机制的意见》等内容进行讲述。

10.3.1 健全生态产品价值实现的基本制度

10.3.1.1 建立自然资源产权制度

严格根据《关于统筹推进自然资源资产产权制度改革的指导意见》和《自然资源统一确权登记暂行办法》的相关要求，以调查监测和确权登记为基础，以落实产权主体为关键，以完善自然资源资产产权体系为重点，加快构建系统完备、科学规范、运行高效的中国特色自然资源产权制度体系。加快建立统一的确权登记系统和权责明确的产权体系，清晰界定全部国土空间各类自然资源资产的产权主体。加快推进自然保护区等自然生态空间国有，集体土地"分宗归户"的登记，推进国家公园等各类自然保护地、重点国有林区、湿地和大江大河等重要生态空间确权登记工作，探索自然生态空间环境权、发限权、管理权登记的形式，全面推进自然环境生态空间确权登记。

10.3.1.2 完善资源有偿使用制度

充分发挥市场配置资源的决定性作用和政府的服务监管作用，深化国有土地、水资源、矿产、国有森林、国有草原等有偿使用制度改革，实现自然资源开发利用保护的生态、经济和社会效益相统一。进一步优化完善资源财税制度和矿产资源权益金制度，加快资源环境税费制度改革，理顺自然资源其产品税费关系，合理确定税收调控范围。加快推进资源税从价计征改革，逐步将资源税扩展到占用各种自然生态空间，探索征收碳排放、氮排放、硫排放、垃圾填埋、能源税等生态补偿税。深化资源性产品价格改革，加快水、土、能、矿等自然资源及其产品价格市场化改革，建立全面反映市场供求、资源稀缺程度、生态环境损害程度的价格形成机制。

10.3.1.3 加强绿色信用体系和绿色产业体系建设

推进绿色产品信用体系建设，利用区块链、大数据等数字科技，建立产品溯源制度，落实生产者对产品质量的主体责任及认证实施机构对检测认证结果的连带责任，对失信甚至违法违规的责任主体建立黑名单制度并依法处理。加快推动《绿色产业指导目录（2021年版）》落地，加快建立统一的绿色产品标准、认证、标识等相关标准体系，逐步建立绿色产业认证机制，加大投资、价格、金融、税收等方面政策支持绿色产业发展的力度，促进绿色产业体系的建立和完善。

10.3.2 完善生态产品价值实现的保障机制

10.3.2.1 智力支撑机制

加强科技资金对生态产品价值实现的研发投入，鼓励开展生态监管、生态保护、生态修复等方面研究及新产品、新技术研发。依托高校和科研院所建立"生态产品第四产业研究院""两山学院"，加强对生态产品价值实现机制的研究，强化生态产品技术的研发推广力度。推动应用数字技术，为生态产品信息普查、价值评估、市场交易和产业化发展提供技术支撑。强化相关专业建设和人才培养，培养跨领域跨学科的高端智库，培养一批既懂经济又懂生态学的复合型生态产品价值实现专业人才。定期组织高端国际研讨会，打造生态产品价值实现的国际交流与合作高地。

10.3.2.2 空间分区机制

生态产品价值实现具有区域和空间差异明显的特征，特别是在东部经济发达地区，生态产品价值实现方式更是呈现多元化，不仅包括政府购买、税收调节等方式，而且包括发展生态休闲、生态旅游、生态农林畜牧产业等方式，都为生态产品产业化经营提供了良好示范。但在广大的中部和西部地区，特别是地处交通不便的重要生态功能区域，生态产品价值实现方式则往往以财政转移支付为主。生态环境的空间差异性，要求必须根据国土空间不同主体功能定位和特点，匹配差异化的财政、产业、投资、资源、环境、人口等相关政策并分类考核，重点推进生产良好生态产品的地区实现其应有的价值。

10.3.2.3 特许经营机制

以国家公园为例，其首要任务是保护并维持自然生态系统的系统性和完整性，在这一前提下可以提供生态产品。如在国家公园的一般控制区，可以通过特许经营的方式允许社区居民和企业提供生态产品。经营者在经营质量、经营规模、价格水平等方面必须接受相关管理部门监督、监管和指导。按照《建立国家公园体制总体方案》的规定，国家公园设立后需要整合组建统一的管理机构，负责进行特许经营管理。早在2017年，我国首个国家公园——三江源国家公园开始试点适度特许经营方式进行商业开发。

10.3.2.4 绿色认证机制

绿色认证机制虽然不是直接意义上的生态产品价值实现方式，但是作为认证评级服务的信息发现机构，其向消费者揭示了生态产品的产品质量和价格标准，促进了高质量生态产品的实现。消费者以较高的价格购买经认证的生态产品，一部分可以看作是对经认证后生态产品服务付费，另一部分可以看作对认证评级服务的付费。权威的认证服务可以揭示生态产品信息，降低产品的信息不对称性，有利于生态产品价值的实现。因此，应该加强绿色产品标准、认证、标识体系和政府绿色采购体系的建设工作，充分发挥政府监管和行业协会的宣传推广作用，通过促进认证体系建设推动生态产品价值实现。

10.3.2.5 法律保障机制

目前我国有关生态补偿的规定多分散在众多法律法规中，存在系统性和可操作性不足等问题。尽管有地方政府出台了规范性文件，但权威性和约束性相对较弱，影响了生态补偿机制作用的发挥和生态产品价值的实现。大部分生态产品与一般商品不同的地方在于，多数私人性生态产品具有外部性，如果没有相关法律法规对外部性进行明确规定，外部性的价值就不能得到实现。对于公共性生态产品来讲，法律法规对产权和国家采购的制度性规定更是其价值实现的前提和基础。因此，针对当前和未来一段时间我国生态产品价值实现的突出问题，加强法律法规建设，为具有外部性的私人生态产品和公共性生态产品的价值实现提供条件和基础。

10.3.2.6 宣传引导机制

加大对国内生态产品第四产业的典型做法和创新成果的宣传力度。积极利用互联网、手机等多媒体传播平台，培育和宣传生态文化，提高生态文明意识。大力倡导循环低碳的绿色发展方式和生活方式，形成政府积极引导、部门协作配合、社会共同参与的试点建设氛围，让广大人民群众成为生态产品价值实现的生产者、推广者、消费者和受益者，为建立生态产品价值实现机制提供良好的舆论环境。

10.3.3 案例：中国（丽水）两山学院建设

本案例节选自中国（丽水）两山学院官方网站（http://zglsxy.lsu.edu.cn/）的资料。

10.3.3.1 学院概况

中国（丽水）两山学院成立于2019年3月，是丽水市人民政府、中国科学院大学、中国科学院生态环境研究中心、浙江省发展规划研究院、丽水学院合作共建的特色新型学院。

学院立足丽水、面向山区、服务全国，聚焦生态产品价值实现，助推山区高质量绿色发展。坚持以习近平生态文明思想为指导，深入贯彻落实"绿水青山就是金山银山"理念，确立了"潜心两山研究、服务两山实践、培养两山人才、建设两山智库"的办学使命，全面培养"有生态文化、懂生态经营、会生态技术、善生态管理"的生态文明建设人才。学院职能定位是"两山理论与实践研究中心、山区高质量绿色发展新型智库、全国两山应用型人才培训培养基地、国家生态产品价值实现协同创新平台"。致力打造一所高质量、专业化、生态性、应用型的一流特色新型学院。现为浙江省哲学社会科学新型重点专业智库培育单位、浙江省科学技术协会之江科技智库首批19个研究基地之一、浙西南红色文化研究会团体会员。

中国（丽水）两山学院将坚持"深耕大丽水、对接大战略、服务大山区"，聚焦新时代生态文明建设，助推民族山区高质量绿色发展，服务生态产品价值实现，围绕美丽中国建设重大理论与实践问题开展应用研究，挖掘生态价值、引领绿色发展、奉献美丽中国。

10.3.3.2 主要工作

建院以来，学院主要开展了五个方面的工作：

(1)"两山"理论研究

围绕生态产品产品价值实现的基础理论与逻辑问题，全面开展"两山"理论研究，推出了一系列高水平理论研究成果，致力于完成从"两山"理念到"两山"理论到"两山"理论体系的学术建构。

(2)"两山"实践研究

承担GEP核算任务；编制全国首个《生态产品价值核算指南》（DB3311/T 139—2020）地方标准；完成浙江省2019标准化项目《绿色发展标准体系》总体

架构；编写生态产品价值实现案例集。

(3) "两山"社会服务

扎实开展"两山之路"实验区建设，提炼和总结全国有代表性的生态产品价值实现案例；对接地方政府，搭建平台，打通"两山"转化通道，助力地方经济发展；成立长江分院、梅河口分院和黄河分院，推广丽水践行"绿水青山就是金山银山"理念和生态产品价值实现试点的经验和做法。

(4) "两山"干部培训

面向市内、省内及长江经济带开展"两山"干部培训，构建了"两山理论与政策、生态产品价值实现、乡村振兴与城乡融合"三大领域培训体系，目前正面向全国拓展 GEP 核算和两山干部培训。

(5) "两山"平台建设

中国（丽水）两山学院目前是浙江省哲学社会科学新型重点专业智库培育单位、浙江省科学技术协会之江科技智库首批 19 个研究基地之一。

10.3.3.3 机构设置

中国（丽水）两山学院机构设置及工作职责如表 10-2 所示。

表 10-2 中国（丽水）两山学院机构设置及工作职责

部门名称	工作职责	岗位设置
办公室	负责制度建设，经费预算与管理，接待与会议服务，共建单位的联络，宣传报道，设备及办公用品的采购与管理，资产管理，办公场地建设与管理，档案建设与管理等工作	主任
		干事
智库办	负责"两山"理论与实践研究；学院科研项目管理、公众号运营；部门的文字起草、制度建设、活动策划与实施等工作	主任
培训部	协助领导开展培训工作	干事
GEP 核算研究所	负责 GEP 核算等两山研究工作	所长
生态经济研究所	负责生态经济理论研究等工作	所长
发展规划研究所	负责对外合作中的规划与设计	所长
民族经济研究所	负责区域民族经济研究工作	所长

参考文献

"生态产品价值实现的路径、机制与模式研究"课题组. 2019. 生态产品价值实现：路径、机制与模式 [M]. 北京：中国发展出版社.

《中国生物多样性国情研究报告》编写组. 1998. 中国生物多样性国情研究报告 [M]. 北京：中国环境科学出版社.

白玛卓嘎, 肖燚, 欧阳志云, 等. 2017. 甘孜藏族自治州生态系统生产总值核算研究 [J]. 生态学报, 37 (19)：6312.

白杨, 李晖, 王晓媛, 等. 2017. 云南省生态资产与生态系统生产总值核算体系研究 [J]. 自然资源学报, 32 (7)：1100-1112.

卞梦健. 2021. "两山银行"与生态银行一脉相承发展前景可观 [J]. 世界环境, (4)：46-49.

博文静, 王莉雁, 操建华, 等. 2017. 中国森林生态资产价值评估 [J]. 生态学报, 37 (12)：4182-4190.

博文静, 肖燚, 王莉雁, 等. 2019. 生态资产核算及变化特征评估——以内蒙古兴安盟为例 [J]. 生态学报, 39 (15)：5425-5432.

薄凡. 2021-04-27. 充分发挥市场机制和政府调节两种作用，推动生态产品价值实现 [N]. 人民日报, 01.

操建华, 孙若梅. 2015. 自然资源资产负债表的编制框架研究 [J]. 生态经济, 31 (10)：25-28, 40.

曹洪军. 2012. 环境经济学 [M]. 北京：经济科学出版社.

曹玉昆, 李迪. 2013. 基于生态投资视角的国有林区 GEP 核算研究——以黑龙江省"天保"工程投资为例 [J]. 经济师, 4 (11)：12-15.

柴志春, 董为红. 2020. 关于生态产品供给的经济学分析 [J]. 经济研究导刊, (18)：3-5.

陈曦, 周可法, 张海波, 等. 2004. 干旱区生态资产定量评估的技术体系 [J]. 干旱区地理, 27 (4)：465-470.

陈志良, 吴志峰, 夏念和, 等. 2007. 中国生态资产估价研究进展 [J]. 生态环境, 16 (2)：680-685.

陈仲新, 张新时. 2000. 中国生态系统效益的价值 [J]. 科学通报, 45 (1)：17-22.

程红芳, 章文波, 陈锋. 2008. 植被覆盖度遥感估算方法研究进展 [J]. 国土资源遥感, (1)：13-18.

戴波. 2007. 生态资产与可持续发展 [M]. 北京：人民出版社.

戴波, 周鸿. 2004. 生态资产评估理论与方法评介 [J]. 经济问题探索, (9)：18-21.

邓远建, 张陈蕊, 袁浩. 2012. 生态资本运营机制：基于绿色发展的分析 [J]. 中国人口·资源与环境, 22 (4)：19-24.

董纯. 1985. 关于森林生态系统经济价值的评价和计算问题［J］. 环境科学与技术, 17 (3)：51-53.

董鹏, 汪志辉. 2014. 生态产品的市场化供给机制研究［J］. 中国畜牧业, (21)：34-37.

董天, 张路, 肖下, 等. 2019. 鄂尔多斯市生态资产和生态系统生产总值评估［J］. 生态学报, 39 (9)：3062-3074.

范小杉, 高吉喜, 温文. 2007. 生态资产空间流转及价值评估模型初探［J］. 环境科学研究, 20 (5)：160-164.

范小杉, 高吉喜. 2007. 生态资产损耗评估及应用模型研究初探［J］. 生态经济, (10)：91-95.

范小杉, 高吉喜. 2009a. 基于能值分析的中国资源利用现状及演变态势［J］. 中国国土资源经济, (4)：33-36.

范小杉, 高吉喜. 2009b. 生态资产动态评估指标及计量模型［J］. 生态经济, (7)：43-47.

高吉喜, 范小杉, 陈雅琳, 等. 2012. 区域生态资产评估：理论、方法与应用［M］. 北京：科学出版社.

高吉喜, 范小杉, 李慧敏, 等. 2016a. 生态资产资本化：要素构成·运营模式·政策需求［J］. 环境科学研究, 29 (3)：315-322.

高吉喜, 范小杉, 李慧敏, 等. 2016b. 生态资产资本化：要素构成·运营模式·政策需求［J］. 环境科学研究, 29 (3)：315-322.

高吉喜, 范小杉. 2007. 生态资产概念、特点与研究趋向［J］. 环境科学研究, 20 (5)：137-143.

高敏雪, 李静萍, 许健. 2013. 国民经济核算原理与中国实践［M］. 北京：中国人民大学出版社.

高世楫. 2021. 建立生态产品调查监测机制支撑生态产品价值实现［J］. 中国经贸导刊, (11)：48-50.

高云峰. 2005. 北京山区森林资源价值评价［D］. 北京：中国农业大学博士学位论文.

谷树忠. 2020. 产业生态化和生态产业化的理论思考［J］. 中国农业资源与区划, 41 (10)：8-14.

桂文静, 王容天. 2011. 对第四产业内涵的再思考［J］. 商业经济研究, 29 (17)：99-101.

郭红燕, 樊峰鸣. 2007. 绿色GDP的环境成本核算研究［J］. 经济问题, (7)：50-52.

郭兆晖, 徐晓婧. 2021. 怎样实现生态产品价值增值［N］. 中共中央党校：党校声音, 03.

何茜. 2021. 绿色金融的起源、发展和全球实践［J］. 西南大学学报（社会科学版）, 47 (1)：83-94.

洪晓群, 陈声藩, 张原, 等. 2021. 深圳市大鹏新区生态文明评价考核体系研究［J］. 特区实践与理论, (4)：70-75.

侯文若. 1986. "第四世界""第四次浪潮""第四产业"［J］. 世界知识, (17)：24.

胡鞍钢, 王亚华. 2001. 水权制度的重大创新——利用制度变迁理论对东阳—义乌水权交易的考察［J］. 水利发展研究, (1)：5-8.

胡从枢. 2007. 水权交易的经济影响研究——基于东阳—义乌水权交易案例的分析［D］. 杭

州：浙江工商大学硕士学位论文.

胡和兵, 刘红玉, 郝敬锋, 等. 2013. 城市化流域生态系统服务价值时空分异特征及其对土地利用程度的响应［J］. 生态学报, 33（8）：2565-2576.

胡江霞. 2019. 生态经济学若干理论问题研究综述［J］. 西部经济管理论坛, 30（5）：66-72.

胡聃. 2001. 生态资产核算的综合方法与应用——以太湖流域为例［D］. 北京：中国科学院生态环境研究中心博士学位论文.

胡颖. 2017. 环境经济实物核算与价值核算的研究——以安庆市为例［D］. 南京：南京师范大学硕士学位论文.

胡咏君, 吴剑, 胡瑞山. 2019. 生态文明建设"两山"理论的内在逻辑与发展路径［J］. 中国工程科学, 21（5）：151-158.

胡振琪, 龙精华, 王新静. 2014. 论煤矿区生态环境的自修复、自然修复和人工修复［J］. 煤炭学报, 39（8）：1751-1757.

黄斌斌, 郑华, 肖燚, 等. 2019. 重点生态功能区生态资产保护成效及驱动力研究［J］. 中国环境管理, 11（3）：14-23.

黄立洪. 2013. 生态补偿量化方法及其市场运作机制研究［D］. 福州：福建农林大学博士学位论文.

黄如良. 2015. 生态产品价值评估问题探讨［J］. 中国人口·资源与环境,（3）：26-33.

江泽民. 2006. 江泽民文选·第三卷［M］. 北京：人民出版社.

姜跃良, 王美敬, 李然, 等. 2003. 生态水力学原理在城市河流保护及修复中的应用［J］. 水利学报, 75（8）：75-78.

缴翼飞. 2022-03-12. 专访全国人大代表、中国工程院院士王金南：生态产品第四产业初步形成 发展保障政策需完善［N］. 21世纪经济报道, 1.

金丹, 卞正富. 2013. 基于能值和GEP的徐州市生态文明核算方法研究［J］. 中国土地科学, 27（10）：88-94.

朗涛, 杨滢. 2006. 第四产业的内涵及对经济增长的影响［J］. 西南农业大学学报（社会科学版）,（4）：55-59.

李海涛, 严茂超, 沈文清, 等. 2001. 新疆生态经济系统的能值分析与可持续发展研究［J］. 干旱区地理, 24（4）：289-296.

李辉作. 2009. 经济学基础［M］. 北京：电子工业出版社.

李劲松. 2013. 中国环境经济政策伦理及其实践路径［D］. 长沙：湖南师范大学博士学位论文.

李克国. 2014. 环境经济学（第三版）［M］. 北京：中国环境出版社.

李团民. 2010. 生态补偿的基本要素研究［J］. 湖南医科大学学报（社会科学版）, 12（4）：85-86.

李艳芳. 2018. 习近平生态文明建设思想研究［D］. 大连：大连海事大学硕士学位论文.

李职奇. 2017. 广西苍梧县珠江流域治理再造林项目碳汇供给研究［D］. 南宁：广西大学硕士学位论文.

联合国, 欧盟委员会, 经济合作与发展组织, 等. 2012. 2008年国民账户体系［M］. 中国国家统计局国民经济核算司, 中国人民大学国民经济核算研究所, 译. 北京：中国统计出版社.

廖茂林，潘家华，孙博文．2021．生态产品的内涵辨析及价值实现路径［J］．经济体制改革，(1)：12-18．

廖薇．2019．黎平县生态系统生产总值（GEP）核算研究［D］．贵阳：贵州大学硕士学位论文．

刘险峰，王清容，尤阳．2021．碳关税最新国际动议与风险防范［J］．中国金融，2（10）：83-94．

刘向华，马忠玉，刘子刚．2005．我国生态服务价值评估方法的述评［J］．理论月刊，(7)：130-132．

柳荻，胡振通，靳乐山．2018．生态保护补偿的分析框架研究综述［J］．生态学报，38（2）：380-392．

卢冶飞．2008．基于SEEA环境品质折耗计量标准问题的探讨［J］．统计与决策，(6)：7-9．

吕一河，傅伯杰，陈利顶．2006．生态建设的理论分析［J］．生态学报，26（11）：3891-3897．

马波．2014．政府环境责任考核指标体系探析［J］．河北法学，32（12）：104-114．

马国霞，於方，王金南，等．2017．中国2015年陆地生态系统生产总值核算研究［J］．中国环境科学，37（4）：1474-1482．

马玉寿，周华坤，邵新庆，等．2016．三江源区退化高寒生态系统恢复技术与示范［J］．生态学报，36（22）：7078-7082．

毛泽东．1991．毛泽东选集·第一卷［M］．北京：人民出版社．

苗昆，姜妮．2008．江苏二氧化硫排污权交易步履艰难［J］．环境经济，(10)：19-23．

倪红珍．2004．基于绿色核算的水资源价值与价格研究［D］．北京：中国水利水电科学研究院博士学位论文．

欧阳志云，林亦晴，宋昌素．2020a．生态系统生产总值（GEP）核算研究——以浙江省丽水市为例［J］．环境与可持续发展，45（6）：80-85．

欧阳志云，王金南，肖燚等．2020b．陆地生态系统生产总值核算技术指南［EB/OL］．http://www.caep.org.cn/zclm/sthjyjjhszx/zxdt. 21932/W. 20210122402035975103. pdf［2021-05-20］．

欧阳志云，王如松．2000．生态系统服务功能、生态价值与可持续发展［J］．世界科技研究与发展，22（5）：45-50．

欧阳志云，肖燚，朱春全．2021．生态系统生产总值（GEP）核算理论与方法［M］．北京：科学出版社．

欧阳志云，郑华，谢高地，等．2016．生态资产、生态补偿及生态文明科技贡献核算理论与技术［J］．生态学报，36（22）：7136-7139．

欧阳志云，朱春全，杨广斌，等．2013．生态系统生产总值核算：概念、核算方法与案例研究［J］．生态学报，33（21）：6747-6761．

潘耀忠，史培军，朱文泉，等．2004．中国陆地生态系统生态资产遥感定量测量［J］．中国科学（D辑：地球科学），34（4）：375-384．

彭武珍．2011．环境价值核算方法及应用研究——以浙江省为例［D］．杭州：浙江工商大学博士学位论文．

钱翌，张培栋．2015．环境经济学［M］．北京：化学工业出版社．

曲丽丽．2011．林业生态产业链的稳定机理与拓展对策研究［D］．哈尔滨：东北林业大学博士学位论文．

史培军，潘耀忠，陈云浩，等．2002．多尺度生态资产遥感综合测量的技术体系［J］．地球科学进展，17（2）：169-173．

束文圣，蓝崇钰，黄铭洪，等．2003．采石场废弃地的早期植被与土壤种子库［J］．生态学报，23（7）：1305-1312．

宋有涛，等．2019．太子河流域山区段河流生态修复与功能提升关键技术与工程示范标志性成果报告［R］．北京：国家水专项管理办公室．

宋有涛，等．2021a．东北三省GEP核算报告［R］．沈阳：辽宁大学．

宋有涛，宋效中，朱京海，等．2021b．环境经济学［M］．北京：中国环境出版集团．

宋有涛，臧淑艳，孙丛婷，等．2022．环境损害司法鉴定概论［M］．北京：中国环境出版集团．

宿晨华，赵海月．2014．生态消费观取代传统消费模式的必要性［J］．社会科学家，210（10）：54-57．

隋春蕾．2008．构建生态环境交易市场的可行性研究［J］．商情，（5）：8．

谭亚荣，郑少锋．2007．环境污染物单位治理成本确定的方法研究［J］．生产力研究，（12）：52-53．

汤勇．2012．森林生态服务（产品）市场化交易制度研究［D］．武汉：华中师范大学博士学位论文．

唐晓华，王广凤，马小平．2007．基于生态效益的生态产业链形成研究［J］．中国工业经济，（11）：87-95．

田水松．2004．长江上游生态环境退化与农地利用［J］．中国人口·资源与环境，14（3）：98-101．

田野．2015．基于生态系统价值的区域生态产品市场化交易研究［D］．武汉：华中师范大学硕士学位论文．

万芳．2005．新疆工业化进程中生态经济协调发展研究［D］．石河子：石河子大学硕士学位论文．

万炜，颜长珍．2018．阿拉善高原生态环境退化研究进展［J］．地球环境学报，9（2）：109-122．

王保乾，李祎．2015．GEP核算体系探究——以江苏省水资源生态系统为例［J］．水利经济，33（5）：14-18，77-78．

王红岩，高志海，李增元，等．2012．县级生态资产价值评估——以河北丰宁县为例［J］．生态学报，32（22）：7156-7168．

王红岩，高志海，王琫瑜，等．2010．基于SPOT5遥感影像丰宁县植被地上生物量估测研究［J］．遥感技术与应用，25（5）：639-646．

王健民，王如松．2001．中国生态资产概论［M］．南京：江苏科学技术出版社．

王金南，马国霞，王志凯，等．2021a．生态产品第四产业发展评价指标体系的设计及应用［J］．中国人口·资源与环境，31（10）：1-8．

王金南，苏洁琼，万军．2017．"绿水青山就是金山银山"的理论内涵及其实现机制创新［J］．环境保护，（11）：12-17．

王金南，王夏晖．2020．推动生态产品价值实现是践行"两山"理念的时代任务与优先行动［J］．

环境保护, 48 (14): 9-13.

王金南, 王志凯, 刘桂环, 等. 2021b. 生态产品第四产业理论与发展框架研究 [J]. 中国环境管理, (4): 5-13.

王金南, 於方, 曹东. 2006. 中国绿色国民经济核算研究报告 2004 [J]. 中国人口·资源与环境, (6): 11-17.

王金南, 於方, 曹东. 2009a. 中国绿色经济核算技术指南 [M]. 北京: 中国环境科学出版社.

王金南, 於方, 曹东. 2009b. 中国绿色经济核算研究报告 2004 [M]. 北京: 中国环境科学出版社.

王敏. 2022-03-04. 量化"冰天雪地"价值, 助力"金山银山"转化——辽宁大学、辽宁省金融研究中心等单位联合发布首个东北地区冰雪服务价值核算研究成果 [N]. 中国改革报, 7.

王伟军. 1982. "第四产业"的兴起 [J]. 社会科学, (1): 13.

王育宝. 2007. 非再生资源开发利用中自身价值折耗测算方法研究 [J]. 统计研究, (1): 79-86.

吴江天. 1991. 江西鄱阳湖国家级自然保护区湿地生态系统评价 [J]. 江西林业科技, 6 (3): 10-16.

习近平. 2003. 生态兴则文明兴——推进生态建设打造"绿色浙江" [J]. 求是, (13): 42-44.

习近平. 2007. 之江新语 [M]. 杭州: 浙江出版联合集团, 浙江人民出版社.

习近平. 2017. 习近平谈治国理政·第一卷 [M]. 北京: 外文出版社.

谢高地, 鲁春霞, 冷允法, 等. 2003. 青藏高原生态资产的价值评估 [J]. 自然资源学报, 18 (2): 189-196.

熊毅. 1983. 人工生态系统与社会经济的关系 [J]. 农业经济问题, 2 (1): 6-9.

严立冬, 陈光炬, 刘加林, 等. 2010. 生态资本构成要素解析 [J]. 中南财经政法大学学报, 174 (5): 3-10.

严立冬, 谭波, 刘加林. 2009. 生态资本化: 生态资源的价值实现 [J]. 中南财经政法大学学报, 173 (2): 3-8.

严茂超, Odum. 1998. 西藏生态经济系统的能值分析与可持续发展研究 [J]. 自然资源学报, 13 (2): 116-125.

杨爱民, 刘孝盈, 李跃辉. 2005. 水土保持生态修复的概念、分类与技术方法 [J]. 中国水土保持, 6 (1): 11-13.

杨光梅, 闵庆文, 李文华, 等. 2007. 我国生态补偿研究中的科学问题 [J]. 生态学报, 27 (10): 4289-4300.

杨光梅, 李文华, 闵庆文. 2006. 生态系统服务价值评估研究进展——国外学者观点. 生态学报, (1): 205-212.

杨美勤, 唐鸣. 2019. 习近平"两山"论的四重逻辑 [J]. 科学社会主义, (6): 87-92.

杨缅昆. 2006. 环境资源核算的若干理论问题 [J]. 统计研究, (11): 15-19.

杨艳, 李维明, 谷树忠, 等. 2020. 当前我国生态产品价值实现面临的突出问题与挑战 [J]. 发展研究, (3): 54-59.

姚顺波, 郑少锋. 2005. 林业补助与林木补偿制度研究——兼评森林生态效益研究的误区 [J]. 开

发研究，（1）：35-37
叶文虎，韩凌．2000．论第四产业：兼论废物再利用业的培育［J］．中国人口·资源与环境，10（2）：25-28．
叶有华．2019．粤港澳大湾区典型城市化区域GEP探索与实践——以深圳市罗湖区为例［M］．北京：中国环境出版集团．
尹伟伦．2007．提高生态产品供给能力［J］．瞭望，（11）：104．
尤飞，王传胜．2003．生态经济学基础理论、研究方法和学科发展趋势探讨［J］．中国软科学，（3）：131-138．
余慧．2010．基于SEEA体系的自然资源耗减成本核算问题的探讨［J］．致富时代，（11）：47．
俞敏，李维明，高世楫，等．2020．生态产品及其价值实现的理论探析［J］．发展研究，（2）：47-56．
俞吾金．2005．重新理解马克思［M］．北京：北京师范大学出版社．
袁本朴，袁晓文，李锦．2001．西部大开发与四川民族地区生态经济建设［J］．民族研究，（2）：31-40．
袁晓波，尚振艳，牛得草，等．2015．黄土高原生态退化与恢复［J］．草业科学，32（3）：363-371．
岳一姬．2021．生态产品交易模式构建研究［M］．长春：吉林人民出版社．
曾贤刚，虞慧怡，谢芳．2014．生态产品的概念、分类及其市场化供给机制［J］．中国人口·资源与环境，（7）：12-17．
张林波，虞慧怡，郝超志，等．2021．生态产品概念再定义及其内涵辨析［J］．环境科学研究，34（3）：655-660．
张林波，虞慧怡，李岱青，等．2019．生态产品内涵与其价值实现途径［J］．农业机械学报，（6）：173-183．
张绍良，张黎明，侯湖平，等．2017．生态自然修复及其研究综述［J］．干旱区资源与环境，31（1）：161-166．
张文明，张孝德．2019．生态资源资本化：一个框架性阐述［J］．改革，（1）：122-131．
张燕．2013．园区生态产业链利益分配模式研究［D］．长沙：长沙理工大学硕士学位论文．
赵士洞，张永民．2006．生态系统与人类福祉——千年生态系统评估的成就、贡献和展望［J］．地球科学进展，21（9）：895-902．
赵同谦，欧阳志云，郑华，等．2004．中国森林生态系统服务功能及其价值评价［J］．自然资源学报，6（4）：480-491．
哲欣．2005-08-24．绿水青山也是金山银山［N］．浙江日报，01．
郑度，傅小锋．1999．关于综合地理区划若干问题的探讨［J］．地理科学，19（3）：2-6．
郑启伟，李思远．2021．建立考核机制推动生态产品价值高效转化［J］．中国经贸导刊，（11）：46-48．
中共中央马克思恩格斯列宁斯大林著作编译局．2009．马克思恩格斯文集·第一卷［M］．北京：人民出版社．
中共中央马克思恩格斯列宁斯大林著作编译局．2012．马克思恩格斯选集·第三卷［M］．北京：人民出版社．

中共中央文献研究室．2017．习近平关于社会主义生态文明建设论述摘编［M］．北京：中央文献出版社．

中共中央宣传部．2014．习近平总书记系列重要讲话读本［M］．北京：学习出版社，人民出版社．

中国生态补偿机制与政策研究课题组．2007．中国生态补偿机制与政策研究［M］．北京：科学出版社．

中国银保监会政策研究局课题组．2021．绿色金融理论与实践研究［J］．金融监管研究，（3）：1-15.

钟方雷，徐中民，张志强．2008．生态经济学与传统经济学差异辨析［J］．地球科学进展，23（4）：401-407.

周立华．2004．生态经济与生态经济学［J］．自然杂志，26（4）：238-242.

周启星，魏树和，张倩茹．2006．生态修复［M］．北京：中国环境科学出版社．

周生贤．2013．走向生态文明新时代——学习习近平同志关于生态文明建设的重要论述［J］．求是，(17)：17-19.

朱文泉，张锦水，潘耀忠，等．2007．中国陆地生态系统生态资产测量及其动态变化分析［J］．应用生态学报，18（3）：586-594.

Bartelmus P. 1998. The value of nature: valuation and evaluation in environmental accounting [J]. Environmental Accounting in Theory and Practice, 11 (2): 263-307.

Connor J D, Ward J, Clifton C, et al. 2008. Designing, testing and implementing a trial dryland salinity credit trade scheme [J]. Ecological Economics, 67 (4): 574-588.

Costanza R, Groot R, Braat L, et al. 2017. Twenty years of ecosystem services: How far have we come and how far do we still need to go [J]. Ecosystem Services. 28 (1): 1-16.

Costanza R, d'Arge R, de Groot R, et al. 1997. The value of the world's ecosystem services and natural capital [J]. Nature, 387 (6630): 253-260.

Costanza R. 1989. What is ecological economics [J]. Ecological Economics, 1 (1): 1-7.

Cowan E. 1998. Topical issues in environmental finance [R]. Research paper commissioned by Asia Branch of the Canadian International Development Agency Research Paper.

Daily G C. 1997. Nature's Services: Societal Dependence on Natural Ecosystem [M]. Washington D. C.: Island Press.

Dasgupta P, Mäler K G. 1995. Poverty, institutions, and the environmental resource-base [J]. Handbook of Development Economics, 3 (1): 2371-2463.

Glick B R. 2010. Using soil bacteria to facilitate phytoremediation [J]. Biotechnology Advances, 28 (3): 367-374.

Holdren J P, Ehrlich P R. 1974. Human population and the global environment: Population growth, rising per capita material consumption, and disruptive technologies have made civilization a global ecological force [J]. American Scientist, 62 (3): 282-292.

Jiang H, Wu W, Wang J, et al. 2021. Mapping global value of terrestrial ecosystem services by countries [J]. Ecosystem Services, 52: 101361.

Kepfer R S, Schmidt I K, Ransijn J, et al. 2014. Distance to seed sources and land-use history affect forest development over a long-term heathland to forest succession [J]. Journal of Vegetation Science, 25 (6): 1493-1503.

Kneese A V, Ayres R U, d'Arge R C. 2015. Economics and the environment: A materials balance approach [J]. American Journal of Agricultural Economics, 53 (4): 687.

Labatt S. 2002. Environmental finance: a guide to environmental risk assessment and financial products [J]. Advances in Cryogenic Engineering, 40 (8): 405-409.

MacDonald J A. 2000. Peer reviewed: evaluating natural attenuation for groundwater cleanup [J]. Environmental Science & Technology, 34 (15): 346A-353A.

Madejón E, Madejón P, Burgos P, et al. 2009. Trace elements, pH and organic matter evolution in contaminated soils under assisted natural remediation: a 4-year field study [J]. Journal of Hazardous Materials, 162 (2): 931-938.

Mcneely J A, Miller K R, Reid W V, et al. 1990. Conserving the world's biological diversity [M]. Prepared and published by the International Union for Conservation of Nature and Natural Resources.

Muradian R, Corbera E, Pascual U, et al. 2010. Reconciling theory and practice: An alternative conceptual framework for understanding payments for environmental services [J]. Ecological Economics, 69 (6): 1202-1208.

Noordwijk M V, Leimona B, Emerton L, et al. 2007. Criteria and indicators for environmental service compensation and reward mechanisms: realistic, voluntary, conditional and pro-poor [J]. CES Scoping Study Issue Paper, 2 (1): 37.

Ouyang Z, Song C, Zheng H, et al. 2020. Using gross ecosystem product (GEP) to value nature in decision making [J]. Proceedings of the National Academy of Sciences, 117 (25): 201911439.

Pharo E, Daily G C. 1999. Nature's services: Societal dependence on natural ecosystems [J]. The Bryologist, 101 (3): 475.

Rittmann B E. 2000. National research council guidance on natural attenuation [A] // Wickrananayake A R, Kelley M E. Natural Attenuation Considerations and Case Studies: Remediation of Chlorinated and Racalcitrant Compounds [C]. Columbus: Battelle Press.

Salazar J. 1998. Environmental finance: linking two world [R]. Presented at a Workshop on Financial Innovations for Biodiversity Bratislava.

Salzmann A J. 2013. The integration of sustainability into the theory and practice of finance: an overview of the state of the art and outline of future developments [J]. Journal of Business Economics, 83 (6): 555-576.

Slotow R. 2012. Fencing for Purpose: A Case Study of Elephants in South Africa [M]. NewYork: Springer.

Sommerville M M, Jones J P G, Milner-Gulland E J. 2009. A revised conceptual framework for payments for environmental services [J]. Ecology and Society, 14 (2): 34.

Tacconi L. 2012. Redefining payments for environmental services [J]. Ecological Economics, 73 (1): 29-36.

Thompson P. 1998. Bank lending and the environment: policies and opportunities [J]. International Journal of Bank Marketing, 40 (5): 243-252.

United Nations, European Commission, International Monetary Fund, et al. 2021. System of environmental economic accounting 2021: Ecosystem accounting [R]. New York: United Nations.

Wang J. 2016. Revive China's green GDP programme [J]. Nature, 534 (7605): 37.

Wang J, Yu F, Ma G, et al. 2021. Gross economic-ecological product as an integrated measure for ecological service and economic products [J]. Resources, Conservation & Recycling, 171 (105566): 1-5.

Wunder S. 2005. Payments for environmental services: Some nuts and bolts [J]. Center for International Forestry Research, 42 (9): 24.

附录　名词解释

冰绿指数：冰雪服务价值与 GEP 的比值，反映"冰雪服务"对"绿水青山"价值的贡献。

冰雪生态服务价值：指积雪（冰）或者降雪对人类福祉和社会经济发展提供了必要的资源与服务。

病虫害防控：生态系统通过提高物种多样性水平增加天敌而降低病虫害危害的功能。

不可再生资源：经人类开发利用后，在相当长的时期内不可能再生的自然资源。不可更新资源的形成、再生过程非常缓慢，相对于人类历史而言，几乎不可再生。

产业：国民经济体系中各部门及各行业的总称。

产业功能分类法：根据各个产业在国民经济增长中的作用地位和产业相互间的联系，分为主导产业、关联产业、基础性产业等类别。

成本效益分析：通过比较项目的全部成本和效益来评估项目价值的一种方法，成本-效益分析作为一种经济决策方法，将成本费用分析法运用于政府部门的计划决策之中，以寻求在投资决策上如何以最小的成本获得最大的收益。常用于评估需要量化社会效益的公共事业项目的价值。

存在价值：人们在知道某种资源的存在（即使他们永远不会使用那种资源）后，对其存在确定的价值，有时也称为保护价值或被动使用价值。

单位面积 GEP：生态产品总值 GEP 与其面积的比值。

调查法：又称为陈述偏好法，即直接询问受体的支付意愿，包括条件估价法和联合分析法。由于环境退化问题的复杂性，需要根据估价对象的特征不同，设计出不同的估价方法。

定位观测技术：在典型地域设置长期或短期资源定位观测站点，并定时或连续进行资源要素及环境要素观测的技术。

防风固沙：生态系统通过增加土壤抗风能力，降低风力侵蚀和风沙危害的功能。

防护性支出：人们用于预防或治理环境损害或为了改善环境所实际支付的本期费用。

封育技术：通过设置栅栏、警示牌等避免人为扰动，保证生态系统自我恢复的技术。

公共性生态产品：公共性生态产品与狭义的生态产品概念相对应，主要为生态调节服务类产品，是指生态系统中主要通过生物生产过程为人类提供的自然产品，包括清新的空气、洁净的水源、安全的土壤和清洁的海洋等人居环境产品，以及物种保育、气候变化调节和生态系统减灾等维系生态安全的产品，这一类产品具有非排他性、非竞争性特征，属于纯公共物品。

功能量：生态系统产品与服务的物理量，如粮食产量、洪水调蓄量、土壤保持量、固碳量与景点旅游人数等。

固定二氧化碳：自然生态系统通过植物光合作用吸收大气中二氧化碳合成有机物，将碳固定在植物或土壤中的功能。

国内生产总值（GDP）：一个国家（地区）所有常住单位在一定时期内生产活动的最终成果。GDP是国民经济核算的核心指标，也是衡量一个国家或地区经济状况和发展水平的重要指标。

海岸带防护：生态系统减弱海浪，避免或减轻海堤或海岸侵蚀的功能。

和谐共存原理：生态修复过程中的物质循环和再生促使参与该过程的植物、微生物和动物间及生物与环境间表现为和谐共存，诸如植物为微生物提供适宜生态位和营养元素，而微生物的代谢增殖又将不能被植物消化吸收的污染物转化为可有效利用的物质。

洪水调蓄：自然生态系统依托其特殊的水文物理性质，通过吸纳大量的降水和过境水，蓄积洪峰水量，削减并滞后洪峰，以缓解汛期洪峰造成的威胁和损失的功能。

环境经济学：运用经济科学和环境科学的原理与方法，分析经济发展和环境保护的矛盾，以及经济再生产、人口再生产和自然再生产三者之间的关系的学科。

环境事后治理：有害残余物已被排放到环境中，则需要通过治理活动来降低环境中有害残余物的数量及其危害程度。

环境事前预防：避免或减少有害残余物的产生，对于已产生的有害残余物，可对其进行集中处理直至其有害程度不至于过度影响环境再进行排放。避免残余物的产生可以通过改变生产和生活的方式或结构来实现。

环境损害司法鉴定：在诉讼活动中鉴定人运用环境科学的技术或者专门知识，采用监测、检测、现场勘察、实验模拟或者综合分析等技术方法，对环境污染或者生态破坏诉讼涉及的专门性问题进行鉴别和判断并提供鉴定意见的活动。

环境退化：人类对环境的不合理开发利用，引起环境系统的结构发生变化，导致自我调节能力下降、功能减退的现象。

机会成本：由于从事一项活动而非另一项活动所放弃的效益。

价值量：生态系统产品与服务的货币价值。

价值实现：价值观的外在表现形式，在心理学中相对于自我实现的一种概念，是人追求的最直接的目标。

结构调整成本：减少或完全节制某些活动、改变生产生活方式所产生的成本。

经营性生态产品：经营性生态产品是人类劳动参与度最高的生态产品，包括农林牧渔、淡水、生物质能等与第一产业紧密相关的物质原料产品，以及休闲旅游、健康休养、文化产品等依托生态资源开展的精神文化服务，因此也可以称为私人性生态产品。

景观价值：生态系统为其周边地区人群提供美学体验、精神愉悦功能的价值。

净初级生产力：植物固定的能量减去其呼吸消耗的能量后的能量净值。

净现值法：把项目在整个寿命期内的净现金流量按预定的目标收益率全部换算为等值的现值之和。净现值之和亦等于所有现金流入的现值与所有现金流出的现值的代数和。

空气净化：自然生态系统吸收、过滤、分解大气污染物，从而有效净化空气、改善大气环境的功能。

陆地生态系统：地球表面陆地生物及其环境通过能流、物流、信息流形成的功能整体。陆地生态系统包括森林生态系统、草地生态系统、湿地生态系统、荒漠生态系统、农田生态系统、城市生态系统等类型。

旅行成本法：通过游客旅行成本来间接推断旅游目的地游憩价值的评估方法。

绿金指数："绿水青山"价值与"金山银山"价值比值，反映"两山"的结构与关系。绿水青山价值用 GEP 进行表征，金山银山价值用绿色 GDP（EDP）进行表征。而 EDP 是指经生态环境因素调整的国内生产总值，即 GDP 扣减掉人类不合理利用导致的生态环境损失成本，包括生态破坏成本（EcDC）和环境退化成本（EnDC）。

绿色补偿：由受益者向提供者付费的一种生态补偿机制，这种机制实质上是一种利益再分配，使得环境成果的享用者和提供者构建了一种可交易的补偿手段。

绿色基金：针对节能减排战略和低碳经济发展建立的投资基金，在绿色金融体系中其资金来源最为广泛。

绿色金融：为支持环境改善、应对气候变化和资源节约高效利用的经济活动，即对环保、节能、清洁能源、绿色交通、绿色建筑等领域的项目投融资、项目运营、风险管理等所提供的金融服务，是生态产品第四产业的重要支撑。

绿色经济：以市场为导向、以传统产业经济为基础、以经济与环境的和谐为目的而发展起来的一种新的经济形式，是产业经济为适应人类环保与健康需要而产生并表现出来的一种发展状态。

绿色债券：专门用来为气候项目筹集资金的债务证券，通常用于资助环境友好型项目或活动。

能值：生产某种类别的能量所包含或需要的另一类别能量的数量，即在人类系统或自然系统，任何物品或服务的形成过程中直接或间接使用的各种能量的总量，就是该物品或服务的能值。

能值分析法：从系统生态角度，将自然生态系统与人类经济系统相结合，以太阳能能量为基本衡量单位，与能量流图相互补，来研究分析不同时间和空间尺度下的自然和人类—自然生态系统的能量经济行为的方法。

气候调节：自然生态系统通过植被蒸腾作用、水面蒸发过程吸收太阳能，从而调节气温、改善人居环境舒适程度的功能。

区域分异原理：设计生态修复系统时，在工艺、修复生物和运维管理等选择上，务必考虑气候、地质以及水土等环境条件和生物种群等的差异造成不同地区或同地区不同时段下的污染物迁移、转化等行为存在迥异的因素。

人均 GEP：地区生态产品总值 GEP 与其地区人口的比值。

人类福祉：作用于人类美好生活、自由和选择、健康和身心舒适、良好的社会关系、安全、内心的宁静和精神体验的特定环境或者情景状态。

三次产业分类法：把全部的经济活动划分为以下三次产业，即第一产业指的是直接来自于地球自然环境的农业领域，第二产业指的是人类的加工生产制造业领域，而第三产业指的则是服务业等非直接的物质生产领域。

生产函数法：以生产要素投入量与产出量之间技术因素数量关系来度量技术进步的方法。

生态补偿：以保护和可持续利用生态系统服务为目的，以经济手段为主，调节相关者利益关系的制度安排。

生态产品：在维系生态安全、保障生态调节功能的条件下，生态系统通过生物生产及其与人类劳动共同作用，为人类福祉提供用以满足人类美好生活需求的最终产品或服务。

生态产品第四产业：以生态资源为核心要素，与生态产品价值实现相关的产业形态，从事生态产品生产、开发、经营、交易等经济活动的集合。

生态产品总值（GEP）：又称生态系统生产总值，生态系统为人类福祉和经济社会可持续发展提供的各种最终物质产品与服务（简称"生态产品"）价值的总和，主要包括生态系统提供的物质产品、调节服务和文化服务的价值。

生态环境敏感性：生态系统对区域内自然和人类活动干扰的敏感程度，它反映区域生态系统在遇到干扰时，发生生态环境问题的难易程度和可能性的大小，并用来表征外界干扰可能造成的后果，即在同样干扰强度或外力作用下，各类生态系统出现区域生态环境问题可能性的大小。

生态建设：一定区域背景下，为解决生态退化和环境破坏问题而采取的一系列积极的人为干预活动的统称，涵盖人类理性行为参与下积极的生态恢复与重建过程，具有综合性特征。

生态经济学：从经济学角度研究生态系统和经济系统所构成的复合系统的结构、功能、行为及其规律性的学科。

生态模型：对生态系统结构与功能作抽象的或形式的描述，通常指概念模型或数学模型。

生态退化：生态系统的一种逆向演替过程。在自然因素或人为干扰下，生态系统处于一种不稳或失衡状态，表现为对自然或人为干扰的较低抗性、较弱的缓冲能力及较强的敏感性和脆弱性，生态系统逐渐演变为另一种与之相适应的低水平状态的过程，即为退化。

生态系统：在一定地域范围内生物及环境通过能流、物流、信息流形成的功能整体，包括各类"山水林田湖草沙冰"自然生态系统及以自然生态过程为基础的人工复合生态系统，如森林、草地、湿地、荒漠、海洋、农田和城市等。

生态系统服务：生态系统对人类福祉的直接和间接贡献，包括供给服务、调节服务、文化服务等。生态系统产品和服务与生态系统服务的含义相同。

生态系统功能：为生态系统提供产品和服务提供支持的生态系统过程与生态系统结构之间相互作用形成的子集。

生态系统结构：生态系统的生物物理性框架，由不同物种组成的生物物理性框架可能有所不同。

生态系统生产力：生态系统中生物量形成的速率。通常情况下，用单位面积或者单位体积在单位时间内形成的生物量予以表述。

生态消费观：以保护环境、促进身心和谐发展为目的，更加注重生活质量提高的崇高的精神追求，放弃各种以享受性和挥霍性物质消费为核心内容的消费价值理念。

生态修复：以生态稳定性、可塑性和稳态转化等生态学原理为指导，以生物技术为主体，通过优化物理、化学等各种技术手段与工程措施，实现修复成效最优和消耗最低的一种综合修复污染环境与受损生态的方法。

生态资产：国家拥有的、能以货币计量的，并能带来直接、间接或潜在经济利益的生态经济资源。

生态资产价值核算：生态环境经济学者从经济价值角度，运用科学方法，对生态资产的各种类型经济价值及总经济价值进行评定和估算，又称生态资产评估。

生态资产实物量：不同质量等级的森林、草地、湿地、农田、城镇绿地等生态系统的面积及野生动植物物种数和重要保护物种的种群数量。

生态资源：为人们提供生态产品和服务的各种自然资源，同时也是由各种基础元素构成的生态系统。

生态足迹：在现有技术条件下，按空间面积计量的支持一个特定地区的经济和人口的物质、能源与废弃物处理所要求的土地和水等自然资产的数量。

生物多样性：所有来源的生命体之间的变异性，这些来源包括陆地、海洋和其他水生生态系统，以及它们所构成的生态复合体。生物多样性包括种内、种间和生态系统间的多样性，丰富度、稀有性和独有性等词汇可在一定程度上定量描述生物多样性。

实际治理成本：为了改善环境质量或避免环境质量下降，在现实经济中已经发生的治理成本支出。

市场价值法：又称生产率法，指利用因环境质量变化引起的某区域产值或利润的变化来计量环境质量变化的经济效益或经济损失的方法。

市场失灵：通过市场配置资源不能实现资源的最优配置。

水源涵养：自然生态系统通过林冠层、枯落物层、根系和土壤层拦截滞蓄降水，增强土壤下渗、蓄积，从而有效涵养土壤水分、调节地表径流和补充地下水的功能。

水质净化：自然生态系统吸纳和转化水体污染物，从而降低污染物浓度、净化水环境的功能。

随机效用模型：旅行费用法的一种替代模型，它提供了一种在多个景点之间以效用为基础进行选择的分析方法。

碳达峰：在某一个时点，二氧化碳的排放不再增长而达到峰值，之后逐步回落。碳达峰是二氧化碳排放量由增转降的历史拐点，标志着碳排放与经济发展实现脱钩，达峰目标包括达峰年份和峰值。

碳汇：通过植树造林、植被恢复等措施，吸收大气中的二氧化碳，从而减少温室气体在大气中浓度的过程、活动或机制。

碳汇交易：碳汇交易是世界各国根据《京都协议书》和清洁发展机制的对

于二氧化碳排放量的相关分配及有关原则，通过碳减排的核证、碳排放量的购买以抵扣自身排放量或者通过碳排放量的出售从而获得收益的一种虚拟交易过程。其实质是通过市场交易手段来实现碳排放量政治承诺的一种手段，其目的是为了抑制二氧化碳的排放量从而实现环境的可持续发展。

碳中和：国家、企业、产品、活动或个人在一定时间内直接或间接产生的二氧化碳或温室气体排放总量，通过植树造林、节能减排等形式，实现正负抵消，达到相对"零排放"。

调节服务：生态系统提供的改善人类生存与生活环境的惠益，如调节气候、涵养水源、保持土壤、调蓄洪水、降解污染物、固定二氧化碳、释放氧气等。

贴现率：将未来若干期的收益或成本换算为当前价值的每期折扣率。

土壤保持：自然生态系统通过林冠层、林下植被、枯落物层、根系等各个层次消减雨水对土壤的侵蚀力，增加土壤抗蚀性，从而减少土壤流失、保持土壤的功能。

外部性：某一行动对行动执行主体之外的其他人造成影响，行动执行主体对此影响既不承担赔偿责任，也不会因此受到惩罚。外部性包括正外部性和负外部性。

文化服务：自然生态系统及与其共生的历史文化遗存，对人类知识获取、休闲娱乐等方面带来的非物质惠益，以生态旅游为代表。

物质产品：在不损坏自然生态系统稳定性和完整性的前提下，人类从生态系统获取的可在市场交换的各种物质产品，如食物、纤维、燃料、遗传资源、天然药物、装饰材料与其他物质材料。

享乐价格法：根据人们为优质环境的享受所支付的价格来推算环境质量价值的一种估价方法。

消费观：对消费观念基本观点的总称，是指人们为了满足自身生存和发展需要而进行消费，具有实践性、多维性、历史性和相对稳定性等特征。

消费者剩余：在市场上购买某种商品的消费者愿意支付该商品总量的价格超过其实际支付的价格所产生的净收益。

休闲旅游：以自然生态系统及与其共生的历史文化遗存为主要景观，以保护生态环境为前提，采取生态友好方式，开展知识获取、休闲娱乐并获得心身愉悦的旅游方式。

虚拟治理成本：由于自然环境向经济过程提供服务而导致其功能下降的价值，是需要间接估算的未实际发生的成本。

循环再生原理：通过环境–微生物–植物复合系统去除受污染环境中可降解污染物，并利用污染物蕴含的水、肥等有用资源，促使生态系统中非循环物质转为可循环的有用物质并加速物质再生和循环速度，最终修复受污染环境。

氧气释放：自然生态系统通过植物光合作用释放氧，维持大气中氧气稳定的功能。

要素集约度产业分类法：根据产业对资源、资本、劳动力、技术等生产要素的依赖程度划分产业类型，分为资源密集型产业、资本密集型产业、劳动密集型产业、技术密集型产业等。

意愿调查法：基于调查的评估非市场物品和服务价值的方法，利用调查问卷直接引导相关物品或服务的价值，所得到的价值依赖于构建（假想或模拟）市场和调查方案所描述的物品或服务的性质。

影子工程法：恢复费用的一种特殊形式。某一环节污染或破坏以后，人工建造一个工程来代替原来的环境功能，用建造该工程的费用来估计环境污染或破坏造成的经济损失的一种方法。

整体优化原理：将生态修复系统作为整体，通过控制点源污染、阻隔污染物质、修复工程预处理、选择修复生物和再利用修复后的水土等生态修复技术的优化，提升生态修复系统净化污染物效果和水、肥等有用资源利用效率。

政府生态购买：政府直接财政补贴，也是目前我国主要使用的生态补偿方式，是政府建立相关法律、使用相应的政府财政转移支付手段对一些重要生态功能区提供直接经济补偿的一种经济制度或措施。

支持服务：生态系统提供的维持地球生命生存环境的养分循环，包括维持与保护生物及其环境形成的生态复合体以及与此相关的各种生态过程的综合，如动物、植物、微生物和它们所拥有的基因以及它们与其生存环境形成的复杂的生态系统。

支付意愿：表示消费者预期从消费某种商品中得到的价值或者收益。

直接观察法：该方法里面最常用的就是根据支付单位已经支付的环境损害补偿费用来衡量环境污染损失，这部分费用也就是环境造成经济损害的市场估价，不论支付单位愿意与否，都已经为环境污染付出了相应代价。

种子库技术：利用种子库能够记录物种多样性、种间关系、原有稳定群落结构的特性，充分利用生态系统已"储存"资源进行植被群落的修复。

准公共性生态产品：在一定条件下能够满足产权明晰、市场稀缺、可精确定量等三个条件，从而具备了一定程度的竞争性或排他性，可以通过市场交易方式实现价值的生态产品。

资产：在传统经济学中是指可以给人们带来预期经济收益的有形或无形的财富。

资源：所有可以被人类开发使用的物质、能源和信息的统称，广泛地存在于自然界和人类社会中，分为自然资源、经济资源和社会资源。

资源配置：对相对稀缺的资源在各种不同用途上加以比较做出的选择。

资源寿命：资源从投产到持续开采或获取完毕的时期长度。

资源有偿使用制度：资源法确认的资源使用者在开发资源时必须支付一定费用的制度。资源有偿使用制度有利于资源的合理开发利用和整治保护，也有利于资源产业的发展。

自然损耗：物质自身性质而非意外事故造成的正常减量、风化、老化或变质。

自然修复：依靠生态系统的自我组织、维持和更新等恢复力，辅以微生物工程、种子库撒播、土壤改良剂等，在不经过大规模的工程修复原有生态系统组成、要素和结构基础上的生态修复方法。

自然资本：对地球上有限的物理和生物资源存量的经济比喻。

自然资源耗减：在人类经济活动中被利用或消耗的资源价值。

GEP 多年增长率：核算期 GEP 与基期 GEP 相比的增长率。